동방 조선의 천제天祭

- 그 역사와 실제 -

동방 조선의 천제天祭

-그 역사와 실제-

발행일	2014년 10월 9일 초판 1쇄
발행처	상생출판
지은이	강영한
주소	대전시 중구 중앙로 79번길 68-6
전화	070-8644-3156
팩스	0505-116-9308
홈페이지	www.sangsaengbook.co.kr
출판등록	2005년 3월 11일(175호)

ISBN 978-89-94295-91-6
    978-89-94295-05-3 (세트)

동방 조선의 천제天祭

- 그 역사와 실제 -

강영한 지음

상생출판

잊고 사는 것들

정신문화 상실의 시대

요즈음 신문이나 TV를 보면 참 기분 좋은 소식을 많이 접하게 된다. 한국 자동차가 세계 시장에서 인정받으며 엄청나게 팔린다고 한다. 세계 스마트폰 시장도 한국이 장악하고 있단다. 이제 세계 어디를 가든 메이드 인 코리아 상품에 대한 세계인들의 관심을 쉽사리 읽을 수 있다.

이것은 과학 문명에만 제한된 것이 아니다. 최근에는 한류韓流Korean Wave라 하여 온갖 한국의 문화 상품에 대한 세계인들의 관심도 끊이지 않고 있다. 드라마, K팝, 영화와 같은 문화산업은 물론이고, 성형수술·화장품·먹거리·한국어에 이르기까지, 세계인들이 온통 우리의 문화에 푹 빠져있는 듯하다. 대중 매체들은 이를 마치 무슨 승전보를 전하듯 앞 다투어 보도하고 호들갑을 떨기도 한다. 그러면서 다른 한편으로는 전 국민의 연예인화, 전 국민의 성형화, 전 국민의 몸짱화를 부추기고 있다. 이것을 이 시대 사람들의 가장 중요한 가치이자 목표인 것처럼 왜곡시키기도 한다.

과연 우리는 지금의 이런 상황에서 그저 제3자로 소리 없이 묻어가거나 쏘아 올린 축포만 보고 잠시 즐기며 만족해야 할까? 지구촌 사람들의 한국에 대한 반응이 좋다고 해서 쌍수를 들어 박수만 칠 일인가? 아닌 것 같다. 뭔가 아쉬움이 있는 듯하다. 왜냐하면 거기에는 우리의 정신문화가 없기 때문이다. 우리의 것이라고 할 수 있는 것이 없기 때문이다. 상업주의의 놀음으로 전락한 우리의 문화산업에는 '한국적 정신'이라곤 눈을 씻고 보아도 찾을 수 없다. 한국의 정체성을 보여줄 어떤 실마리도 없다.

이 시대 우리에게 중요한 것은 우리의 정체성을 확립하는 것이다. 잃어버린, 또는 왜곡된 우리의 역사·문화·사상을 되찾고 바로잡아, 우리의 참 모습을 정립하고 세계 사람들에게도 바르게 알리는 일이다. 그 출발은 역사일 수도, 종교일 수도, 또 다른 무엇이어도 상관없다. 밝은 광명이 떠오르는 이 땅에서 살던 옛 사람들의 삶의 모습도 그 하나일 수 있다.

지금 이 땅에서 살아가는 사람들 대부분은 우리의 뿌리, 우리의 역사 정신을 잊거나 정작 모르고 살아가는 듯하다. 우리 뿌리 조상의 역사를 곰과 호랑이가 마늘을 먹고 인간이 된 것에서 찾거나 신화로 인식하는 경우가 대부분이다. 이 땅에 교회나 성당 및 절에 나가는 사람들이 그토록 많지만, 우리의 옛 사람들이 하늘을 받들어 모시며 살던 삶, 나름의 정신문화를 가지고 있었다는 것은 아예 생각지도 못하는 듯하다.

지금 70억 세계 인구의 약 80% 이상이 이런 저런 종교를 신앙하고 있다. 이럴 정도면 현대인은 기본적으로 종교적 인간이라고 해도 지나치지 않다. 어디 현대인만 그럴까? 인간은 아마 역사 초기부터 종교적 삶을 살았을 것이다. 그런데 흔히 사람들은 종교 하면 유교나 불교·기독교·도교·이슬람교 등을 떠올린다. 사실 이들은 다양한 종교 현상의 일부에 지나지 않는데도 말이다. 그리고 무당이나 굿 등을 말하면 미신이니 사교邪敎니 하면서 평가절하하고 배타시한다. 그 역시 종교적 모습의 하나인데도 말이다.

우리나라에 유교·불교·도교 등이 처음 들어온 것은 삼국시대이다.

그리고 기독교 등은 근대 및 현대에서야 들어왔다. 이런 종교들이 지금은 이 땅의 종교 시장을 장악하고 있다. 그렇다면 이런 종교들 이전에 이 땅 동방 조선에는 종교라는 것이 없었을까? 아니다. 예로부터 이 땅에 살던 사람들의 정신세계를 온통 지배하던 사상이 있었다. 기성종교의 영향을 받지 않고, 기성종교보다 먼저 자생한 고유의 믿음체계가 있었다. 물질문명·서구사상·세계종교 중심주의의 현대사회에서 우리는 이런 생활양식, 이런 정신문화, 이런 정신세계를 잃어버렸다. 지금은 정신문화 상실의 시대이다.

동방 정신문화의 원형, 신교神敎

동방 조선의 사람들은 예로부터 신의 가르침에 따르는 삶을 살았다. 동방의 이 땅에 불교나 유교 및 기독교와 같은 외래 종교나 사상이 들어오기 전에 있었던, 그리하여 사람들의 정신세계를 지배하였던 우리 고유의 종교·사상을 일러 신교라고 한다.

신교라는 말은 '이신설교以神設敎'의 줄임말이다. '이신설교'의 문자적 의미는 '신으로써 가르침을 베푼다'는 뜻이다. 이는 곧 '신의 가르침을 모든 인간 생활의 중심으로 삼는다, 신의 가르침으로 세상을 다스린다'는 뜻이리라.

이런 신교의 의미는 『규원사화揆園史話』[1]에서 찾을 수 있다. 거기에 이런 말들이 나온다.

"내 생각에 우리나라는 신으로써 가르침을 베풀고[以神設敎] 옛 것을 쫓으니 그것이 풍속이 되어 사람들 마음이 점점 안정되었다. 그러나

----
1 『규원사화』는 조선 숙종 때인 1675년에 북애北崖가 쓴 우리나라 상고사에 관한 책이다. 이 책은 서문, 조판기肇判記, 태시기太始記, 단군기檀君記, 그리고 만설漫說로 구성되었는데, 특히 「단군기」에는 47대 단군 왕조의 임금과 그들의 재위 기간 및 치적 등이 실려 있으며, 천제에 관한 내용도 담겨 있다.

역사를 말할 때에 어찌하여 반고班固나 사마천司馬遷이 쓴 글만 비교하면서 언제까지 꼼짝도 못하고 그것에 눌려 있는가. 한나라는 한나라고 우리나라는 우리나라인데 당당한 진역震域을 어찌 한나라 정도에 비교해봐야 직성이 풀린단 말인가.(余以爲, 我國以神設敎, 從古爲俗, 沈漸於人心者, 久矣. 故, 說史者, 不可只擬班馬之筆而踟躕焉. 夫漢自是漢, 我自是我也, 豈堂堂震域, 必擬漢制, 以後乃足乎.)[2](『규원사화』「단군기檀君記」)

"때문에 옛 임금들은 반드시 먼저 상제上帝(가장 크고 높은 으뜸되는 신) 및 단군삼신을 공경하여 섬기는 것으로 도를 삼았다. … 세상에서는 근본 유래를 알지 못하고 단지 한나라 책에 의지하여 선교仙敎는 황로黃老[黃帝와 老子]의 줄기에서 뻗어 나왔다고 하나, 신령으로써 가르침을 베푸는 신교神敎가 신시시대부터 있어 거기에서 비롯되었다는 것을 알지 못하고 있다.(故古代國君, 必先敬事上帝卽一大主神及檀君三神, 因以爲道. … 世俗不知原由, 只憑漢籍曰: '仙敎是黃老餘流.' 殊不知, 以神設敎, 實自我神市之世也.)"(『규원사화』「단군기」)

이는 신으로써 가르침을 여는 신교가 신시시대부터 있었음을 밝히는 것이다.

『환단고기桓檀古記』[3]도 이런 신교의 의미를 함축하는 여러 말 뿐만 아니라, 구체적으로는 삼신 가르침 중심의 삶이 환웅의 신시시대부

『환단고기』
인류 문명 초기에 하늘·천신의 가르침을 받들고 모신 자취를 풍부하게 담고 있다.

---

2 북애 지음, 고동영 옮김, 『규원사화』, 흔뿌리, 2005, 54쪽. 이하에서 『규원사화』 번역은 이 책에 따랐다.
3 『환단고기』는 『삼성기전』상·하, 『단군세기』, 『북부여기』, 『태백일사』라는 다섯 가지 사서로 엮어졌다. 이하 『환단고기』 번역은 계연수 편저, 안경전 역주, 『환단고기』, 상생출판, 2012(개정판 2쇄)에 전적으로 의존하였다.

터 있었음을 전한다.

> "환국 말기에 다스리기 어려운 강한 족속이 있어 이를 근심하던 차에
> 환웅께서 삼신의 도로써 가르침을 베풀고[乃以三神, 說敎]…(桓國之末, 有
> 難治之强族, 患之. 桓雄, 乃以三神, 說敎.)"(『삼성기전』하 ;『태백일사』「신시본기」)
> "신시 개천의 도는 신도(삼신의 도)로써 가르침을 베풀어[以神施敎], 나
> 를 알아 자립을 구하며 나를 비워 만물을 잘 생존케 하여 능히 인간
> 세상을 복되게 할 따름이다.(神市開天之道, 亦以神施敎, 知我求獨, 空我存
> 物, 能爲福於人世而已.)"(『단군세기』)
> "삼신의 도로써 가르침을 세우고[以三神立敎], 그 품고 계신 뜻을 전하
> 는 글[念標文]을 지으니(以三神立敎, 乃作布念之標.)"(『태백일사』「삼한관경본
> 기」〈마한세가〉 상)

어디 그뿐일까.『주역』에서도 신도神道 가르침의 중요성을 말하고 있
다.

> "하늘의 신도神道를 봄에 사시가 어긋나지 아니하니, 성인이 신도로
> 써 가르침을 베풂에 천하가 복종하느니라.(觀天之神道而四時, 不忒, 聖人,
> 以神道設敎而天下, 服矣.)"(『주역』「풍지관風地觀」)

이런, 인류 정신문화의 근간이었던 신의 가르침인, 신교는 뭇 종교
의 뿌리로 동방 한민족의 역사 속에 면면히 이어졌다. 환국·배달·고
조선은 물론이고, 고려시대 이전까지는 부분적으로나마 그 자취도 남
겼다. 일찍이 최치원은 〈난랑비〉 서문에 이렇게 적었다.

> "나라에 현묘한 도가 있다. 이를 풍류風流라고 한다. 이 가르침[敎]을
> 세운[設] 근원은 '선사仙史'에 자세히 실려 있다. 이는 삼교를 포함하는
> 것으로, 뭇 중생을 접하여서는 이로 교화하였다. 말하자면 집에 들어

와 부모에게 효도하고 나가서는 나라에 충성하는 것과 같은 것은 노魯 사구司寇(공자)의 가르침[旨]과 같고, 아무런 작위적 일이 없는 가운데서도 말로 표현할 수 없는 진리를 실천하는 것은 주周 주사柱史(노자)의 근본 뜻[宗]과 같으며, 모든 악한 일을 하지 않고 모든 착한 일을 받들어 행하는 것은 축竺 건태자乾太子(석가)의 교화[化]와 같다.(國有玄妙之道, 曰風流. 設教之源, 備詳仙史. 實乃包含三教, 接化群生. 且如入則孝於家, 出則忠於國, 魯司寇之旨也, 處無爲之事, 行不言之教, 周柱史之宗也, 諸惡莫作, 諸善奉行, 竺乾太子之化也.)"[4](『삼국사기』「신라본기」진흥왕)

우리 고유의 현묘지도玄妙之道가 있는데 풍류라고 하며, 이는 유·불·도 삼교를 아우르는 사상이라는 것이다. 신은 비록 모습은 보이지 않지만 만물을 변화시키는 주체이다. 그렇듯 바람도 우리 눈에는 보이지 않지만 자연 변화의 근원이 된다. 그러므로 신과 풍류는 서로 통한다. 유·불·선 삼교가 이 땅에 들어오기 이전부터 전해지던, 최치원이 말한 풍류는 다름 아닌 신교이다.

그렇다고 신교가 단순히 종교에 지나지 않는 것은 아니다. 오히려 신교는 인간 삶의 모든 영역과도 불가분의 관계가 있다. 신교는 동방 조선의 원형적 종교이자, 사상이요, 문화이며, 생활양식이다.

삼신상제三神上帝

이런 신교에서 받들고 모시는 궁극의 존재가 무엇이냐 하면 바로 삼신상제이다. 하늘과 땅이 처음 열렸을 때 천지는 온통 광명光明으로 가득하였다. 그런데 이 대광명 가운데에 한 신이 있었으니 이름하여 삼신三神이라 한다. 천지 대광명은 그 자체가 신이며, 이 신이 세 가지

---

4 김부식 저, 이강래 옮김, 『삼국사기』Ⅰ, 한길사, 1998, 129쪽. 이하 『삼국사기』 번역은 이 책에 따랐다.

의 손길로 작용하기 때문에 신 앞에 '삼'을 넣어 삼신이라고 한다. 삼신은 천지 만물을 낳은 하나의 신[一神^{일신}]이다. 그러므로 삼신은 만물 생명의 근원이다.

> "홀연히 열린 우주의 대광명 가운데 삼신이 계시니, 삼신은 곧 일신이요 우주 조화성신이니라. 삼신께서 천지 만물을 낳으시니라."(『도전』 1:1:2-3)[5]

만물은 그 생명력을 이 삼신에 뿌리를 두고 있다. 이 얼굴 없는 무형의 삼신을 원신元神이라고 한다. 원신·삼신은 만물의 궁극 근원이다.

'삼신'은 신이 셋이라는 것이 아니다. 우주의 한 신이 현실 세계에서 세 가지 신성으로 작용하기 때문에 '삼'이라는 말을 더하였다. 그 신의 세 가지 모습은 무엇인가? 그것은 만물을 낳는 조화신造化神, 만물을 기르고 깨우치는 교화신敎化神, 그리고 만물의 질서를 잡아가는 치화신治化神이다. 삼신은 하나의 신이 조화신·교화신·치화신의 세 가지 신성으로 작용하는 일신一神이다.

『삼성기』하下는 한민족의 옛 조상인 구환九桓은 모두 삼신을 한 뿌리의 조상으로 삼았고, 환웅은 삼신의 도로써 가르침을 베풀었다고 밝힌다. 『환단고기』는 이 삼신을 한 분 상제[三神卽一上帝^{삼신즉일상제}, 三神一體上帝^{삼신일체상제}]로 하늘의 주재자임을 말하고 있다. 그런데 동방 조선의 옛 사람들은 이 삼신을 흔히 삼신상제, 삼신하느님, 상제님이라고 불렀다.

> "이 삼신과 하나 되어 천상의 호천금궐에서 온 우주를 다스리는 하느님을 동방의 땅에 살아온 조선의 백성들은 아득한 예로부터 삼신상제, 삼신하느님, 상제님이라고 불러왔나니"(『도전』 1:1:4)

---

5 『도전』은 증산도 경전이다. 여기서는 증산도 도전편찬위원회, 『증산도 도전』, 2003을 참조하였다. 1:1:4는 1편, 1장, 4절을 말한다. 이하에서는 『도전』으로 표기한다.

신교의 신앙 대상인 상제는 어떤 존재인가? '상제上帝'의 '상'은 '천상' '지존무상'의 '상'자이다. '제'는 하느님 '제'자이다.[6] 상제는 천상의 하느님, 지존무상의 하느님을 말한다. 상제는 인간과 신의 세계, 자연계를 모두 다스리는 대우주의 통치자이다. 상제는 또 자연현상을 주재할 뿐만 아니라, 인간사회를 포함한 우주 만물의 주재자이다.

"상제는 온 우주의 주재자요 통치자 하느님이다."(『도전』 1:1:5)

큰 일이건 작은 일이건 모든 일에는 주재하는 주체가 없다면 일이 제대로 이루어지지 않는다. 한 집안의 어른과 한 집단의 우두머리가 지혜로워야 집안과 집단도 제대로 다스려진다. 천지간의 일도 마찬가지다. 천지 만물이 얼핏 보기에는 무질서하거나 저절로 변화하는 것 같지만 거기에도 만물을 주재하는 존재가 있다. 주재란 바로 어떤 일을 중심이 되어 맡아 다스린다는 뜻이다. 일을 맡아서 하는 그런 존재가 주재자이다. 상제가 바로 만물의 주재자이다. 우주의 주재자이다.

상제는 세상의 모든 일에 끊임없이 작용하고 개입한다. 상제는 만물의 존재 근거인 우주의 이법을 주재하는데, 만물은 상제가 주재하는 이법에 따라 생성·변화한다. 상제는 순환하는 네 계절을 통해 낳고, 기르고, 추수하고, 쉬는[生長斂藏] 이법에 따라 만물을 변화시킨다. 해와 달 및 별이 운행하고, 사시가 어김이 없고, 만물이 번성하는 것은 모두 상제의 주재에 의한 것이다. 그래서 수운 최제우도 『동경대전』 첫머리에서 이렇게 밝혔다.

"상고로부터 지금까지 봄과 가을이 서로 갈아들고, 네 계절의 성하고 쇠함이 변하지도 않고 바뀌지도 아니하니, 이 또한 천주(하늘, 상제) 조화의 자취가 온 천하에 밝게 드러난 것이다.(盖自上古以來, 春秋迭代, 四時

----
6 안경전, 『개벽 실제상황』, 대원출판, 2005, 247쪽.

盛衰, 不遷不易, 是亦, 天主造化之迹, 昭然于天下也.)"[7](『동경대전』「포덕문」)

　천지자연이 질서를 유지하며 운행하는 것은 모두 이처럼 하늘·천주·상제가 주재하고 있기 때문이다.

　상제는 수많은 신들 중 가장 높은 존재이다. 최고신·지고신이다. 세상에는 수많은 신들이 있다. 상제·일월성신·풍사·우사 등의 하늘 귀신[천신], 사직·오악五嶽·산림·천택川澤 등 땅 귀신[地示^{지시}], 선왕·선공·선비先妣 등 인귀人鬼도 그 하나이다. 상제는 모든 것을 혼자 다스리지 않는다. 상제는 하위 신들에게 명령을 내려 세상을 다스린다. 상제는 신하인 천신들에게 일을 맡긴다. 그들은 모두 상제의 명을 받는다. 상제는 모든 신들 중 최고의 신인 것이다. 상제는 지위나 능력 면에서 여타의 신들보다 상위의 존재로, 가장 높은 존재다. 상제는 '백신百神의 종宗'이다. 상제는 천지 만물을 지배하고 섭리하는 지고적 존재다.

상제문화上帝文化의 꽃, 천제天祭

　사실 동방의 우리 한민족은 예로부터 천신·상제·하늘을 지극히 받들어왔다. 그 실천 행위의 하나가 하늘에 대한 제사이다. 하늘에 제사를 올리고 감사해하며 온 나라 사람들이 어울려 노래하고 춤을 추던 문화는 역사 초기부터 있었다. 인간이 이 땅에서 삶을 시작한 때부터…

　　"우리 환족이 세운 나라가 가장 오래 되었다.(吾桓建國, 最古.)"(『삼성기전』상)

　『환단고기』의『삼성기전』상上 첫 머리에 나오는 이 말은, 우리민족뿐만 아니라 인류의 첫 문명이 환국에서 시작되었음을 말한다. 그런데 이『환단고기』에 이런 기록이 있다.

----
7 윤석산 주해,『동경대전』, 동학사, 2004, 3쪽; 이세권,『동학경전』, 글나무, 2002, 11쪽.

"옛날에 환인이 계셨다. 천산에 내려와 거처하며, 천신에게 지내는 제
사를 주관하였다.(昔有桓仁, 降居天山, 主祭天神.)"(『태백일사』「환국본기」)

"삼칠일(21일)을 택하여 하늘의 상제께 제사지내고 바깥일을 꺼리고
삼가 문을 닫고 수도하였다. 주문을 읽고…(擇三七日, 祭天神, 忌愼外物,
閉門自修. 呪願…)"(『삼성기전』상)

먼 옛날부터 상제에게 제사를 올렸으며, 이때는 주문을 읽고 수행도
하였던 것이다.

앞으로 살펴보겠지만, 동방 조선의 이런 상제문화는 환국을 이어 배
달, 고조선, 부여, 그리고 고구려를 비롯한 삼국시대로 계승되었다. 이
로 보면 이 땅에서는 이미 9천년 이전부터 상제를 모시고 받드는 삶이
일상적이었다. 상제의 뜻을 계승하려는 의식이 보편적이었다.

"동방의 조선은 본래 신교神敎의 종주국으로 상제님과 천지신명을 함
께 받들어 온, 인류 제사 문화의 본고향이니라."(『도전』 1:1:6)

동방 조선은 천제를 통해 늘 상제를 받들어 온 인류 제사 문화의 본
고향인 것이다.

신교에서는 이런 상제를 지극하게 받들고 제사하는 삶이 늘 있었다.
이렇게 신, 즉 상제의 가르침을 내면화하고 상제를 위해, 상제의 뜻에
전적으로 의존하며 살아가는 사람들의 삶의 모습 일체를 상제문화上
帝文化라 한다. 그 옛날에는 상제문화가 주문화主文化였다. 비록 지금은
기독교·불교·유교 등 온갖 종교들이 이 땅에서 공존하는 질서를 유지
하고 있지만, 이들이 이 땅에 들어오기 이전에는 신교·상제문화가 자
생하고 있었다. 이런 신교·상제문화에서 가장 중요한 의례가 하늘제
사, 즉 천제天祭이다.

천제는 상제문화의 꽃이다. 세속문화·서구문화가 판치는 이 땅에서

지금은 그 모습을 찾기 힘들지만, 한 때 하늘에 대한 제사는 상제문화의 으뜸 의례로, 상제문화에서 행하는 가장 중요한 문화축제였다. 그러므로, 지금은 잃어버린 상제문화·신교의 자취인 천제를 지난날 역사 자료를 통해 다시 찾고, 그 모습을 추적하는 일은 여러 모로 중요하다. 근본적으로는 천제를 통해 우리 고대 '정신문화의 원형'을 밝힐 수 있다. 우리의 '종교문화적 정체성', 신교를 드러낼 수 있다. 나아가 동방조선의 천제 역사와 실제의 추적을 통해 우리의 '천자국天子國 정체성'을 확인할 수 있는 기회이기도 하다.

우리의 정신문화와 그 역사를 온 세상 사람들에게 알리는 것은, 어떻게 보면 세계 여러 나라에 한국의 자동차나 휴대폰 하나를 더 수출하는 것보다 훨씬 중요하다. 물질중심주의적 한류를 전파하여 한 때의 유행을 확산시키는 것보다 더 중요하다.

아래에서는 상제문화를 근간으로 하였던 우리 역사의 줄기를 따라, 상제문화의 꽃인 천제, 즉 상제에게 올린 제사가 어떻게 실행되었는지를 상제문화사의 맥락에서 밝혀보고자 한다. 특히 고려시대나 조선시대의 경우 원구단에서 왕이 상제에게 행한 천제를 중심으로 살펴볼 것이다. 이러한 논의에서 중심이 되는 자료는『환단고기』,『삼국사기』,『고려사』,『조선왕조실록』, 그리고『대례의궤大禮儀軌』이다.

목차

제1부

천제天祭,
그 의미와 다양한 이름

1. 상제를 향한 궁극의 예禮, 천제

인간의 궁극 예

'예禮', 그것은 한마디로 사람이 마땅히 지켜야할 도리를 말한다. 사람이 더불어 살아가면서 무엇을·어떻게 해야 하는지, 어떤 것이 인간의 마땅한 도리인지, 그 행위 규범을 예라고 한다. 사람을 다스리는 도리에는 예보다 급한 것이 없다. 예는 사회질서를 유지하는 바탕이다. 그래서였을까? 『예기』「예운禮運」에 의하면, 예는 천지가 갈라지기 이전부터 이미 있었으며, 이를 잃으면 죽고 얻으면 산다.

그렇다면 사람이 지켜야 할 도리에서 가장 으뜸이 되는 예는 무엇일까? 예에는 다섯 줄기[五經]가 있는데, 제사보다 중요한 것이 없다고 한다. 그러나 제사도 제사 나름이다. 자신의 몸을 낳아준 부모와 조상에게 올리는 제사도 중요하지만, 궁극의 제사는 인간과 만물을 낳은 천신·하늘에 올리는 제사이다.

예禮는 단순히 지상 인간세계의 질서에만 제한된 것이 아니다. 예는 인간과 신의 관계를 본질로 한다. 이는 '예'라는 한자 글자의 풀이를 통해서도 알 수 있다.

'례禮'자는 기본적으로 보일 '시示'자와 예를 행할 때 쓰는 굽 높은 그릇(제기 이름) '례豊'자가 결합된 것이다.

먼저 '례豊'자를 보자. '례豊'자는 나무로 만든 제기인 '두豆' 위에 제물을 풍성하게 올려놓은 모양을 본떴는데, 곧 제기를 상형하는 글자이다. 중국 후한 때 사람 허신許愼(30~124)은 『설문해자說文解字』「례부

豊部」에서 이렇게 말한다.

"'례豊'는 예를 행할 때 쓰는 그릇이다. '두豆'를 따랐으며, 상형이다. '례豊'부에 속하는 글자는 모두 례豊의 의미를 따른다. '례禮'와 같이 읽는다. '로盧'와 '계啓'의 반절半切이다.(豊, 行禮之器也. 从豆, 象形. 凡豊之屬皆从豊. 讀與禮同. 盧啓切.)"

'예禮'자의 고자古字가 '례豊'이다. 그런데 '豊'의 소전체小篆體가 '례豊'이다. '례豊'와 '풍豐'은 갑골문에서 글자 형태가 같았으나, 소전체에 와서 둘로 나뉘어 서로 다른 글자가 되었다.

'示'자는 어떤가. 허신은 『설문해자』「시부示部」에서 "'시示'는 하늘에서 상象을 드리워서, 길흉을 나타내 사람들에게 보여주는 것이다. 자형에서 세 줄이 내려져 있는 것은 해·달·별이다. 천문을 관찰해서 때의 변화를 살피는 것이다. 시는 신의 일이다.(示, 天垂象, 見吉凶, 所以示人也. 从二. 三垂, 日月星也. 觀乎天文, 以察時變. 示, 神事也.)"라고 하였다. '시'는 광명숭배나 제단 등의 여러 설도 있으나, 모두 신을 숭배하는 뜻을 담고 있다.

허신은 『설문해자』「시부示部」에서 "'예'는 밟는다는 뜻이며, 신을 섬겨서 복을 이르게 하는 것이다.(禮, 履也, 所以事神致福也.)"라고 하였다. 여기서 신을 섬겨서 복을 이르게 한다는 것은 하늘이 제사에 대한 보답으로 복을 내려준다는 것을 말한다.

결국 예는 신 앞에 제물을 올리고 복을 빈다는 의미를 담고 있다. 예의 본질은 하늘과 인간, 천신과 인간 사이에 이루어지는 행위로, 바로 인간이 천리를 따르고 실천함이다. 인간의 천리에 어긋나는 삶, 그것은 비례非禮이다. 즉 예가 아니다.

옛 책에는 이런 말들도 있다.

"만물은 하늘에 근본이 있고 사람은 조상에 근본이 있다.(萬物本乎天, 人本乎祖.)"(『예기』「교특생郊特牲」)

"천지는 만물의 부모이고, 사람은 만물의 영장이니,(惟天地, 萬物父母, 惟人, 萬物之靈.)"(『서경』「주서周書」태서泰誓 상)

"하늘이 모든 사람을 내시니, 사물이 있음에 법이 있도다.(天生烝民, 有物有則.)"(『시경』「대아大雅」증민烝民)

이는 천·하늘이 만물을 있게 만든 근본[창조주]이요 모든 사물 법칙의 근원임을 말한다. 즉 천은 인류 및 만물을 창조하고 발전케 하는 근본일 뿐만 아니라, 만물이 생육화성生育化成하는 자연법칙과 인간사회의 온갖 규범의 근본이라는 것이다.

그러므로 예의 궁극적 근거는 하늘·천신·천지에 있고, 그 시원은 하늘에 대한 예, 하늘에 대한 제사, 하늘의 받듦과 모심이라고 할 수 있다. 인간의 신을 향한 의식이 예의 시원이요 출발인 것이다. 예는 본질적으로 인간과 신을 매개시켜주는 의식이고, 신을 향한 예는 예의 원초적 의례이자 모든 예의 뿌리이다. 모든 사람에게 궁극의 제사는 자신뿐만 아니라 뭇 생명을 낳고 기르는 하늘·천지에 대한 제사이다.

하늘의 본래 호칭, 상제上帝

옛 사람들에게 하늘·천은 절대적이었다. 그렇다면 하늘·천은 무엇일까? 주자는 이 하늘·천을 푸른 하늘로서의 자연천이니, 자연 및 도덕적 행위의 근거로서의 의리천義理天이니, 공용功用·묘용妙用으로서의 주재천이니 하였고, 풍우란馮友蘭같은 동양철학자들은 여기에 몇 가지 의미를 보태거나 세분화하며 그 의미를 확대시키기도 하였다.[1]

물론 이도 유용한 분류이지만, 이 글에서 하늘이나 천의 의미는 하늘

----
1 이에 대해서는 풍우란 저, 박성규 옮김, 『중국철학사』상, 까치, 2000, 61-62쪽을 보라.

과 땅 그리고 그 중간에 있는 만물을 두루 주재하고 다스리는 인격신을 말한다. 다산 정약용의 『여유당전서與猶堂全書』에 나오는 글을 보자.

"하늘을 주재하는 자는 상제이고,(天之主宰爲上帝.)"(『맹자요의孟子要義』「진심盡心」)

"천이란 상제를 말한다.(天謂上帝也.)"(『논어고금주論語古今註』「팔일八佾」)

다산은 하늘·천을 상제와 동일시하고, 이 상제를 초월적 존재로, 하늘과 땅·인간·만물을 조화造化하고 재제宰制하고 안양安養하는 자者로 규정한다. 상제는 바로 영명주재의 하늘[靈明主宰之天]인 것이다.

이러한 모습은 마테오 리치(1552~1610)가 쓴 『천주실의天主實義』에서도 찾을 수 있다. 중국 선비와 대화 가운데 서양 선비인 마테오 리치는 "우리나라[서양]의 천주는 중국말로 상제다.[吾國天主卽華言上帝.]"[2]라고 하였다. 상제와 천주는 단지 이름만 다를 뿐, 같은 존재라는 것이다.

아마 이런 의문을 제기할 수도 있을 것이다. "상제를 어떻게 해서 호천이라고 할 수 있는가?" 「상서고훈尙書古訓」에 의하면 그것은 임금을 일컬을 때 나라를 호칭하는 것과 같은 이치이다. 즉, 한 나라의 임금을 존중하여 직접 가리켜 말하지 못하고 그냥 나

다산 정약용(1762~1836)과 『여유당전서』
여유당與猶堂은 다산 정약용의 당호堂號이다. 『여유당전서』는 다산 정약용의 글을 모은 문집이다. 이는 모두 7집 76책 154권으로 구성되었으며, 1934~1938년에 걸쳐 신조선사新朝鮮社에서 발행하였다. 그 일부가 1986~1995년에 전주대 호남학연구소에 의해 『국역 여유당전서』 Ⅰ-Ⅴ의 이름으로 번역되었다.

----

2 마테오 리치[이마두李瑪竇] 지음, 송영배 외 옮김, 『천주실의』, 서울대학교출판부, 1999, 99쪽.

랏님이나 국가로 부르는 것과 같다. 마찬가지로 주재자 상제도 직접 지칭하지 않고 다스리는 공간으로서 천이라고 할 수 있다는 것이다.[3]

사실 하늘[天]에는 다양한 호칭이 있다. 호천昊天, 황천皇天, 민천旻天, 상천 등이 그 예이다. 호천은 원기元氣가 광대함을 일컫는다. 호천상제는 지극한 하나로서 둘이 없으며 지극히 높아서 짝이 없음을 함축하여, 상제가 유일하고 지존의 존재임을 상징한다. 황천은 높여서 임금으로 삼음을 일컫는 것이고, '민천'은 인仁으로 덮어주고 백성을 가엽게 여김을 일컫는 것이고, 상천은 위로부터 내려와 감시함을 일컫는다. 다산은 「상서고훈」에서 그 중 하늘·상제의 바른 호칭[正號]은 호천昊天이라고 하였다.[4]

앞에서 지적하였듯이, 이 천신·하늘을 우리 민족은 예로부터 상제·삼신상제·삼신하느님이라고 불렀다. 하늘은 그 본이름[正名]이 상제이고, 천은 상제가 머무는 곳이지만 하늘에 있으면서 주재하는 존재, 곧 상제를 가리킨다. 천과 상제는 동일한 존재의 다른 호칭인 것이다. 하늘·천주·삼신상제는 하나의 궁극적 존재에 대한 서로 다른 호칭일 뿐 그 실체는 하나이다. 동방에서 예로부터 부르던 하느님의 본래 호칭은 그 중 상제이다.

마테오 리치Matteo Ricci와 『천주실의』(1603)
『천주실의』는 8편으로 나누어 174항목에 걸쳐 저자 자신인 서사西士(서양학자)와 중사中士(중국학자)가 대화를 통하여 토론하는 형식으로 꾸며진 천주교 교리문답서이다.

----
3 김영주, 「다산 정약용의 상제천관에 관한 연구」, 동국대학교대학원 박사학위논문, 2006, 55쪽.
4 금장태, 『다산실학 탐구』, 소학사, 2001, 153쪽.

천제天祭란 무엇인가?

천제天祭의 '천', 즉 하늘·상제가 위에서 말한 그런 존재라면, 천제의 '제祭'는 어떤 의미일까?

'제祭'는 '월月'과 '우又'와 '시示'자로 이루어진 회의會意 문자이다. 이는 고기[肉]를 오른손[又]에 받들고 신을 제사지낸다는 뜻을 나타낸다. '제'자는 명사로는 제사이지만, 동사로는 제사지낸다, 신에 보답한다, 사람과 신이 서로 접한다는 의미를 담고 있다.[5] '제祭'는 곧 제물을 차려놓고 신에게 제사지냄으로써 신과 인간이 만나는 의식인 것이다.

하늘·상제를 대상으로 제사를 올리는 것, 그것이 바로 천제이다. 하늘·상제를 높이 제사하는 것, 하늘·상제에게 지극 정성으로 예를 표하는 의례, 그것이 천제인 것이다. 전통적으로 그 주체는 제왕이었다. 천제는 제왕이 상제에게 제를 올리며 나라가 부강하고 사람들이 평안하고 일이 잘되기를 바라는 등의 온갖 기원을 하거나, 상제의 돌봄과 은혜에 감사해하면서 온 사람들이 모여 여러 날 동안 노래와 춤을 함께한 으뜸 의례이다. 우리민족은 신을 맞이하고, 신을 즐겁게 하고, 신의 노여움을 풀고, 신에게 소망을 비는 제천 때에는 늘 음주와 가무를 곁들였다.

천제에서 행해지는 춤이나 노래 등은 단순한 놀이가 아니다. 비록 음주가무를 통해 집단의 유대를 강화하는 면도 있지만 음주가무는 또 다른 의미를 갖는다. 우리는 춤을 추거나 노래를 부르며 흥이 나면 흔히 '신난다'고 한다. '신남'은 춤이나 노래를 통해 기분·마음이 매우 좋아진, 평상시와는 다른 특별한 경험이다. 가무나 음주는 이따금 신을 접하는 것과 같은 특별한 신비체험도 할 수 있게 한다. 그것은 인간이 하늘·천지·신과 하나 됨[神人合一]을 체험하게 하는 길이기도 하다.

----
5 동아출판사 편집국 편, 『한한漢韓대사전』, 동아출판사, 1989, 1269쪽.

그렇다고 천제가 단순히 하늘을 받들거나 기복 행위, 또는 놀이문화로서만 행해진 것은 아니다. 하늘을 극진하게 모시는 천제 의례에 앞서 목욕재계하고 근신하며 몸과 마음을 가다듬는 것은 왜일까? 그것은 천제를 준비하는 부차적인 행위가 아니다. 천제는 몸과 마음을 바르게 하는 수행을 한 후에 올린다. 그러므로 천제는 수행이라는 의미도 함축한다고 볼 수 있다.

수행, 그것은 하늘을 향한 지극한 마음, 하늘과 하나 되는 마음을 가질려는 과정이다. 즉 하늘의 본성을 유지 및 회복시키려는 노력이다. 천지와 하나 되는 길이다. 그것은 인간이 삼신의 생명과 신성을 회복하고 유지하려는 신교의 수행 목적과 일치한다. 우리는 『환단고기』를 통해 수행 역시 자기 안에 내재한 삼신 본연의 신성을 회복하고 삼신의 조화세계를 경험할 수 있는 길임을 알 수 있다. 그러므로 이에 대한 언급을 하고 넘어가는 것이 좋을 듯하다.[6]

만물의 존재 근원인 삼신은 비록 작용으로는 조화신, 교화신, 치화신이라는 삼신으로 기능하지만 주체는 하나, 즉 일신이다. 그런데 이 삼신이 우리 몸에 들어오면 어떻게 될까? 하늘의 삼신이 사람 몸에 들어오면 모든 사람들을 하나의 같은 모습으로 만들어 세 가지 참된 것이 된다.

> "조화신이 내 몸에 내려 나의 본성이 되고, 교화신이 내 몸에 내려 삼
> 신의 영원한 생명인 나의 목숨이 되며, 치화신이 내려 나의 정기가 된
> 다.(造化之神, 降爲我性, 敎化之神, 降爲我命, 治化之神, 降爲我精.)"(『단군세기』
> 서序)

---

6 수행에 대한 내용의 원전은 안경전 역주, 『환단고기』, 2012를 참조하라. 아래 논의는 안경전 역주, 『환단고기』, 2012; 문계석, 『삼신』, 상생출판, 2011; 황경선, 『신교』, 상생출판, 2010; 정경희, 「한국선도의 수행법과 제천의례」, 『도교문화연구』 제21집, 2004를 참조하였다.

삼신이 각기 인간의 성性·명命·정精의 삼진三眞이 되는 것이다. 즉 조화신의 내 몸에 들어와 이화된 성은 순수한 마음이나 마음의 기틀과 같은 것으로 인간 본연의 천성을 이룬다. 교화신은 사람 몸에 들어와 명으로 이화되는데, 명은 곧 각자의 생명을 지속적으로 성숙시키는 수명[목숨]을 말한다. 인간의 수명으로 이화된 교화신은 생명체를 구성하는데 필요한 에너지[천지기운]를 지속적으로 끌어들여 타고난 수명을 다할 때까지 성장을 이끄는 작용을 한다. 치화신은 내 몸에 들어와 몸과 마음을 다스리는, 생명의 원동력인 정[정기]를 이룬다. 정은 내안에 삼신의 마음과 생명을 복원시키는 힘으로 작용한다. 삼신이 삼진을 모든 사람들에게 고르게 주었으므로 이제 사람은 삼신을 대신하여 능히 세상에 우뚝 서게 된다.

성·명·정은 상호 불가분의 관계가 있다.

> "성품은 타고난 목숨과 분리될 수 없고, 목숨은 타고난 성품과 분리될 수 없으니, 성과 명의 중심에 (생명의 원동력인) 정기가 있다.(性不離命, 命不離性, 精在其中.)"(『태백일사』「삼신오제본기」)

인간이 삼신과 합일하기 위해서는 반드시 삼신이 자신의 몸에 내재하여 이화한 성·명·정을 굳게 지켜야 한다. 그러면 우리는 이 성·명·정을 어떻게 지켜야 삼신과 하나 될 수 있을까?

이를 알기 위해서는 삼진이 우리 몸에서 작동되는 방식을 알아야 한다. 하늘로부터 내려 받은 성·명·정 자체는 순일純一하지만, 이 삼진은 육신을 뒤집어쓰면서 삼망이라는 비본래적인 양상으로 나타난다. 바로 성은 마음[心]으로, 명은 기氣로, 정은 몸[身]으로 나타난다. 삼진은 심·기·신, 즉 삼망三妄으로 나타난다. 삼망은 결국 삼진이 육신이라는 질료를 만나면서 심心·기氣·신身이라는 구체적 작용으로 나타나게 된다.

이 심·기·신 삼망이 사물과 접해서 좀 더 감각적 차원에서 작용하는 것이 감感·식息·촉觸이라는 삼도三途다. 인간의 마음은 감정으로써 표현되고, 기는 호흡을 통해서 작동되고, 몸은 촉감을 통해서 느낀다. 그런데 그 감정은 기쁨, 두려움, 슬픔, 노여움, 탐냄, 싫어함의 여섯 가지, 그 호흡 역시 편한 호흡, 어지러운 호흡, 찬 호흡, 뜨거운 호흡, 마른 호흡, 젖은 호흡 등 여섯 가지, 그리고 감각 역시 소리, 색깔, 냄새, 미각, 촉각, 성적인 감각 등 여섯 가지로 나눌 수 있어, 사람들은 각각 다양한 망령된 의식을 가질 수밖에 없다.

그렇다면 삼망, 삼도에 빠진 인간이 원래의 삼진을 회복할 수 있는 길은 무엇인가? 신의 조화의 세계를 경험할 수 있는 길, 삼신의 본성을 회복하는 길은 어디에 있을까? 그것은 느낌을 그치는 수행 또는 칠정과 같은 감정을 다스리는 공부라고 할 수 있는 지감止感, 호흡을 고르게 하는 공부인 조식調息, 그리고 촉감 또는 부딪침을 금하는 공부인 금촉禁觸을 통해 가능하다. 즉 지감, 조식, 금촉의 수행을 통해 가능하다. 지감, 조식, 금촉은 수행의 요체이다. 이런 공부를 통해 인간은 비로소 자기 안에 내재한 조물주 삼신을 발현시켜 조화의 세계에 들어갈 수 있다.

수행의 궁극 목적은 삼진을 회복하고 열어 천지와 더불어 영원히 사는 인간이 되는데 있다. 수행은 삼신의 마음을 닦고, 내 속에 있는 삼신의 영원무궁한 생명을 키우고, 내 몸을 잘 다스리는데 그 목적이 있다. 그것은 삼신과 일체가 되는 것이다. 인간 생명으로 이화된 삼신상제의 참 본성을 회복함으로써 인간은 아무 병 없이 영원한 삶을 살 수 있다.

『태백일사』에는 이 땅의 옛 사람들이, 천제는 물론이고, 바로 이런 수행의 삶을 살았음을 보여주는 단서가 있다.

"(태우의 환웅이) 사람들을 가르칠 때, 반드시 생각을 고요히 가라앉혀 마음을 깨끗하게 하고, 호흡을 고르게 하여 정기를 잘 기르게 하였으니, 이것이 바로 장생의 법방이다.(敎人, 必使默念淸沈, 調息保精, 是乃長生久視之術也.)"(『태백일사』「신시본기」)

천제天祭와 수행修行. 그것은 동방의 원형문화인 상제문화의 양과 음이다. 상제문화에서 인간이 신을 체험하고 신과 하나 되고, 신을 받들고 모시는 두 가지 행위체계이다. 천제가 상제문화의 국가적 사회적

신의 본래 호칭

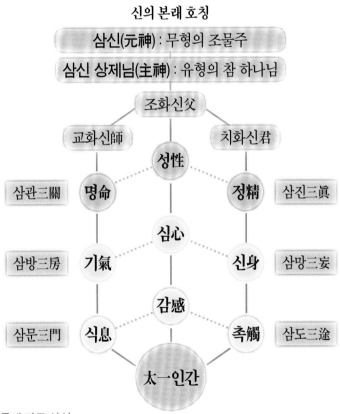

인간 몸에 깃든 삼신
조화신, 교화신, 치화신이 내려와 우리 몸속에 자리 잡은 것이 각각 하늘님의 마음인 성性, 하늘님의 영원한 생명인 명命, 그리고 우리 몸을 다스리는 원동력인 정精, 즉 삼진三眞이다.

행위체계라면, 수행은 상제문화의 개인적 행위체계라고 할 수 있다. 하늘에 올린 제사가 상제문화의 한 형식이라면 수행은 상제문화의 내용이다. 상제를 위하고 상제를 모시는 드러난 의례가 천제라면, 드러나지 않지만 인간에게 내재한 삼신의 조화 대광명을 체험할 수 있는 방법이 수행이다.

천제 때는 이런 수행도 같이 이루어졌다. 그 흔적은 동방의 배달시대에 이미 나타났다.

> "삼칠일(21일)을 택하여 상제님께 제사지내고 바깥일을 꺼리고 삼가 문을 닫고 수도하였다. 주문을 읽고…(擇三七日, 祭天神, 忌愼外物, 閉門自修. 呪願…)"(『삼성기전』상)

『삼성기』의 이 자료에는 환웅이 천신에게 올리던, 그야말로 제사의 원형 모습이 담겨있다. 환웅은 하늘에 제사를 지내는 그 행위에 앞서, 좋은 날을 택하고, 외부와 관계도 끊은 채 주문을 읽으며 수행을 하였다.

『태백일사』「삼한관경본기」는 고조선 22세 단군 때도 3월 16일 천제일을 맞아 색불루가 몸과 마음을 재계하는 모습을 담고 있다. 그러므로 천제의 원형에는 수행의 일면도 담겨있었다고 할 수 있다.

이쯤에서 우리는 이런 작은 결론을 내릴 수 있다. 예禮, 그것은 인간과 인간, 인간과 자연, 궁극적으로는 인간과 신의 관계에서 인간이 살아가면서 마땅히 행해야 할 도리이며, 그 대상은 천지자연, 만물의 주재자인 삼신상제이다. 이러한 삼신상제에 대한 예[천제]는 모든 예 중으뜸이 되는 예이다.

2. 교사, 봉선제, 원구제

'교郊'에서 하늘에 올리는 제사

하늘에 대한 제사는 예로부터 교사郊祀, 봉선제封禪祭, 원구제圓丘祭 등 다양하게 불리며 여러 특별한 장소에서 행해졌다.

그 하나인 교사는 '교郊'에서 하늘에 올리는 제사를 말한다. 그래서 교제郊祭라고도 한다. 교사는 그 제단을 의미하기도 한다. 『사기』 「봉선」편에는 "동지에 남교에서 하늘에 제사하는 것을 '교郊'라 하고, 하지에 북교에서 땅에 제사 지내는 것을 '사祀'라 한다"고 하였다.

그러면 교는 무엇일까? 교郊는 근대적 의미의 주변적 위치가 아니다. 교는 도성 밖 100리 이내의 지역, 또는 국國에서 100리 되는 곳이다. 이곳은 나라의 빈객을 맞이하거나 보내는 연회를 베풀거나 국란을 피해서 도망가는 국과 국의 경계 지역이다. 이곳은 또 흔히 용과 같은 신비한 존재가 출현하는 상서로운 지역,[7] 세속의 세계와 분리된 곳, 사람의 손길이 미치지 않은 자연 공간으로 인식되기도 한다. 제사는 이렇게 신성하고 상서로운 곳에서 올리는 것이 좋다고 여겨졌다.

『예기』 「교특생郊特牲」이나 『주례』 「대종백大宗伯」은 동지에 하늘·호천상제에게 제사하는 것을 교郊 제사라 하였다. 『서경』 「주서周書」의 태서泰誓 등에는 주나라 시대에 교사郊祀가 행해진 기록이 있다. 또 『시경』 「주송周頌」의 호천유성명昊天有成命에는 천, 즉 상제에게 교사

---

7 김문식 외, 『왕실의 천지제사』, 돌베개, 2011, 18쪽.

郊祀하는 시詩가 있다.

그런데 주대의 교사에서 한 가지 눈에 띄는 점을 찾을 수 있다. 비록 춘추시대에 제후가 교사를 행하기도 하였으나, 교사가 주 천자의 독점적 의례로 해석되기 시작하였다는 것이다. 즉 교사는 상제를 대상으로 천자·제왕만이 직접 제사할 수 있는 의례로 인식되었다. 주 말엽에 이르러 황제권이 제도화되는 통일제국이 형성되면서부터 교사·천제가 천자만이 행할 수 있는 의례로 규정된 것이다. 그리하여 이후 통일국가를 완성한 진한 대에 이르러 천제는 황제 고유의 의례로 자리잡는다. 이는 유교사상의 발전과 그 궤를 같이한다. 천제가 유교사상을 외피로 체계화되기 시작하였다.

베이징 천단공원 원경
앞에서부터 뒤로 일직선상으로 원구단, 황궁우, 기년전이 배치되어 있다.

그러나 천자로서 황제가 상제에게 올린 의례가 온전히 정착된 것은 한漢나라에 이르러서였다. 한대에는 하늘의 명으로 지배자의 자리에 오른 황제가 천자로서 수도의 남쪽 교외에 하늘을 상징하는 둥근 제천단을 쌓고 하늘에 제사를 올렸다. 이같은 전통에 따라 한나라 이후의 역대 왕조의 천자는, 그 자리에 오르게 되면 교사를 행하는 것이 하나의 예가 되었다. 동짓날에는 그 해 자신의 중요한 정치적 실적을 하늘에 보고하기도 하였다. 지금 북경 천단공원에 있는 화려하고 장엄하기까지 한 원구단·기년전 등은 명·청 시대에 황제가 천제를 올리던 곳이다.

봉선제封禪祭

교사가 교외에서 단을 쌓아 하늘에 올리는 천제라면, 하늘에 대한 제사의 또 다른 형식으로 높은 산이나 언덕에서 하늘에 올리는 제사가 있다. 태산에 올라 흙을 쌓아서 단을 만들어, 해가 솟을 때, 천신인 상제에게 제사를 지내거나 황제 즉위 및 천하 통일 등을 고하던 의례가 바로 그것이다. 이름하여 봉선제封禪祭라고 한다.

봉선은 자연적인 산세를 이용하여 제단을 만드는 방식이다. 봉선의 '봉封'은 크게 한다[大]는 뜻으로, 흙을 쌓아 단을 더욱 크게 하는 것이다. 그리고 그 단이 원형의 제단이기에 흔히 원구단이라고 한다. 그러므로 '봉封' 제사는 흙으로 원구 제단을 쌓아 만들어 하늘에 올리는 제사, 즉 천제[하늘 제사]이다. 봉제는 산세의 높음을 이용하여 산 위에 둥근 제단을 만들어 하늘에 제사를 지내는 것을 말한다.

봉선에서 '선禪'은 제터[壇]를 말한다. 선은 땅을 평평하게 골라 만든다. '선禪'은 산 아래에서 땅을 쓸고 평평하게 하여 땅·지신地神에 제사를 올리는 것[땅 제사], 즉 지제地祭를 말한다. 토지신[社神]이나 곡식신

순舜임금
고대 중국의 제왕으로,
5제五帝의 한 사람.

진시황始皇帝
(BC 259~BC 210)
중국 최초의 중앙 집권적 통일제국인
진秦나라를 건설한 전제군주.

[稷神]에게 드리는 제사, 즉 사직제는 이러한 지제의 전형이다. 태산에 올라 제단을 쌓고 하늘에 제사지내는 것을 '봉封'이라고 한다면, 태산 남쪽에 있는 양부산梁父山에서 땅에 제사 지내는 것을 '선禪'이라고 한다.

천제와 지제가 개념상으로는 이렇게 구분되지만, 천제는 일반적으로 천제와 지제를 통칭하는 개념으로 볼 수 있다.

이러한 봉선제에 대한 설명이 유교경전에는 보이지 않는다. 그러나 태산에서 봉 제사를 올렸다는 기록은 많다. 이를테면『서경』「우서虞書」순전舜典은 순임금이 상제上帝에게 유제사類祭祀[8]를 올렸으며, 동쪽 지방을 순수巡守할 때는 태산에서 나무를 불태워 하늘에 제사[柴祭祀]를 올렸음을 밝히고 있다.

복희 이래 태산에서는 춘추시대까지 72명의 황제가 하늘에 제사를 올렸다고 한다. 이러한 천제 모습은 사마천의『사기』「봉선서」에서 쉽게 찾을 수 있다. 진시황은 통일 이후에 천하를 순수巡狩하면서 명산

----

8 유제類祭는 제사 이름이다. 교사는 호천을 제사하는 떳떳한 제사인데, 떳떳한 제사가 아니면서 하늘에 제사하여 고유하게 되면 그 예가 교사의 예를 따라서 하기 때문에 '교사와 절차가 같다고 해서' 유類라 하였다. 성백효 역주,『서경집전』상,「우서虞書」순전舜典, 45쪽.

한무제漢武帝
(BC 156~BC 87, 재위 BC 141~BC 87)
전한의 제7대 황제로 본명은 유철劉徹이다.

한광무제漢光武帝
(BC 6~AD 57, 재위 25~57)
후한의 초대 황제.

대천에 제사를 지냈다. 특히 태산에 올라 상제에게 제사를 올리고 천하통일과 태평성대를 고하기도 하였다. 그리고 자신의 공덕을 칭송하는 비석도 세웠다.

『사기』「진시황본기」는 진시황의 태산 봉선제와 관련한 이런 재미있는 이야기도 전한다. 때는 진시황 28년, 즉 BCE 219년이었다. 진시황이 태산에 올라 하늘에 제사를 지내고 산을 내려오던 중, 갑자기 바람이 불고 비가 내렸다. 다행히 진시황은 가까운 곳에 있던 소나무 밑으로 가 비를 피하며 잠시 쉴 수 있었다. 진시황은 후에 고마움에 대한 보답으로 그 소나무에 당시 제9급에 속하는 벼슬인 오대부五大夫에 봉하였다.[9] 그래서 그 소나무를 오대부송五大夫松이라고 한다. 지금은 그 소나무가 없어졌지만, 태산 중천문에서 약 1.2km를 더 오르면 거기에는 후에 심은 소나무가 오대부송의 알림석을 곁에 두고 옛 영광을 전한다.

진시황에 이어 전한의 무제, 후한의 광무제, 당의 고종을 비롯하여

----

9 사마천 저, 정범진 외 옮김,『사기본기』, 까치, 1997, 163쪽.

수많은 제왕들 역시 태산에 올라 하늘에 제를 올렸다. 명나라나 청나라 때에도 예외가 아니었다. 지금도 산동성의 태산 꼭대기에는 옥황대제라는 위폐와 더불어 상제를 모신 옥황전이 있다.

왜 태산이었을까? 그것은 고작 1,545m에 지나지 않는 작은 산이다. 해인사 뒷산인 가야산(1,443m)보다 조금 높을 뿐이다. 곤륜산이나 히말라야와는 비교조차 할 수 없는 야트막한 산에 지나지 않는데 말이다. 그럼에도 불구하고 태산에서 천제를 올린 것은 그 상징성 때문으로 보인다.

전국시대 중국의 역사 무대는 황하유역이었다. 태산은 중원평야에 우뚝 솟아 있다. 중원에 살고 있던 한족에게 태산은 오악五岳 중 제1의 산으로, 지상의 중심이었다. 사실 태산의 웅장함이나 그 신비함은 일찍이 맹자가 공자를 인용하여 밝히기도 하였다.

옥황전의 옥황대제 위폐
태산 옥황정에는 옥황전이 있고,
거기에는 옥황대제의 위폐가 모셔져 있다.

"공자께서 노나라 동산에 올라가서 노나라가 작다고 여겼고, 태산에 올라가서는 천하가 작다고 여기셨다."[10](『맹자』「진심장구盡心章句」상)

우리는 깊거나 높은 산 속에 들어가거나 보면 가끔은 평상시와는 다른 특별한 감정을 갖게 될 때가 있다. 알 수 없는 경외감, 무언가 그 산이 갖는 성스러움을 느낄 때가 있다. 태산이 주변 자연환경에 비해 상대적으로 높고 컸으니 그럴 가능성은 훨씬 크다. 이러한 의미 부여는 사람들로 하여금 그곳을 특별한 성소聖所로 간주하게 할 여지가 있었다.

그러나 태산에서 천제를 올린 데에는 이보다 더 중요한 역사적 이유가 있다.

"재위 67년 갑술(BCE 2267)년에 왕검께서 태자 부루를 보내어 우순虞舜(순임금)이 보낸 사공司空(우禹를 말함)과 도산塗山에서 만나게 하였다. 태자가 오행의 원리로 물을 다스리는 법을 전하고,(甲戌六十七年, 帝遣太子扶婁, 與虞司空, 會于塗山. 太子, 傳五行治水之法.)"(『단군세기』)

"9년 동안 홍수가 일어나 그 재앙이 만민에게 미치므로 단군왕검이 태자 부루를 보내 우나라 순임금과 약속하게 하고, 도산회의를 소집하였다. 순임금이 사공 우를 보내 우리의 오행치수법을 받아 치수에 성공하게 되었다.(及九年洪水, 害及萬民故, 檀君王儉遣太子扶婁, 約與虞舜, 招會于塗山. 舜遣司空禹, 受我五行治水之法, 而功乃成也.)"(『태백일사』「삼한관경본기」〈번한세가〉상)

이는 중국에서 9년 홍수가 일어나자 단군왕검이 도산회의를 소집하여 태자 부루를 통해 순임금이 보낸 사공 우에게 오행치수법을 전하였고, 순임금은 이를 통해 치수에 성공하였다는 것이다.

----

10 "孔子登東山而小魯, 登泰山而小天下." 성백효 역주, 『맹자집주』, 전통문화연구회, 2002, 392쪽.

강태공姜太公(?~?)
주周나라 초기사람으로 무왕을 도와 은나라를 멸망시켜 천하를 평정하였으며 제齊나라 시조가 되었다. 본명은 강상姜尙이다. 여상呂尙·여아呂牙라는 또 다른 이름이 있으며 태공망太公望·사상보로도 불렸다. 흔히 '강태공' 이라 하였다.

바로 이 과정에서 중국에 전해진 것은 오행치수법 뿐만 아니라 다양한 신교문화, 특히 천제도 전해졌다고 볼 수 있다. 왜냐하면 「삼한관경본기」는 부루 태자가 도산에 갈 때 도중에 낭야琅耶에 들러 몇 주씩 머물렀는데, 이때 낭야성 경내에 경당을 크게 일으키고 태산에서 삼신에게 천제를 올렸고, 이로부터 삼신을 받드는 풍속이 일대에 크게 행하여졌다고 밝히기 때문이다.

이 산동성 태산은 또한 춘추전국시대 제나라 시조가 된 강태공이 천주를 비롯한 여덟 신에게 제사를 올리던 곳이기도 하다. 그러니 천제가 이식되어 처음으로 천제가 이루어지고, 그 전통을 이어받은 태산은 자연히 중국 천제의 성지가 될 수밖에 없었다.

천제의 전형, 원구제圓丘祭

천제의 역사성과 형식성, 유교의 이념적 성격을 가장 잘 대변하는 천제의 형태는 원구단에서 지내는 원구제圓丘祭이다. 원구圓丘·원구圓丘·원단圓壇은 천자가 하늘에 제사를 올리는 제단으로 동북아 제천단의 원형이다. 이 원구 제단은 중앙에는 둥근 단을, 밖으로는 방형으로 쌓았다. 하늘의 형상이 둥글기 때문에 그 제단의 모양을 둥글게 만들

지천태괘地天泰卦
위에는 세 획이 모두 끊어져 곤삼절坤三絶이고, 아래는 모두 이어져 건삼련乾三連이다. 지천태괘는 위의 지地괘와 아래의 천天괘가 통한다.

었으므로 圓 또는 圜이라고 하고 흙이 높이 쌓인 것을 구됴라고 하므로, 흙을 높고 둥글게 쌓아 만든 제천단을 원구단이라고 한다. 이런 원구단은 바로 '하늘은 원만하고 땅은 방정하다'는 동양의 천원지방天圓地方 사상을 반영하였다.

그런데, 주역의 괘 중에 지천태괘地天泰卦가 있다. 그 모습은 하늘을 의미하는 건乾괘가 아래에 있고 땅을 상징하는 곤坤괘가 위에 있다. 원래 하늘은 위에 있고 땅은 아래에 있는데, 만일 늘 이렇게만 있으면 하늘과 땅이 결합하지 못하여 만물이 생길 수 없다. 그런데 지천태괘는 바로 아래에 있는 땅이 위로 올라가고 위에 있는 하늘이 아래로 내려온 모습이다. 하늘기운이 아래로 내려오고 땅기운이 위로 올라가 천지가 서로 통함을 보여준다. 이렇게 하늘과 땅이 통함으로써 만사형통이 이루어지고, 이런 곳에는 좋은 기가 모이게 된다.

천원지방 사상을 반영하여 만든 천제단의 전형적 모습은 홍산문화의 유적을 통해 알 수 있다. 1983년, 중국 요령성 우하량 제2지점에서는 기원전 3500년까지 소급할 수 있는 대형 제단祭壇, 여신묘女神廟, 돌을 쌓아 무덤의 묘실을 만든 적석총積石塚 등이 발굴되었다. 특징적인 것은 여기서 발굴된 천제단이다. 중국학자들은 이 제단을 천원지방 사상의 원형으로 간주할 뿐만 아니라 명·청 시대 때 중국 황제들이 상제에게 천제를 올린 북경 천단天壇의 원형으로 여긴다. 홍산문화가 가깝게는 기원전 3,500년까지, 멀게는 기원전 7,000년까지 거슬러 올

홍산에서 바라본 적봉시 전경

홍산문화의 '홍산'은 철광석으로인해 산 전체가 붉게 보이는 '홍산紅山'을 딴 것인데, 홍산문화는 황하문명보다 앞서는, 요령성 건평建平현과 능원凌源현 접경 지역에 번창하였던 석기와 청동기가 혼재한 문화였다.

여신 두상과 여신묘女神廟

옥기로 채워진 적석총 내부 모습

총(무덤) · 묘(신전) · 단(제단)이 함께 발굴된 우하량 유적지
우하량 유적지는 20여개가 있는데, 그 중에서 제2지점은 길이가 150m, 폭이 60m에 이른다.

북경 천단공원의 원구단

명·청시대에 황제가 매년 입춘과 동지에 천제를 지낸 3단 원형의 재단과 재단을 둘러싼 방형의 담장이 어우러져 천원지방을 상징한다. 원구단 뒤로 역대 황제의 위폐와 황천상제 위폐를 모신 황궁우皇穹宇가 보인다.

천단공원 내 기년전祈年殿과 기년전에 모신 황천상제 위패

하늘에서 본 마리산 참성단 전경과 천원지방 구조의 참성단

단군왕검 재위 51년(BCE 2283년)에 운사 배달신에게 명하여 쌓은 강화도 마리산의 참성단. 위는 땅을 상징하는 네모, 아래는 하늘을 상징하는 원으로 이루어져 참성단은 천원지방 사상을 반영하고 있다.

라간다고 하니, 홍산문화의 천제단은 동북아 옛 사람들이 하늘에 제사를 지내던 제단의 원형이라 해도 지나치지 않다.

제천단을 이렇게 우주론을 반영하여 만든 것은 동양에서 낯설지 않다. 고종황제가 천제를 올렸던 환구단이나 북경 천단공원에 있는 원구단이나 기년전을 보면 원형圓形의 건축에 방형方形의 담장으로 둘러싸여 천원지방 사상을 잘 드러낸다. 강화도 마리산의 참성단도 예외가 아니다.

천제단을 이렇게 둥글게 만들고 높은 곳을 택한 것에는 하늘에 대한 제사는 하늘처럼 높은 곳에서 지내야 한다고 여겼던 옛 사람들의 우주관이 투사된 것이다. 화려하고 웅장하게 만들지는 않았지만 신성하고 신을 가까이 접할 수 있다고 여겨지는 장소를 찾아 하늘에 제사를 올린 것은 인간의 순수하고 자연스러운 마음의 발로이다. 그리하여 이 원구는 흔히 교외에 마련되었다. 원구제는 바로 교외에 하늘처럼 둥근 언덕을 쌓아 제단으로 만들어[원구단] 하늘에 제사를 지내는 의례이다.

원구제에서는 누구에게 제사를 올렸을까? 그 지고적 존재는 호천상제이다. 원구단 천제의 전형은 천자가 직접 호천상제에게 제사지낸다. 교사의 시작은 오래되었으나 이러한 원구에서의 교사[원구제]가 천자의례라는 정치적 의미를 갖게 된 것은 한대부터이다. 원구제는 유교경전을 바탕으로 그 시기와 장소에 특별한 의미가 부여되고 제왕의 교사 의례로 중시되었다.

원구제는 남북조와 수隋대를 거쳐 당대 이후에는 국가 예전의 수위를 차지하게 된다. 수대에는 호천상제에게 올리는 원구제가 처음으로 국가사전체계의 으뜸인 대사로 범주화되었다. 당대에는 국가예전인

『개원례開元禮』[11]가 편찬 반포되었는데 개원례는 이후 명·청대는 물론 조선에도 큰 영향을 미쳤다.

그렇다면 원구제는 언제 지냈을까? 원구에서의 제사는 우주의 양기가 시작되는 것을 맞이하여 동지에 상제에게 지내는 제사, 봄에 상제에게 풍년을 비는 기곡祈穀의 제사, 여름에 가뭄이 들면 상제에게 기우를 하는 대우大雩의 제사, 명당에서 상제에게 올리는 추향秋享의 제사 등이다.

그러나 원구제의 전형은 동지의 교사이다. 고대인들은 주력周歷 정월, 하력夏曆으로는 11월에 해당하는 동지를 체감상으로는 아직 추운 겨울임에도 불구하고 한 해의 양기가 처음 싹트는 기점으로 중시하였다. 이는 음양의 자라고 소멸하는 과정이 천지자연의 운행 원리라고 보는 역학易學적 우주관을 반영한 것으로, 음양의 생장소멸을 내용으로 하는 천지 운행의 원리에 대한 순응이 제왕의 정치운영의 제일 원리임을 말한다. 동지의 천제는 백신百神의 왕인 천天에 대해 백성의 군주인 천자가 우주의 양기가 새롭게 다시 시작하는 시간에 존재의 근원을 예배하는 것으로, 만물이 시작하는 동지에 만물의 시조인 상제에게 나아가 제사를 지냄으로써 존재의 시초와 본원으로 되돌아가는 체험이며 군주는 자신을 새롭게 쇄신하는 경건한 의식인 것이다.[12]

그러므로 전형적 천제는 동지에, 원구에서, 호천상제에게 올리는 제사라고 할 수 있다.

----

11 당나라 현종(685~762)년간에 소숭蕭嵩이 책임자가 되어 저술된 150권의 예서. 태종 때의 정관례와 고종 때의 현경례를 절충한 이 책은, 길례·번례·군례·가례·흉례의 순서로 저술되었으며, 황제를 중심으로 국가 예제를 정리하고 있다.
12 박례경,「환구제 형성 과정의 예학적 함의」,『한국실학연구』16, 2008, 325-332쪽.

환구인가 원구인가

이 원구단 천제를 두고 어떤 사람들은 圜丘祭로, 또 어떤 이들은 圓丘祭로 쓰기도 한다. 한나라 때에는 원구단圜丘壇, 송나라 때는 원구단圓丘壇이라고 하였다. 『고려사』에는 두 용어가 함께 쓰이며, 『조선왕조실록』에서도 圜을 사용하나 圓을 쓰기도 하였다. 문제는 圜을 우리말로 쓸 때이다. 圓丘祭를 '원구제'로 소리 내는 것은 문제가 없다. 그러나 圜丘祭는 '원구제'라고 하여야 할까? '환구제'라고 하여야 할까?

한대漢代의 정현鄭玄은 『예기』「교특생」 주注에서 圜丘를 언급하며, 여기에 대한 부석음附釋音에서 "圜은 본래 또 圓으로도 쓰며, 음音은 員"이라고 하였다.[1] 이런 맥락에서 보면 圜丘祭는 '원구제'라고 읽는 것이 옳다.

원구단의 '圜'에 대하여 중국측의 『강희자전康熙字典』을 보면, 당나라 때에는 '왕권절王權切'이라 하여 '왕'과 '권'의 반절인 '원'으로 발음한다고 되어 있고, 청나라 때에도 '우권절于權切'이라 하여 역시 '원'으로 발음하며, 한자 원圓과 같다고 되어 있다.

'圜'은 두를 환, 에울 환으로, 둥글 원圓과 동자同字이다.[2] '환구圜丘'의 환圜은 '두르다'가 아니라 '둥글다'는 의미이므로 원圓과 같은 글자이고, 그 한글 음은 '원'이라고 할 수 있다. 또 중국에서는 圜丘壇을 '후안치우탄'이 아니라 '위안치우탄'으로 발음하여 우리말 '원구단'에 가깝다.[3]

우리의 경우는 어떤가? 대한제국기 고종황제의 등극 과정을 담은 『대례의궤』에는 '圜丘'라는 한자를 많이 썼다. 그런데 당시 〈독립신문〉 논설은 圜丘를 '환구'로 표기하였다. 이에 따라 흔히 환구제로 통용되었다. 2005년 11월 16일에는 문화재청에서 圜丘壇 독음을 '환구단'으로 고시하였다. 이런 점을 고려

---

1 박례경, 「환구제 형성 과정의 예학적 함의」, 『한국실학연구』16, 2008, 301쪽.
2 민중서림 편집국 편, 『한한대자전漢韓大字典』, 민중서림, 2012, 430쪽.
3 서울시립대학교 산학협력단 서울학연구소 외, 「환구단 정비 기본계획 연구보고서」, 서울특별시 중구청, 2007, 67-68쪽.

하면 圜丘는 '환구'로 읽는 것이 바르다.

  그러나 圜丘壇이 천원지방天圓地方 사상을 반영하고 있는 점 등을 고려하면 '원구단'으로 독음하는 것이 좋을 듯하다.

3. 천제, 천자, 천자국

천제지자天帝之子

하늘 제사는 동북아 옛 사람들이 공유하였던 종교의례로, 생활문화의 한 부분이었다. 그렇다면 이러한 천제의 주체는 누구인가? 누가 상제에게 제사를 올렸을까? 비록 온 나라 사람들이 함께 어울린 축제의 마당이었지만 그 중심 인물은 천자天子이다.

천자天子란 '천제지자天帝之子'의 줄임말로 신의 아들, 상제의 아들, 천명을 받은 천하의 지배자, 천하 중심국의 군주라는 다양한 의미를 함축한다. 천자는 만물의 부모인 하늘·상제에게 천제를 올리는 주체이다. 종교적으로 보면 천자는 천상의 상제에게 제사를 올리는 제사장인 것이다.

동방문화에서 보면 천자는 또한 세속의 지배자이기도 하다. 천자는 만물의 주재자인 상제를 대신하여 세상의 온 백성을 다스리는 통치자이다. 정치와 종교가 분화되지 않았던 시대에는 천자가 종교와 정치적 기능을 다하였다. 천자는 하늘로부터 천명을 받아 지상의 인간세계에 전하고, 인간세계의 바람과 기원을 하늘에 전하는, 즉 하늘세계와 인간세계, 신과 인간을 연결하는 매개적 존재이자 세속의 최고 지도자이다.

천자는 황제라는 칭호와도 같이 쓰였다. 황제는 봉건 군주의 위호로, 왕이라는 위호보다는 한 수 높다. '황제'라는 말은 진시황이 중국을 통일한 후 자신의 위상을 높이기 위하여 천황, 지황, 태황, 삼황三

皇 중 가장 존귀했다는 태황의 '태'자는 버리고 '황'자만 취하고, 상고시대의 '제帝'라는 호칭을 채취하여 만들었다.[13] '황제'는 빛난다, 위대하다, 크다는 뜻을 담은 '황'과, 우주만물을 주재하는 천상의 지고신을 의미하는 '제'가 결합한 것이므로, 곧 빛나는 우주의 주재자를 가리킨다. 그러나 후대에 혼용되어, 넓게는 천명을 받은 천하 중심국의 세속적 지배자, 좁게는 주변의 제후국들을 다스리는 가장 높은 정치적 군주라는 의미로 쓰였다.

천자나 황제가 다스리는 국가를 천자국天子國·황제국이라고 한다. 천자국·황제국은 곧 천명을 받은 천자·황제가 신을 대신하여 신의 의지를 실현해가는 신의 나라라고 할 수도 있다. 신이 택한 나라인 것이다.

그러므로 천자나 황제, 천자국이나 황제국 사상은 최고 군주인 천자·황제가 상제로부터 천명을 받아 인간사회를 다스리는 독점적 지배자, 신이 보호하고 신으로부터 정당성을 받은 유일한 나라라는 관념을 발전시킬 수 있다.

이러한 인식은 일상적 삶에서는 상제에 대한 배타적 독점권 주장으로 나아갈 수 있었다. 그리하여 지난날 유교사회에서는 상제로부터 천명을 받은 천자, 즉 황제가 상제에게 예를 올리는 것은 당연하며, 그러한 자격은 황제에게만 주어진 특권으로 여겼다. 중국 역사에서 역대 제왕들의 상제에 대한 천제는 바로 이런 맥락에서 행해졌다.

동방 조선은 천자국이었다

천자국은 상제를 대신하여, 그의 아들인 천자가 천명에 따라 통치하는 나라이다. 따라서 천자국에서는 천자가 늘 상제를 지극히 모시는 천제를 올렸고, 세상을 다스림에 있어서도 상제의 명을 받들어 행하였다.

----

13 사마천 저, 정범진 외 옮김, 『사기본기』, 까치, 1997, 160쪽.

『환단고기』는 환국, 배달, 고조선 이래 이 땅은 천제의 아들인 천자가 다스리는 천자국이었음을 보여준다. 환국을 세운 환인은 하늘·삼신상제를 대행하여 널리 사람들을 가르쳤고, 천신에게 지내는 제사를 주관하였다. 환국시대 말 지위리智爲利 환인은 환웅을 동방 개척의 선봉으로 삼았다. 환웅은 백산과 흑수 사이의 지역으로 내려와 환국을 계승하여 배달국을 열고, 백두산 신단수 아래에서 나라 세움을 고하는 천제를 올렸다. 단군왕검은 환인·환웅과 하늘의 뜻을 받들어 조선을 개창하고 인류의 푯대를 세웠다.

『삼국유사』에는 북부여를 세운 해모수가 천자라는 기록이 실려 있다.

"저는 하백의 딸 유화입니다. 동생들과 놀러 나왔을 때 한 남자가 나타나 자신이 천제의 아들 해모수라고 하면서 웅신산 아래 압록강가에 있는 집으로 유혹하여 사통하고는,(我是河伯之女, 名柳花. 與諸弟出遊, 時有一男子, 自言天帝子解慕漱, 誘我於熊神山下鴨淥邊室中知(私)之,)"14(『삼국유사』「기이紀異」제1)

또 이규보가 쓴 「동명왕」15편에도 해모수의 천자 모습이 나온다. 해모수가 사냥을 갔다가 하백河伯의 세 딸 유화柳花·훤화萱花·위화葦花를 만났는데, 하백에게 그 중 맏딸인 유화와 결혼하도록 해달라고 간청하는 장면을 「동명왕」편은 이렇게 기록하고 있다.

"맏딸이 유화인데 이 여자가 왕에게 붙잡혔다. 하백이 크게 노하여 사자를 시켜 급히 달려가서 고하기를, "너는 어떤 사람이기에 감히 경솔

----

14 일연 지음, 김원중 옮김, 『삼국유사』, 을유문화사, 2002, 58쪽. 이하『삼국유사』번역은 이 책을 따랐다.
15 「동명왕」편은 이규보李奎報가 26세 되던 해인 고려 명종 23년(1193)에 지은, 141운韻 282구句의 한문 서사시. 고구려 동명왕에 대하여 해모수와 유화가 만나는 과정, 주몽의 탄생에 얽힌 이야기 등이 담겨있다.

하고 방자한 짓을 하는가."하니, (해모수가) 답하기를, "나는 천제天帝
의 아들인데, 높은 가문과 혼인하기를 청합니다"라고 하였다.(長女日
柳花, 是爲王所止, 河伯大怒嗔, 遣使急且駛, 告云渠何人, 乃敢放輕肆, 報云天帝
子, 高族請相累.)"[16](『동국이상국집』권3「동명왕」)

『삼국유사』는 또 북부여를 계승하여 고구려를 연 고주몽 역시 자신
이 '천제의 아들'임을 밝힌다.

"그래서 주몽은 오이烏伊 등 세 사람과 벗을 삼아 떠나 엄수淹水에 이
르러 물에게 이렇게 말하였다. "나는 천제의 아들이자 하백의 자손이
다. 오늘 도망치는데 뒤쫓는 자들이 가까이 오고 있으니 어떻게 하면
좋겠는가.(於是蒙與烏伊等三人爲友, 行至淹水, 告水曰, 我是天帝子, 河伯孫, 今
日逃遁, 追者垂及, 奈何.)"(『삼국유사』「기이」제1)

『삼국사기』에도 비슷한 기록이 있다.

"주몽은 오이·마리·협보 등 세 사람과 함께 벗을 삼아 엄호수(개사수
라고도 하는데 지금의 압록강 동북쪽에 있다)에 이르러 물을 건너려 했으나
다리가 없었다. 주몽은 뒤쫓아 오는 군사들에게 붙잡힐까 두려워 물
을 향해 말하였다. "나는 천제의 아들이요 하백의 외손자이다. 오늘
도망하는 길인데 뒤쫓는 이들이 거의 닥쳐오니 어찌하면 좋겠는가."
이에 물고기와 자라가 떠올라 다리를 만들어 주어 주몽이 건널 수 있
었다. 물고기와 자라가 곧 흩어져버려 쫓아오던 기병들은 건너지 못
하였다.(朱蒙乃與烏伊·摩離·陜父等三人爲友, 行至淹㴲水一名蓋斯水 在今鴨綠東北,
欲渡無梁, 恐爲追兵所迫, 告水曰, 我是天帝子, 河伯外孫, 今日逃走, 追者垂及如
何. 於是, 魚鼈浮出成橋, 朱蒙得渡. 魚鼈乃解, 追騎不得渡.)"(『삼국사기』「고구려
본기」시조 동명성왕)

----

16 민족문화추진회,『국역 동국이상국집』I, 민문고, 1967, 131쪽.

천제의 아들, 시조 주몽의 후손으로서, 고구려 왕실의 천손 의식이 잘 드러나 있다.

고구려 사람이 문자 기록으로 남긴 가장 중요한 자료는 〈호태왕비문好太王碑文〉과 〈모두루묘지명牟頭婁墓誌銘〉이다. 여기에도 고구려가 천자의 나라임을 밝히는 내용이 담겨있다.

〈광개토왕비문〉을 보자.

> "옛날에 시조 추모왕이 나라를 열 때에 그 연원은 북부여에서 나왔다. 추모왕은 천제의 아들이요 어머니는 하백河伯의 딸이었다. …종자들에게 명하여 수레를 타고 남쪽으로 내려오는데 도중에 부여의 엄리대수를 지나게 되었다. 왕이 나룻가에 이르러, "나는 황천皇天의 아들이요 어머니는 하백의 딸이니 곧 추모왕이다. 나를 위하여 자라와 거북들은 나와 다리를 놓아라" 하였다. 이 소리가 떨어지자마자 곧 자라와 거북들이 떠올라서 다리를 놓아 왕이 건널 수 있었다. 왕은 비류곡 홀본忽本 서쪽 산 위에 성을 쌓고 도읍을 세웠다.〔惟昔始祖鄒牟王之創基也, 出自北夫餘. 天帝之子, 母河伯女郎. …命駕巡車南下, 路由夫餘奄利大水. 王臨津言曰, 我是皇天之子, 母河伯女郎, 鄒牟王. 爲我連葭浮龜. 應聲卽爲連葭浮龜, 然後造渡. 於沸流谷忽本西, 城山上而建都焉.〕"[17]〈광개토왕비문〉

추모왕은 자신을 황천의 아들로 인식하고 있다. 천자라는 것이다. 이는 곧 고구려가 '하늘의 후예', '천제지자天帝之子'가 다스리는 나라임을 밝힌 것이다. 〈광개토왕비문〉은 주몽을 천자로 규정하고, 주몽이 세운 고구려의 정체성을 천자국으로 드러낸다. 『삼성기』상에도 고주몽은 천제의 아들[天帝之子]로 북부여를 계승하였다고 기록되어 있다.

〈모두루묘지牟頭婁墓誌〉에서도 고구려 사람들의 생각을 읽을 수 있

----

17 박시형, 『광개토왕릉비』, 푸른나무, 2007, 118쪽.

는 중요한 단서가 들어있다.

"하백의 손자이며 일월의 아들인 추모鄒牟 성왕聖王이 북부여에서 나
셨으니, 이 나라 이 고을이 가장 성스러움을 천하 사방이 알지니,(河泊
之孫, 日月之子, 鄒牟聖王, 元出北夫餘, 天下四方, 知此國郡最聖,)"[18]

----

18 한국고대사회연구소 편, 『역주 한국고대금석문』 제1권, 가락국사적개발연구원, 1992, 93
쪽; 노태돈, 「5세기 고구려인의 천하관」, 이기백, 『한국사 시민강좌』 제3집, 일조각, 1988, 63
쪽.

**광개토경평안호태왕비廣開土境平安
好太王碑와 비문**
광개토왕비는 중국 길림성吉林省 통화전구通
化專區 집안현의 현청 소재지인 통구성通溝城
으로부터 동북쪽 약 4.5킬로미터 지점인 태왕
촌 대비가太王村大碑街에 서 있다. 이 비는 장수
왕이 아버지인 광개토왕의 업적을 기리기 위
해, 414년에 세운, 높이 6.39미터 무게 37톤의
비석로, 네 면에는 1,800여자의 글이 기록되어
있다.

추모왕이 '일월日月의 아들'로 기록되어 있다. 천상의 존재와 연결시킨다. 이는 곧 고구려 시조가 천지일월·상제의 아들이라는 것이다. 고구려는 천자의 나라라는 것이다. 비문의 '천하 사방이 이 나라 이 고을이 가장 성스러운 곳임을 알 것이니'라는 말에서 우리는 당시 고구려인들이 고구려를 어떤 나라로 인식하고 있었는지를 알 수 있다. 그들은 온 세상이 어떻게 구성되어 있고, 그 가운데 고구려가 어떤 위상을 차지하고 있는지, 뚜렷한 천하관을 가지고 있었다. 그들은 고구려가 천하의 중심이라고 생각하였던 것이다. 고구려 사람들은 고구려를 세상의 중심으로 인식하고 있었다.[19]

〈광개토왕비문〉이나 『삼성기전』 상, 그리고 〈모두루묘지명〉에 나오는 황천지자皇天之子, 천제지자天帝之子, 일월지자日月之子는 모두 고구려의 시조가 천제의 아들, 황천의 아들, 일월의 아들임과, 그러므로 고구려가 원래 천자국, 천자가 다스리는 나라임을 뒷받침한다. 이러한 맥락에서 보면 환국에서 고구려에 이르기까지 동방조선 사람들은 이 땅이 천자가 다스리는 천자의 나라라고 인식하고 있었음을 알 수 있다.

모두루묘지명
모두루총牟頭婁塚은 중국 길림성 집안현 태왕향太王鄕 하해방촌下解放村(구 하양어두下羊魚頭)에 있는 두 칸의 석실로 된, 모두루라는 사람의 무덤이다. 모두루는 광개토왕 때 북부여지역의 지방관으로 있다가 장수왕 때에 죽은, 5세기 사람이다. 이 무덤의 벽에 남아있는 예서체로 쓴 800여자의 묵서墨書가 〈모두루묘지명〉이다.

----

19 이덕일 외, 『고구려는 천자의 제국이었다』, 역사의 아침, 2007, 313쪽.

고려시대에도 천자·황제, 천자국·황제국 관념은 어느 정도 이어졌다. 이를 뒷받침하는 것 중의 하나가 연호年號 사용이다. 연호란 군주국가에서 군주가 자기의 치세연차治世年次에 붙이는 칭호를 말한다. 연호는 원칙적으로 황제만이 사용하고, 제후국 왕은 독자적으로 연호를 제정하지 못하였다. 연호 실시는 자체 기년을 갖는 것으로 주체적 국가임을 선언하는 중요한 정치적 포석이다. 그런데 고려 군주들은 비록 일부이지만 독자적 연호를 사용하였다.

고려의 태조 왕건은 중국이나 기타 강대국에 의해 책봉된 것이 아니라 천명을 받고 개국했다는 주체의식인 깔린 '천수天授'라는 연호로 개원하였다. 그러나 천수 16년 후당後唐의 압력으로 이를 폐지하고 후당의 '장흥長興' 연호를 사용했다.

광종도 즉위년부터 '광덕光德'이라는 자체 연호를 2년간 사용하다가 후주後周의 압력으로 그들의 연호인 '광순廣順'을 사용했다. 후주가 멸망하자 곧바로 '준풍峻豊'으로 건원했다. 그러나 송조宋朝의 발흥과 동시에 송의 '건덕乾德'·'개보開宝' 등의 연호를 사용하였다.

그러나 충렬왕 때에는 원나라 지배를 받으면서 황제 호칭도 왕으로 격하되었다. 연호는 광종 14년 준풍 4년(964년)에 고려 역사에서 자취를 감추었다. 조선시대야 물어 무엇할까. 동방 조선 땅에는 이처럼 오래전부터 천자사상, 천자의식이 있었다.

천제의 정치화

중국이 자신을 천자국, 황제국, 중화로 인식하는 경향은 유교사상이 발전하면서 더욱 심화되었다. 그리고 이런 유교사상이 이 땅에 들어오면서 이 땅에서는 우리 고유의 천자, 천자국 의식이 점차 사라졌다. 중국 중심의 세계인식은 마침내 고려나 조선을 중국의 제후국으로 전락시켰다. 이는 자연히 이 땅 군주의 위상에도 큰 변화를 가져왔고 사회제도에도 그대로 반영되었다. 이를테면 각종 국가의례가 정비되면서 제사도 정비되었는데, 이 땅의 제례도 유교의 예학적 이념에 따라 규정되었다. 바로 유교 경전의 가르침에 따라 이 땅의 제사의례가 재정비된 것이다.

『예기』에 이런 말이 있다.

> "천자는 천지를 제사하고 사방을 제사하며 산천을 제사하고 오사五祀를 제사하되 해마다 두루 제사 지낸다. 제후는 자기 방향에 해당하는 곳을 제사하며 산천을 제사하고 오사를 제사하되 해마다 두루 제사한다. 대부는 오사를 제사하되 두루 제사하고, 사士는 자신의 조상을 제사한다. … 제사지낼 바가 아닌데 제사지내는 것을 음사陰祀라고 한다. 음사에는 복福이 없다.(天子祭天地, 祭四方, 祭山川, 祭五祀, 歲徧. 諸侯方祀, 祭山川, 祭五祀, 歲徧. 大夫祭五祀, 歲徧. 士祭其先. … 非其所祭而祭之, 名曰淫祀. 淫祀無福.)"(『예기』「곡례曲禮」하下)

유교 경전은 천자와 제후 그리고 사士는 각각 자신의 신분에 걸맞은 제사를 행해야 하며, 제사 대상이 아닌데 제사지내는 것을 음사陰祀로 규정하고, 음사에는 복이 없다고까지 하였다. 말이 복이지 그것은 신분에 걸맞지 않는 제사 행위는 봉건적 위계를 깨뜨리는 행위이므로 금한다는 것이요 어길시 처벌한다는 것이다.

이처럼 제사가 위계화 되는 가운데 천제의 주체를 제한하게 된 것은 특히 세속의 지배자인 황제의 등장과 무관하지 않다. 황제는 유교사상을 바탕으로 자신을 하늘의 아들, 즉 천자와 동일시하고 하늘에 대한 제사는 자신만이 독점적으로 지낼 수 있다는 논리를 강화하였다. 즉 천제는 누구나 지낼 수 있는 제사가 아니라, 천자만이 지낼 수 있는 제사로 규정된 것이다.

유교적 천제는 천명을 담보하는 상징적인 의례이자 사회질서·세계질서를 유지하는 제도의 한 부분이었다. 황제의 독점적 권리로 인식된 천제는 황제의 정치적 권력을 과시하는 동시에 유교사회의 최고 권력을 창출하고 강화하는 행사였다. 유교질서에서 황제가 의례정치학의 최정점에 위치하면서, 세상을 대표하는 주체로서 공식적인 제장에서 공식적인 천제를 거행하는 전형적 모습이 원구제이다.

유교문화에서 원구제는 천자, 천자가 다스리는 나라인 천자국에서만 행할 수 있다. 황제는 천제의례를 주기적·반복적으로 행함으로써 자신의 지배에 대한 정당성, 나아가 도덕성을 하늘·상제를 통해 강화하였다. 유교문화에서 하늘에 올리는 제사는 정치적인 권위를 강화할 수 있는 권력자의 의례였던 것이다.

그 다음 자리를 차지하는 국왕은 제후국의 통치자로, 천제를 거행할 수 없었다. 이를테면 제한적으로나마 천신계열의 기능신이라 할 수 있는 풍운뢰우신을 남교에 위치한 풍운뢰우단에서 제사할 수 있을 뿐이다. 예를 들면 유교적 명분에 충실하고자 했던 조선에서 천제는, 그리하여, 그림의 떡이었다. 제후국의 위상을 지니는 조선의 국왕에게 천제는 애초부터 금기사항이었다. 그 근거는 위에서 보았듯이, "천자는 천지에 제사하고, 제후는 사직에 제사하고, 대부는 오사에 제사한다"는 유교 경전, 『예기』이다. 그리하여 철저하게 유교국가인 조선에서 천제를 올리는 것은 제사의 질서와 체계를 무시한 참월한 음사로 여겨지고, 숨어서 누군가 천제를 올리면 그것은 정치적으로는 국왕을 넘어 황제의 권위마저 넘보는 모반의 상징으로 간주될 수밖에 없었다. 이렇게 볼 때 유교적 천제는 왕권 강화라는 매우 정치적 성격을 띤다.

이런 논리가 유교문화권 전체에 적용되면 어떻게 될까? 천자국·천자가 다른 모든 나라와 왕, 나아가 만민을 지배하는 것을 정당화하게 된다. 유교문화권이 하나의 위계질서로 형성되고, 거기에서 나타나는 온갖 상하관계, 지배복종관계 등이 당연시되고 만다. 그것이 지난날 동북아 역사질서의 한 부분이었다.

그러므로 잃어버린 천자국의 위상을 회복하는 것, 잊혀진 상제문화의 모습을 재발견하는 것, 사라진 신교를 다시 드러내는 것은 여러모로 중요한 의미를 갖는다. 그것은 천자국의 위상을 회복하는 길이요, 그 미래가 또한 비전이 있음을 말한다.

역대 연호

　고구려는 기록상 최초 연호로 19대 광개토대왕 때 '영락永樂'이라는 연호를 사용하였다. 그러나 실제로는 훨씬 이전부터 더 많은 연호가 있었다. 『태백일사』「고구려국본기」에 의하면 20대 장수왕은 건흥建興, 21세 문자명왕은 '명치明治', 25대 평원왕은 '대덕大德', 26대 영양왕은 '홍무弘武', 28대 보장왕은 '개화開化'라는 연호를 각각 사용하였다.

　본문에서 언급하지 않은 연호를 보면 이렇다. 신라의 법흥왕은 건원建元, 진흥왕은 '건원' 연호를 12년간 사용하다가 '개국開國'으로 개원했고, 개국기년 17년에 '태창泰昌'으로 개원했고 3년 뒤 다시 '홍제鴻齋'로 바꾸었다. 진평왕은 '건복建福', 선덕여왕은 '인평仁平', 진덕여왕은 '태화太和'라는 연호를 사용하면서 천자의 나라임을 천명했다. 그러나 진덕여왕 4년(태화 4년, 650)에 당의 압력에 굴복하여 자체 연호를 폐기하고 당 고종의 연호인 영휘永徽를 사용하기 시작했다.

　『태백일사』「대진국본기」에 의하면, 대진국[발해]에서는 태조부터 역대 제왕들이 독자적 연호를 사용하였다. 대진국을 건국한 태조 대조영은 제위帝位에 즉위하여 '천통天統'이라는 연호를 사용했다. 두 번째 광종은 '인안仁安', 세 번째 세종은 '대흥大興', 인종 때 중흥中興, 목종 때 '정력正歷', 의종 때 '영덕永德', 강종은 '주작朱雀', 철종은 태시太始, 성종은 '건흥建興', 장종은 '함화咸和', 순종은 '대정大定', 명종은 '천복天福', 마지막 황제인 애제는 '청태淸泰'라는 연호를 썼다.

　궁예는 후고구려를 세우고 이후 마진, 태봉으로 바꾸었는데, 904년에 '무태武泰', 905년에는 '성책聖冊'이라는 연호를 사용하였다. 911년에는 국호를 '태봉泰封'이라고 하고 연호를 '수덕만세水德萬歲'라고 하였다. 914년 연호를 '정개政開'로 바꾸었다.

　조선은 명나라의 제후국을 자처해 독자적 연호를 사용하지 않았다. 그러나 갑오경장 때 개국 기원을 채택, 왕조의 개국 연차를 계상해 1894년을 개국기원 503년으로 표기하였다. 그 뒤 을미사변을 계기로 정권을 장악한 개화당 내각은 1세1원의 연호 사용을 원칙으로 내세워 '건양建陽'이라는 연호를 제정(개국 505년)하였다. 뒤에서 살펴보겠지만, 고종황제의 대한제국의 수립으로 다시 '광무光武'라 고쳤으며(개국 506년), 순종이 즉위하면서 '융희隆熙'라는 연호를 사용하였다. 일제강점기에는 일본 연호를 사용하다가 미군정기(1945~1948)에는 서력기원을 사용하였다. 1948년 대한민국 정부 수립 후에는 연호에 관한 법률(법률 제4호)에 의해 단군기원을 공용 연호로 제정, 서기 1948년을 단기 4281년으로 사용하였다.

제2부

『환단고기』, 『삼국사기』에 담긴 천제

4. 환국, 배달, 고조선 때의 하늘 제사

『환단고기』가 밝히는 우리 역사의 줄기

인간이 상제·하늘에 제사를 올리고 그 가르침에 따르는 삶을 언제부터 살았는지를 단정하기란 쉽지 않다. 그러나 우리는 옛 사람들이 농사를 짓기 이전 시대에는 하늘에서 내리는 비·천둥·번개와 같은 자연현상을 통해 하늘에 대한 막연한 두려움을 가졌고, 농사를 지으면서는 천지자연의 변화가 먹거리 수확에 절대적이라고 생각했을 것임은 쉽게 추측할 수 있다. 이로부터 나온 하늘에 대한 두려움·경외·고마움 등 다양한 감정은 곧 하늘을 숭배하거나 신앙하는 태도로 이어졌을 것이다. 어떻게 보면 인간의 궁극의 신에 대한 인식은 이런 하늘의 신·천신에서 시작되었는지도 모른다. 아니 천신에서 시작되었다고 볼 수 있다. 예로부터 사람들이 하늘을 가장 높이 받들고 숭배하며 하늘의 가르침에 따르고, 늘 하늘과 하나 되고자 하는 삶, 자연의 변화에 순응하며 살아온 삶의 모습이 이를 뒷받침한다.

그렇다면 하늘을 높이 받들고 모시며 감사해 하는 인간의 의례 행위는 언제부터 시작되었을까? 그 기록은 어디에서 찾을 수 있을까? 우리는 그 실마리를 우리의 잃어버린 상고사 모습을 온전하게 담고 있는 『환단고기』에서 찾을 수 있다.

『환단고기』는 1911년에 운초 계연수(1864~1920)가 몇 가지 사서를 묶어 편찬한 책이다. 이는 신라의 고승 안함로(579~640)가 지은 『삼성기전』 상上, 조선시대 사람으로 추측되는 원동중이 지은 『삼성기전』 하下,

한민족의 국통

고려 때의 사람인 행촌 이암(1297~1364)이 지은『단군세기』, 고려시대 범장이라는 사람이 지은『북부여기』, 조선시대 일십당 이맥(1455~1528)이 지은『태백일사』라는 다섯 가지 사서로 구성되어 있다.[1]

이『환단고기』는 우리의 관심인 천제에 대한 자료는 물론, 우리가 지금까지 미처 모르던 동방 조선의 상고사에 대한 이해를 깊게 할 수 있는 많은 실마리를 제공한다. 그 중의 하나가 우리의 상고 역사는 9천 년 전부터 시작되었다는 것이다.『환단고기』를 보면 우리의 역사 줄기는 우리뿐만 아니라 인류 역사, 인류 문명의 시작인 환국(BCE 7197~BCE 3897)으로부터 시작하여 배달(BCE 3897~BCE 2333)과 고조선(BCE 2333~BCE 238)으로 이어졌으며, 나아가 북부여를 중심으로 하는 열국시대, 고구려·백제·신라·가야 등의 4국시대, 그리고 고려로 이어졌다.『환단고기』는 이러한 역사의 흐름에는 늘 삼신상제의 가르침인 신교가 주문화를 이루었다고 밝힌다.

인류의 첫 나라, 환국桓國

옛 동방 조선에는 제천단을 쌓아 상제에게 천제를 올리고, 온 나라 사람들이 수일간 한마당 큰 잔치[國中大會]를 여는 전통이 있었다. 그

1『환단고기』에 대한 더 자세한 설명은 안경전 역주,『환단고기』, 2012의 해제를 참조하라.

가장 오랜 흔적은 우리의, 아니 인류의 가장 오래된 나라이자 첫 나라
인 환국시대에서 찾을 수 있다.

『삼성기전』상上에 의하면, 세상에서 가장 오래된 나라는 환족이 세
운 환국이다. 이 환국은 어떻게 하여 개창되었을까?

> "태시太始에 하늘과 땅이 문득 열리니라. 홀연히 열린 우주의 대광명
> 가운데 삼신이 계시니, 삼신三神은 곧 일신이요 우주조화성신이니라.
> 삼신께서 천지만물을 낳으시니라."(『도전』 1:1:1-3)

이것은 신교, 상제 가르침의 교과서인 『도전』이 밝히는 지난날 하
늘과 땅의 첫 열림에 대한 묘사이다. 하늘과 땅이 홀연히 처음 열린 우
주의 대광명 가운데 삼신이 있고, 이 삼신에서 삼신의 대권능의 조화
로 만물이 생겨났다는 것이다. 삼신은 바로 모든 생명의 한 뿌리의 조
상[一源之祖]이다.

이를 뒷받침할 수 있는 내용이 『환단고기』에 담겨있다. 『태백일사』
에는 『표훈천사表訓天詞』에 기록된 이런 내용을 전한다.

> "대시大始에 상하와 동서남북 사방에서 일찍이 암흑이 보이지 않았고,
> 언제나 오직 한 광명뿐이었다. 천상 세계에 '문득' 삼신이 계셨으니 곧
> 한 분 상제님[三神卽一上帝]이시다. 주체는 일신이시니, 각기 따로 신이
> 있는 것이 아니라 작용으로 보면 삼신이시다. 삼신은 조화로 만물을 빚
> 어 내고, 헤아릴 수 없는 지혜와 능력으로 온 세상을 다스리지만 그 형
> 체를 나타내지 않는다. 가장 높고 높은 하늘에 앉아계시니, 그곳은 천만
> 억토이다. 삼신은 항상 광명을 크게 방출하고 신묘한 기운을 크게 발하
> 며 상서로운 기운을 크게 내리신다. 기를 불어넣어 만유를 감싸고, 열을
> 내뿜어 만물의 종자를 자라게 하며, 신명들로 하여금 삼신의 명령[天命]
> 을 집행하게 하여 세상 일을 다스리신다.(大時, 上下四方, 曾未見暗黑, 古今

往來, 只一光明矣. 自上界, 却有三神, 卽一上帝. 主體卽爲一神, 非各有神也, 作用
卽三神也. 三神, 有引出萬物, 統治全世界之無量智能, 不見其形體. 而坐於最上上之
天, 所居, 千萬億土. 恒時, 大放光明, 大發神妙, 大降吉祥, 呵氣以包萬有, 射熱以滋
物種, 行神以理世務.)"(『태백일사』「삼신오제본기」)

또 『대변경』의 기록이라며 이렇게도 전한다.

"오직 하늘의 한 분 주재신[天一神=上帝]이 깊고 깊은 하늘에 계시어
하늘·땅·인간의 웅대함과 원만함과 하나됨을 삼신의 신령한 근본 법
도로 삼으시고, 이를 영원무궁토록 세상의 모든 백성에게 크게 내리
시니, 만유는 오직 삼신께서 지으신 것이다.(惟天一神, 冥冥在上, 乃以三
大三圓三一之爲靈符者, 大降降于萬萬世之萬萬民, 一切, 惟三神所造.)"(『태백일
사』「삼신오제본기」)

만물은, 한 분이지만 세 신으로 작용하는 삼신상제가 낳았다는 것이
다.

그렇다면 이 삼신이 낳은 만물 중 가장 소중한 존재는 무엇일까? 하
늘과 땅을 매개하고 그 가운데 살아가며 신의 뜻을 이루는 인간이다.
인간이 없으면 신도 그 목적을 달성할 수 없다. 『삼성기』하에 의하면,
이런 인간의 뿌리, 인류의 시조가 나반那般이다.

나반은 아이사비阿耳斯庀(송화강 또는 바이칼호)에서 아만阿曼을 만나
천신의 가르침을 받고 혼례를 치렀다. 그리고 청수를 떠놓고 하늘에
고한 다음 돌려가며 마셨다고 한다. 당시 상황이 『태백일사』에 기록
되어 있다.

"이때, 산의 남쪽에 주작이 날아와 기뻐하고, 강의 북쪽에는 신귀神龜
가 와서 서기瑞氣를 나타내었다. 골짜기의 서쪽에는 백호가 산모퉁이
를 지키고, 시내의 동쪽에서 창룡이 하늘로 올랐다. 중앙에는 황웅黃

熊이 거하였다.(山南, 朱鵲來喜, 水北, 神龜呈瑞. 谷西, 白虎守峴, 溪東, 蒼龍升空. 中有黃熊居之.)"(『태백일사』「삼신오제본기」)

하늘의 명에 따라 혼인한 나반과 아만으로부터 많은 후손이 나왔다. 오랜 세월을 지나며 그들은 집단을 이루며 여기 저기 흩어져 살았다. 시간은 흐르고 흘렀다. 오랜 시간 후, 환인이 사람들의 추대를 받아 나라를 다스리게 되었다. 이분을 일러 안파견安巴堅이라 하고, 또 거발환居發桓이라고도 불렀다.

환인은 신을 대신하여 온 사람들을 다스리는 통치자이다. 환인은 하늘(삼신상제)의 창조정신을 계승하고 삼신을 대행하여 널리 교화를 베푼 삼신의 대행자이다. 그리하여 환인은 삼신을 조상으로 삼고 받들며, 사람들에게는 늘 삼신의 가르침을 베풀었다. 그런 가운데 수많은 아만과 나반의 후손들은 구환족九桓族으로 통합되고 나뉘어져 다스려졌다.

그런데 약 9천여 년 전, 최초의 문명집단인 구환족의 환인이 중앙아시아의 천산(일명 파내류산)을 중심으로 인류 최초의 국가인 환국(BCE 7197~BCE 3897)을 세웠다. 삼신상제를 대신하여 환인이 환국을 열었으므로 환국은 사실상 삼신상제의 나라, 신의 뜻으로 세워진 신의 나라라고 할 수 있다. 인류의 첫 나라 열림은 이렇게 신의 뜻에 따라 신의 의지에 의해 열렸다.

환국은 천산에서 동쪽으로 뻗어나가 그 영토가 동서로 2만 리, 남북으로 5만 리에 달하였다. 중앙아시아에서 시베리아·만주에 이르는 매우 방대한 영역이었다. 『삼성기전』 하下는 이 환국이 모두 12개국으로 구성되었다고

환국의 7세 환인	
세	환인
1	안파견安巴堅
2	혁서赫胥
3	고시리古是利
4	주우양朱于襄
5	석제임釋提壬
6	구을리邱乙利
7	지위리智爲利

밝힌다. 그리고 『삼성기전』상上은 BCE 7000년 경 천산을 터전으로 한 '우리 환족의 나라 세움[吾桓建國]'을 인류 건국사에서 가장 오래된 사건이라고 선언한다.

한국의 '환'은 '밝을 환'자로 광명, 특히 하늘에서 내려오는 환하게 빛나는 광명을 상징한다. 이 광명은 삼신상제가 지닌 참된 덕성이다(『태백일사』,「환국본기」). 그러기에 환국은 다름 아닌 '천상의 삼신상제의 나라가 인간 세상에 이식된 첫 나라'이다.[2] 이러한 환국은 초대 환인 안파견으로부터 3,301년의 역사가 7세의 환인들에 의해 지속되었다.

무병장수시대였던 이 환국시대에도 천제가 행해졌음을 뒷받침하는 기록이 남아있다.

"옛날에 환인이 계셨다. 천산에 내려와 거처하며, 천신께 지내는 제사를 주관하였다.(昔, 有桓仁. 降居天山, 主祭天神.)"(『태백일사』,「환국본기」)

「환국본기」는 인류문명이 처음 열렸을 때부터 상제를 받드는 천제가 행해졌다는 기록을 담고 있다. 인류·한민족의 천제문화가 이미 9천 년 이전부터 있었음을 알려준다.

환웅의 나라, 배달

환인이 세웠던 환국은 이후 환웅桓雄이 세운 배달[3]로 이어진다. 그 내용을 보자.

"환국 말기에 안파견께서 삼위산과 태백산을 내려다보며 이렇게 물었다. "두 곳 모두 인간을 널리 이롭게 할[弘益人間] 수 있는 곳이다. 과연 누구를 보내는 것이 좋은가?" 오가의 우두머리들이 모두 답하였다. "서자庶子에 환웅이라는 인물이 있는데 용기와 어짊과 지혜를 겸

----

2 안경전 역주, 『환단고기』, 상생출판, 2012, 50-51쪽.
3 배달은 밝음을 뜻하는 '배'와 땅을 뜻하는 '달'이 합쳐진 말로, '광명의 동방 땅'을 뜻한다.

비하고, 일찍이 홍익인간의 이념으로 세상을 개혁하려는 뜻을 가지고 있으니 그를 동방의 태백산[백두산]으로 보내 다스리게 하십시오." 이에 환인이 환웅에게 천부天符와 인印 세 종류를 주며 명하였다. "이제 인간과 만물이 이미 제자리를 잡아 다 만들어졌으니, 그대는 노고를 아끼지 말고 무리 3천 명을 이끌고 가서, 새 시대를 열어 가르침을 세우고[開天立教] 세상을 신교의 진리로 다스리고 깨우쳐서[在世理化] 이를 만세 자손의 큰 규범으로 삼으라." … 이때 환웅은 무리 3천 명을 이끌고 태백산 마루, 신단수 아래에 내려와 이곳을 신시神市라 하니, 이분이 바로 환웅천황이다. 환웅은 풍백과 우사와 운사를 거느리고 농사와 왕명과 형벌과 질병과 선악을 주창하게 하고, 인간 세상의 360여 가지 일을 주관하고, 세상을 신교의 진리로 다스려 깨우쳐서 인간을 널리 이롭게 하였다.(桓國之末, 安巴堅, 下視三危太白: 皆可以弘益人間, 誰可使之. 五加-僉曰: 庶子有桓雄, 勇兼仁智, 嘗有意於易世以弘益人間, 可遣太白而理之. 乃授天符印三種, 仍勅曰: 如今, 人物業已造完矣, 君, 勿惜厥勞, 率衆三千而往, 開天立教, 在世理化, 爲萬世子孫之洪範也. … 於是, 桓雄, 率衆三千, 降于太白山頂神壇樹下, 謂之神市, 是謂桓雄天王也. 將風伯雨師雲師, 而主穀主命主刑主病主善惡, 凡主人間三百六十餘事, 在世理化, 弘益人間.)(『삼성기전』하)

즉 환국시대 말에 환인이 환웅에게 천부인天符印을 주고 문명개척단 3천 명을 함께 내려 보냈고, 백두산에 도착한 환웅은 신시에 도읍을 정하고 사람들에게 신교의 진리로 다스려 깨우쳐 인간을 널리 이롭게 하였다는 것이다.

환웅이 동방 땅에 자리 잡았을 때 이웃에는 웅족과 호족[一熊一虎]이 살았다. 여기서 웅족이란 곰을 토템으로 하는 집단, 호족은 호랑이를 토템으로 하는 집단을 말한다. 그런데 『삼국유사』는 이를 신화적으로 그리고 있다.

"그 당시 곰 한 마리와 호랑이 한 마리가 같은 굴속에 살고 있었는데, 항상 환웅에게 사람 되기를 기원하였다. 이 때 환웅이 신령스런 쑥 한 다발과 마늘 스무 개를 주면서 말하였다. "너희가 이것을 먹되, 100일 동안 햇빛을 보지 않으면 곧 사람의 형상을 얻으리라." 곰과 호랑이는 그것을 받아먹으면서 삼칠일 동안 금기했는데, (금지를 잘 지킨) 곰은 여자의 몸이 되었지만, 호랑이는 금기를 지키지 못하여 사람의 몸이 되지 못하였다.(時, 有一熊 一虎, 同穴而居, 常祈于神雄, 願化爲人. 時, 神遺靈艾一炷 蒜二十枚曰: 爾輩食之, 不見日光百日 便得人形. 熊虎得而食之, 忌三七日, 熊得女身, 虎不能忌, 而不得人身.)"(『삼국유사』「기이」제1)

그야말로 믿거나 말거나 한 옛 이야기로 만들었다. 곰과 호랑이는 동물이 아니라 그런 동물을 부족의 토템으로 하는 집단이다. 각각의 토템을 통해 사람들은 자신들과 타인들을 구분하고, 같은 토템을 가진 사람들끼리는 그들의 사회적 통합과 연대를 강화하게 된다. 토템은 그 자체 하나의 종교적 기능을 하면서도 사회적 기능도 한다.

『삼성기』하에 의하면 배달국은 높은 수준의 문화를 가지고 있었다. 이를테면 배달시대에 환웅천황은 백성에게 교화를 베풀 때는 「천부

배달국의 18세 환웅	
18세 환웅	
신시시대	1세 거발환居發桓
	2세 거불리居佛理
	3세 우야고右耶古
	4세 모사라慕士羅
	5세 태우의太虞儀
	6세 다의발多儀發
	7세 거 련居連
	8세 안부련安夫連
	9세 양운養雲
	10세 갈고葛古
	11세 거야발居耶發
	12세 주무신州武愼
	13세 사와라斯瓦羅
청구시대	14세 자오지慈烏支 (치우천황)
	15세 치액특蚩額特
	16세 축다리祝多利
	17세 혁다세赫多世
	18세 거불단居弗檀 (혹은 단웅)

『천부경天符經』이란 무엇인가?

天符經 八十一字

一始無始一 析三極無盡本
天一一地一二人一三 一積十鉅无匱化三
天二三地二三人二三 大三合六生七八九
運三四成環五七
一玅衍萬往萬來用變不動本
本心本太陽昂明人中天地一
一終無終一

『환단고기』「소도경전본훈」에
실려 있는 천부경 원문

　『천부경天符經』은 신교의 정수를 담은 3대 경전의 하나로, 81자로 구성되었다. 천부天符는 '하늘의 법', '하늘의 명령'이란 뜻인데, 『천부경』에는 환국의 역사 경영 지침, 천지 자연과 인간 삶의 원리, 깨달음의 핵심이 담겨 있다.

　『천부경』은 환국시대부터 구전되다가 배달의 초대 거발환 환웅 때 신지神誌 혁덕赫德에 의해 상형문자로 기록되었고, 단군조선 시대에 신지가 전서篆書로 돌에 새겨 후세에 전했다. 신라 때 최치원이 이를 발견하고 한자로 번역하여 세상에 전하는 한편, 묘향산 바위에 이를 새겼다고 한다.

갑골문 천부경
고려 말 북부여기를 쓴 복애伏崖 범세동范世東과 같이 두문동 72현 중의 한 사람인 농은農隱 민안부閔安富(1328-1401)의『농은유집農隱遺集』에서 발견되었다.

中(중)	本(본)	衍(연)	運(운)	三(삼)	三(삼)	一(일)	盡(진)	一(일)
天(천)	本(본)	萬(만)	三(삼)	大(대)	天(천)	三(삼)	本(본)	始(시)
地(지)	心(심)	往(왕)	四(사)	三(삼)	二(이)	一(일)	天(천)	無(무)
一(일)	本(본)	萬(만)	成(성)	合(합)	三(삼)	積(적)	一(일)	始(시)
一(일)	太(태)	來(래)	環(환)	六(육)	地(지)	十(십)	一(일)	一(일)
終(종)	陽(양)	用(용)	五(오)	生(생)	二(이)	鉅(거)	地(지)	析(석)
無(무)	昂(앙)	變(변)	七(칠)	七(칠)	三(삼)	無(무)	一(일)	三(삼)
終(종)	明(명)	不(부)	一(일)	八(팔)	人(인)	匱(궤)	二(이)	極(극)
一(일)	人(인)	動(동)	妙(묘)	九(구)	二(이)	化(화)	人(인)	無(무)

『천부경天符經』81자

경天符經」[4]과 「삼일신고三一神誥」[5]를 강론하며 가르쳤다. 그 만큼 교화가 체계적으로 이루어졌던 것이다.

어디 그 뿐일까? 그 전성기였던 14세 치우천황 때에는 구리와 철로 투구를 만들어 쓰고, 광석을 캐는 기구인 구치九冶를 만들어 채광하고, 철을 주조하여 무기를 만들 정도로 문명이 발전하였다. 치우천황은 또 산업을 일으키고, 소도와 관경과 책화責禍[6]를 주관하고, 화백제도를 두기도 하였다.

이렇게 발전하였던 배달국은 총 18세의 환웅이 다스리며 1,565년 동안(BCE 3897~BCE 2333) 지속되었는데, 신교사상을 삶의 원리로 삼고 삼신상제에게 천제를 올리는 삶을 지속하였다.

환웅시대에 상제에게 제사를 드렸다는 기록은 다양하게 나타난다. 먼저『삼성기전』에서 천제의 자취를 찾을 수 있다.

> "삼칠일(21일)을 택하여 하늘의 상제님께 제사지내고 바깥일을 꺼리고 삼가 문을 닫고 수도하였다. 주문을 읽고,(擇三七日, 祭天神, 忌愼外物, 閉門自修. 呪願,)"(『삼성기전』 상)

환웅은 천제를 올리기 전에 몸과 마음을 정결하게 하는 수행을 하고 삼신에게 제사를 지낸 것이다.

『태백일사』「신시본기」에 의하면 신시시대에는 칠회제신력七回祭神曆도 있었다. 칠회제신력은 일곱 날로 나누어 제사를 올리는 책력인데, 그 첫 날에 천신, 즉 삼신상제에게 제사지냈다.

태우의 환웅의 막내인 태호복희가 어느 날 삼신이 성령을 내려주는

---

4 환국시대부터 구전으로 전해지는 81자로 쓰여진 신교의 경전으로, 하늘과 땅 및 인간의 창조와 변화 이치, 하늘의 뜻을 담고 있다.
5 배달시대에 지어진 366자로 된 경전으로, 하늘, 일신, 일신의 궁전, 세계, 인물에 대한 가르침이 들어있다.
6 읍락邑落 사이의 경계를 중히 여겨 서로 침범하는 일을 엄금한 제도.

꿈을 꾸고 천지 만물의 근본이치를 환히 꿰뚫어 보았으며, 이에 삼신산에 가서 하늘에 제사 지내고 천하天河에서 괘도를 얻었음도 밝힌다.

　나아가 강태공 역시 치우의 후손으로, 그가 제나라를 다스릴 때 천제를 올렸으며, 그로 인해 제나라에서 팔신八神의 풍속이 성행하였다는 내용도 담고 있다.

　『태백일사』는 환웅이 불함산에서 천제를 올린 자취를 이렇게 기록하고 있다.

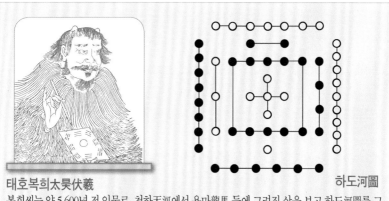

태호복희太昊伏羲
복희씨는 약 5,600년 전 인물로, 천하天河에서 용마龍馬 등에 그려진 상을 보고 하도河圖를 그렸다. 그는 또한 팔괘八卦를 그어 천지 시·공간의 변화법칙을 이해할 수 있는 길을 열었다.

하도河圖

▲하남성 회양현의 인문시조人文始祖 복희사당

산동성 미산현 사당 내 복희상▶

"태백산(백두산)이 북쪽으로 달려가 우뚝 솟은 장엄한 모습이 비서갑斐西岬의 경계에까지 이어졌고, 그곳에 물을 등지고 산을 안고서 다시 꺾어져 감돈 곳이 있는데, 바로 대일왕大日王(환웅천황)이 천제를 올리던 곳이다. 세상에 이런 말이 전해온다. 환웅이 이곳에 순행하여 머물면서 사냥하여 제사지낼 때, 풍백은 「천부경」을 거울에 새겨 진상하고, 우사는 북에 맞추어 둥글게 춤을 추고, 운사는 백 명을 칼로 무장시켜 제단 밑에 늘어서서 지켰다. 상제님이 천제를 올리러 산에 갈 때 의장이 이처럼 성대하고 엄숙하였다. 이 산의 이름이 불함이다. 지금은 완달이라 하는데, 그 음이 비슷하다.(太白山, 北走, 屹屹然立於斐西岬之境, 有負水抱山而又回焉之處, 乃大日王祭天之所也. 世傳: 桓雄天王, 巡駐於此, 佃獵以祭. 風伯天符刻鏡而進, 雨師迎鼓環舞, 雲師佰劍陸衛. 盖天帝就山之儀仗, 若是之盛嚴也. 山名曰不咸, 今亦曰完達, 音近也.)"(『태백일사』「삼한관경본기」)

신시시대의 선인 발귀리發貴理는 아사달에서 올린 천제를 보고 의례가 끝난 후에 찬송하는 글을 지었는데, 그것이 『태백일사』「소도경전본훈」에 실려 있다.

이로 보아 동방조선에서는 환국시대였던 9천 년 전부터 이미 상제를 받들고 모시는 삶이 있었고, 상제의 가르침을 가장 근본으로 삼았음을 알 수 있다.

고조선을 연 단군 왕검

환웅의 배달국은 단군 왕검의 고조선으로 계승되었다. 『단군세기』는 어떤 책인지 밝히지 않고 『고기』의 기록이라며 왕검에 대하여 이렇게 밝힌다.

"왕검의 아버지는 단웅이요 어머니는 웅씨왕의 따님이다. 신묘(BCE

2370)년 5월 2일 인시에 박달나무가 우거진 숲에서 태어나니, 신인神人의 덕이 있어 원근 사람들이 모두 경외하며 따랐다. 14세 되던 갑진(BCE 2357)년에 웅씨왕이 그 신성함을 듣고 비왕裨王으로 천거하여 '대읍국'의 국사를 맡아 다스리게 하였다. 무진년 당요唐堯 때에 단국에서 돌아와 아사달의 박달나무가 우거진 터에 이르니 온 나라 백성들이 천제의 아들로 추대하였다. 구환족을 합쳐서 하나로 통일하고 신성한 덕화가 멀리까지 미치니 이분이 단군왕검이시다.(王儉父檀雄, 母熊氏王女. 辛卯五月二日寅時, 生于檀樹下, 有神 人之德, 遠近畏服. 年十四甲辰, 熊氏王, 聞其神聖, 擧爲裨王, 攝行大邑國事. 戊辰唐堯時, 來自檀國, 至阿斯達檀木之墟, 國人, 推爲天帝子. 混一九桓, 神化遠 曁, 是謂檀君王儉.)"(『단군세기』)

이로 보면 배달국 18대 거불단 환웅의 아들이자 배달국에 속해있던 여러 제후국의 우두머리였던 왕검을, 요임금 즉위 25년이자 배달국 말기인 BCE 2333년 10월 3일, 단목 터에서, 백성들이 천제의 아들로 추대하였다. 이에 왕검이 백성들과 더불어 삼신상제에게 천제를 올리고, 송화강 '아사달'을 도읍으로 하여 '조선朝鮮'이라는 이름의 새 나라를 세웠다.

단군 왕검은 즉위 후 참된 삶을 위한 몇 가지 가르침을 내렸다. 거기에는 비록 충·효·애愛 등의 생활 윤리에 대한 가르침도 있지만, 그 핵심이자 가장 강조하는 가르침은 하늘의 법도를 따르고[合天範], 하늘을 섬기라[敬天]는 것이다. 이것은 단군시대가 열리면서도 하늘을 섬기고 하늘에 제사지내는 것을 근본으로 삼았음을 뒷받침한다.

『단군세기』에는 고조선의 나라 다스림 방식을 알 수 있는 단서도 있다. 왕검이 천하의 땅을 일정한 지역으로 경계를 정해 삼한三韓으로 나누어 통치하였다는 것이다. 『태백일사』「소도경전본훈」에 의하면 "'삼한'이라는 말에는 '조정을 나누어 통치한다.(三韓, 有分朝管境之

고조선의 나라 다스림, 삼한관경제三韓官境制

단군 왕검은 조선을 진한, 번한, 마한이라는 삼한으로 나누어 다스렸다.

意.)"는 뜻이 있는데, 요동과 만주지역에 걸쳐 있던 진한, 요서 지역의 번한, 한반도의 마한이 그것이다. 이것이 소위 삼한관경제三韓官境制이다. 이 삼한은 한반도에 세워졌던 마한·진한·변한의 삼한[後三韓·南三韓]과는 완전히 다르다. 그래서 신채호는 일찍이 이를 전삼한·북삼한이라 하였다.

고조선은 한 때 나라 이름과 수도가 중간에 바뀌기도 하였다. 22대 색불루 단군 때인 BCE 1285년에는 백악산(녹산)을 개축하고 관제를

고조선 47세 단군

세	단군명	세	단군명	세	단군명
송화강 아사달 시대		17	여을余乙	33	감물甘勿
1	왕검王儉	18	동엄冬奄	34	오루문奧婁門
2	부루扶婁	19	구모소縱牟蘇	35	사벌沙伐
3	가륵嘉勒	20	고홀固忽	36	매륵買勒
4	오사구烏斯丘	21	소태蘇台	37	마물麻勿
5	구을丘乙	백악산 아사달 시대		38	다물多勿
6	달문達門	22	색불루索弗婁	39	두홀豆忽
7	한율翰栗	23	아홀阿忽	40	달음達音
8	우서한于西翰	24	연나延那	41	음차音次
9	아술阿述	25	솔나率那	42	을우지乙于支
10	노을魯乙	26	추로鄒魯	43	물리勿理
11	도해道奚	27	두밀豆密	장당경 아사달 시대	
12	아한阿漢	28	해모奚牟	44	구물丘勿
13	흘달屹達	29	마휴摩休	45	여루余婁
14	고불古弗	30	내휴奈休	46	보을普乙
15	대음代音	31	등올登兀	47	고열가高列加
16	위나尉那	32	추밀鄒密		

개혁하여 수도가 백악산 아사달로 옮겨졌다. 또 고조선 후기였던 BCE 425년, 44대 구물 단군 때, 주나라 고왕 때에는 나라 이름을 대부여로 바꾸고 도읍을 백악산에서 장당경으로 옮기기도 하였다. 이 전체로 보면 왕검이 연 조선은 47대의 단군들이 지배하면서 2,096년 동안 (BCE 2333~BCE 238) 지속되었다.

단군시대의 하늘 받들기[천제]

『단군세기』에는 이러한 배달을 계승한 고조선시대에도 여러 단군들이 천제를 활발하게 실행하였다는 기록이 남아 있다. 그 내용을 살펴보면 아래와 같다.

먼저 단군 왕검의 삼신에 대한 천제 기록을 보자.

"배달 신시 개천 1565년(BCE 2333) 상월(10월) 3일, 신인 왕검이 오가의 우두머리로서 무리 800명을 거느리고 단목터에 와서 백성과 더불어 삼신상제에게 천제를 지냈다. 왕검께서 지극히 신성한 덕성과 성스러움을 겸한 인자함으로 능히 선대 환인·환웅 성조의 가르침을 받들고 하늘의 뜻을 계승하시니 그 공덕이 높고 커서 찬란하게 빛났다.(至開天一千五百六十五年上月三日, 有神人王儉者, 五加之魁, 率徒八百, 來御于檀木之墟, 與衆奉祭于三神. 其至 神之德, 聖之仁, 乃能奉詔繼天, 巍蕩惟烈.)"

(『단군세기』)

당시에는 10월이 되면 나라 사람들이 모여 큰 축제를 열어 삼신에게 제사를 지냈는데, 온 백성들이 모두 즐거워하였다. 그런데 천제를 올린 장소가 특징적이다. 박달나무가 우거진 곳이란다. 그곳은 곧 교외일터다. 그리고 신성한 터였을 것이다. 천제는 신성한 교외에서 행한 모양이다.

시조 단군 왕검은 재위 51년(BCE 2283)에는 마리산에 제천단을 쌓게도 하였다.

"재위 51년 무오년에, 왕검이 운사 배달신에게 명하여 삼랑성을 혈구 穴口에 건설하게 하고, 마리산에 제천단을 쌓게 하니 지금의 참성단이 곧 그것이다.(戊午五十一年, 帝命雲師倍達臣, 設三郞城于穴口, 築祭天壇於摩璃山, 今塹城壇, 是也)"(『단군세기』)

그리고 91세 때인 BCE 2280년(재위 54년) 3월에는 친히 마리산에 행차하여 천제를 올렸다.

참성단은 우리나라에서 지금까지 남아있는 가장 오래된 천제단이다. 천제를 지내는 신성한 제의공간이었다. 이 참성단은 하늘을 상징하는 원형[圓], 땅을 상징하는 방형[方], 그리고 사람이 설 때의 모습 [角], 즉 천·지·인이 합일을 이루는 형태로 만들어졌다. 이는 홍산문화 유적지에서 발굴된 천제단의 원형과 크게 다르지 않다.

그런데 『세종실록』에는 강화도호부 마리산을 언급하며 참성단에 대한 이야기가 나오는데 이렇다.

"(마리산) 꼭대기에 참성단塹星壇이 있는데, 돌로 쌓아서 단의 높이가 10 척이며, 위로는 모지고 아래는 둥글며, 단 위의 4면이 각기 6척 6촌이 고, 아래의 너비가 각기 15척이다. 세상에 전하기를, '조선 단군이 하늘 에 제사지내던 석단石壇이라.' 산기슭에 재궁齋宮이 있는데, 예로부터 매 년 봄·가을에 대언代言을 보내 초제를 지냈다.(山頂有塹星壇, 疊石築之, 壇 高十尺, 上方下圓. 壇上四面, 各六尺六寸, 下廣各十五尺. 世傳朝鮮檀君祭天石壇, 山麓有齋宮.)"[7](『세종실록』「지리지」)

조선왕조실록에 의하면 조선시대에도 여기서 여러 차례 기우제·초 제를 행하였다. 성종 3년(1472) 4월, 명종 9년(1554) 7월 등이 그 예이 다. 인조 17년(1639)에는 마리산 제단을 수축하기도 하였다.

그러나 참성단에서의 제사는 조선 이전인 고려시대에도 거행되었 다. 『고려사』는 1264년 원종 5년 6월 경술에 원종이 참성단에서 초제 [親醮]를 지냈다고 밝힌다. 『고려사』「지」예 잡사에 의하면, 우왕 5년 3월 신미일에도 마리산에서 초제가 행해졌는데, 이때는 친사가 아니 었다. 제관이 파견되었다.

참성단 천제 기록은 고려 이전 역사에도 나타난다. 바로 『환단고 기』에서 찾을 수 있다. 『태백일사』「삼한관경본기」〈마한세가〉상에 의하면, "단군 왕검 51년(BCE 2283)에 천왕이 운사 배달신에게 명하여

---

7 이하의 조선왕조실록 원문과 번역은 국사편찬위원회,『조선왕조실록』(http://sillok.history. go.kr)에 전적으로 의존하였다.

혈구에 삼랑성을 축조하고 마리산에 제천단을 설치할 때 강남의 장정 8,000명을 동원하여 조역助役하게 하였다.(檀君王儉五十一年, 天王命雲師 倍達臣, 築三郎城于穴口, 設祭天壇于摩璃山, 發江南民丁八千人, 以助役.)" 재위 54년 신유(BCE 2280)년 3월에는 친히 마리산에 행차하여 천제를 올렸 다.『태백일사』「소도경전본훈」에 의하면, BCE 1549년 3월 16일, 17 대 여을 단군이 역시 마리산에 직접 가서 참성단에서 삼신에게 천제 를 올렸다.

2세 단군 부루시대에도 천제에 대한 이런 전통이 있었다.

"매년 봄·가을에 나라 안을 순행하여 살피고, 예를 갖추어 하늘에 제 사 지내고, …신시 개천 이래로 매년 하늘에 제사를 지낼 때 나라에 큰 축제를 열어 모두 삼신상제의 덕을 찬양하는 노래를 부르며 화합 하였다.(每當春秋, 巡省國中, 祭天如禮. … 神市以來, 每當祭天, 國中大會, 齊唱讚 德諧和.)"(『단군세기』)

그런데 당시 신시로부터 전해오던 삼신상제를 맞이하고 삼신상제 의 덕을 찬양하며 부른 노래가 〈어아가於阿歌〉이다.

4세 오사구 단군 때에는 태백산에서 삼신상제에게 천제를 지냈다.

"겨울 10월에, 북쪽을 순수하고 돌아오는 길에 태백산에 이르러 삼신 께 제사지내고 영험한 약초를 얻으셨다.(冬十月, 北巡, 而回到太白山, 祭三 神, 得靈草.)"(『단군세기』)

이어 5세 단군 구을은 계해년(BCE 2098) 5월에 밭과 들에 황충蝗蟲이 심하자 삼신께 이를 멸해주기를 빌었는데, 과연 수일 만에 황충이 사 라졌다. 그로부터 약 15년 뒤에는 장당경에 순행하여 삼신단을 봉축하 였다.

6세 단군 달문은 재위 35년(BCE 2049)에 구월산에서 삼신께 제사지냈다. 당시 신지 발리가 지은 〈서효사誓效詞〉는 동방문명의 개창정신을 찬양하며 삼신상제의 받듦을 강조한다.

11세 단군 도해 재위 46년이었던 을해년(BCE 1846)에도 천제를 올렸다.

> "3월에 산 남쪽에서 삼신께 제사 지낼 때 음식을 준비하여 제문을 지어 초제를 지내고, 이날 밤에 특별히 술을 하사하여 백성과 함께 돌려가며 드셨다.(三月, 祭三神于山南, 供酒備膳, 致詞而醮, 是夜, 特賜宣醞, 與國人環飲.)"(『단군세기』)

14세 고불위 단군 재위 6년 을유(BCE 1716)년에는 큰 가뭄이 들자 임금이 친히 하늘에 기우제를 지냈다. 이때 하늘에 〈서고문誓告文〉을 바쳤는데, 그 내용은 이렇다.

> "하늘이 비록 크다 하여도 백성이 없으면 어찌 베풀 것이며 비가 비록 대지를 기름지게 하지만 곡식이 없으면 어찌 귀하겠습니까! 백성이 하늘처럼 섬기는 것은 곡식이요 하늘이 마음으로 삼는 바는 사람이옵니다. 하늘과 사람이 한 몸일진대 하늘이 어찌 백성을 버리나이까! 어서 비를 내려 곡식이 잘 자라도록 하여 저희 백성을 제 때에 구제하여 주옵소서.(天雖大, 無民何施, 雨雖膏, 無穀, 何貴. 民所天者, 穀, 天所心者, 人也. 天人一體, 天何棄民, 乃雨滋穀, 濟化以時.)"(『단군세기』)

기도를 마치자 곧 큰 비가 수천 리에 내렸다고 한다.

『단군세기』에 의하면, 16세 단군 위나 재위 28년(BCE 1583)년에는 임금께서 구환족의 모든 왕을 영고탑에 모이게 하여 삼신상제에게 제사 지냈다. 이 천제에서는 환인, 환웅, 치우, 그리고 단군 왕검을 배향하였다. 천제를 지낸 뒤에는 5일간 큰 연회를 베풀었는데, 백성과 함께 불을 밝히고 밤을 새워 「천부경」을 노래하며 마당밟기도 하였다.

한쪽에 횃불을 줄지어 밝히고, 다른 쪽에서 둥글게 춤을 추며 고신가古神歌의 하나인 〈애환가〉[8]도 불렀다.

천제와 관련한 특징적인 기록은 17세 여을 단군 때의 일이다. 위에서 밝혔듯이, BCE 1549년 3월 16일에 여을 단군이 친히 마리산에 행차하여 참성단에서 삼신에게 천제를 올렸는데, 이 때 은나라 왕 외임外壬(은나라 11세 왕. 재위 BCE 1549-1535)이 사신을 보내 제사를 도왔다(『태백일사』「소도경전본훈」)고 한다.

21세 소태 단군은 나라를 순수하다가 남쪽 해성海城에 이르러 부로父老들을 크게 모아 하늘에 제사지내고 노래와 춤을 즐겼다.

22세 단군 때(병신년, BCE 1285)에 색불루는 "천제일(대영절, 3월 16일)을 맞이하여 먼저 가서 몸과 마음을 재계하며, 천제 지낼 장소를 살펴 잘 청소하고, 희생과 폐백을 깨끗하게 준비하여 삼신께 보답토록 하라.(今當祭迎, 前往擇齊, 審掃神域, 潔備牲幣, 用答三神.)"(『태백일사』「삼한관경본기」)는 조칙을 내렸다. 이때에 색불루 단군은 7일을 택해 재계하고, 향과 축문을 내리니 16일 이른 아침에 여원흥이 백두산 천단에서 제사를 봉행하고, 색불루는 몸소 백악산 아사달에서 제사를 지냈다. 당시 백두산 〈서고문〉을 보면, 삼신상제에게 제사를 올리며 새로 보위에 오른 임금의 건극建極을 보살펴주기를 비는 것은 물론, 세세토록 삼한의 무궁한 복과 매년 풍년이 들어 나라가 부강해지고 백성이 번영하게 해 달라고 기원하였다.

『태백일사』「삼한관경본기」〈번한세가〉 하에 의하면, 25세 솔나 단군은 신미(BCE 1130)년에 조칙을 내려 동쪽 교외에 천단을 쌓고 삼신

----

8 "산에는 꽃 피네, 산에는 꽃이 피네. 지난 해 만 그루 심고 올해도 만 그루 심었어라. 봄이 찾아와 불함산 꽃이 온통 붉으니, 상제님 섬기고 태평세월 즐겨 보세.(山有花, 山有花. 去年種萬樹, 今年種萬樹. 春來不咸花萬紅, 有事天神樂太平.)"(『단군세기』) 안경전 역주, 『환단고기』, 2012, 667쪽.

께 제사를 지냈다. 당시 많은 사람들이 모여 둥글게 춤을 추고 북을 치며 노래를 부르기도 하였다.[9]

BCE 909년 임자년에 30세 단군 내휴는 서쪽으로 순수하여 엄독홀에 이르러 분조分朝의 여러 왕을 모아 열병을 한 후 하늘에 제사지내고, 주나라 사람과 수교를 맺었다.

삼신에게 제사를 올린 의식은 33세 단군에 대한 기록에서도 나타난다. 감물 단군은 무자년(BCE 813)에 영고탑 서문 밖 감물산 아래에 삼성사를 세우고 친히 제사를 드렸다. 그 〈서고문〉에는 삼신상제는 물론 신교에 대해서도 언급되고 있다.

『단군세기』에는 44세 단군 구물 역시 하늘에 제사를 올렸다는 기록이 실려 있다. 구물이 장수들의 추대를 받아 3월 16일에 단을 쌓아 하늘에 제사 지내고 장당경에서 즉위하였다. 당시 구물은 국호를 대부여로 바꾸고, 삼한(진한, 번한, 마한)을 삼조선(진조선, 번조선, 막조선)으로 바꾸었다. 이로부터 삼조선이 비록 대단군을 받들어 한 분이 다스리는 제도는 그대로 유지하였으나 화전和戰의 권한은 단군 한 분에게 있지 않았다. 구물 단군은 그 다음 해인 BCE 425년 3월 16일[大迎節]^{대영절}에도 삼신 영고제를 올리자는 예관의 청에 따라 예를 행하였다.[10]

이런 기록으로 보아 단군시대에는 하늘에 대한 제사가 제도화되고 있었으며, 이러한 의례를 인간 삶의 근본으로 삼은 것으로 볼 수 있다. 한마디로 고조선 왕조는 신교·상제문화의 융성기였다. 상제문화의 꽃인 천제가 많이 행해진 것이다.

----
9 노래의 가사는 이렇다. "정성으로 천단을 쌓고 상제님께 장수를 축원하세. 황운皇運을 축수함이여! 만만세로다. 만민을 돌아봄이여! 풍년을 즐거워하도다.(精誠(乙奴), 天壇築(爲古), 三神主其祝壽(爲世). 皇運(乙), 祝壽(爲末於), 萬萬世(魯多). 萬民(乙), 賭羅保美(御), 豊年(乙), 叱居越(爲度多).)" (『태백일사』「삼한관경본기」) 안경전 역주, 『환단고기』, 2012, 1001쪽.
10 삼신영고제는 삼신상제를 맞이하는 제천의식이다. 해마다 3월 16일에 행하였는데, 이날을 대영절이라 한다. 단단학회에서는 지금도 매년 3월 16일 대영절에 개천각에서 천제를 올린다.

『규원사화』에는 이런 천제가 뒤이어서도 계승되었다고 밝힌다.

"대개 하늘에 제사 지내고 조상에게 보답하는 예는 단군으로부터 시작되었다. 후세의 역대 여러 나라들 중에 제사 지내지 않은 나라는 없었다. 부여·예·맥·마한·신라·고구려 등은 10월 상달에, 백제는 사중월四仲月에 제사 지냈는데, 각각 도천禱天·무천·제천·교천郊天·영고·동맹이라 했다. 부여는 하늘에 제사 지낼 때 소를 잡아서 발굽으로 길흉을 점치는 풍속이 있었는데,(盖祭天報本之禮, 始於檀君, 後世歷代諸國, 莫不祭天. 夫餘·濊貊·馬韓·新羅·高句麗·諸國以十月, 百濟以四仲月, 各有禱天·舞天·祭天·郊天·迎鼓·東盟之稱. 夫餘則又有, 祭天殺牛, 以蹄占吉凶之俗.)"(『규원사화』「단군기」)

그러면 이제 단군조선 이후의 천제 실상을 알아보자.

잠깐!

마리산인가 마니산인가?

인천광역시 강화군 화도면에 있는 약 470m 높이의 마리산摩尼山. 강화도에서 가장 높아, 산 위에 오르면 주변 바다와 섬들을 한눈에 넣을 수 있다. 이 마리산에는 단군 왕검이 하늘에 제사를 올린 참성단塹城壇이 있다.

이 산을 마리산이라고 하는 것이 옳을까 마니산이라고 하는 것이 옳은가? 아니면 마이산이 옳을까? 우선 한자 표현을 보자. 『태백일사』「삼한관경본기」〈마한세가〉 상에서는 이 마리산을 摩璃山이라 하고, 『태종실록』, 『세종실록』, 『성종실록』, 『명종실록』과 같은 조선왕조실록과 『규원사화』「단군기」에서는 '摩利山'으로, 그리고 다른 왕조실록으로서 『중종실록』, 『인조실록』 등에서는 摩尼山이라고 하였다.

'摩璃山', '摩利山', '摩尼山'을 우리말로는 흔히 '마리산'이라고 하는데, 혹자는 '마이산', '마니산'이라고도 읽는다. '摩璃山'이야 마리산으로 읽는 것에 하등의 문제가 없다. '摩利山'도 마리산 또는 마이산이라고 읽을 수 있다. 그러나 문제가 되는 것은 摩尼山이다. 한자 '尼'는 '니' 및 '리'로 읽을 수 있기 때문이리라. 그러나 摩尼山은 마리산으로 읽어야 할 듯하다. 왜냐하면 왕조실록은 摩尼山을 '摩利山'으로 표현하여, '마니'가 아닌 '마리'를 표현하려 하였기 때문이다. '利'는 '이'나 '리'로 읽을 수는 있지만 '니'로 읽을 수는 없지 않는가. 이로 보면 '摩尼山'이나 '摩利山'은 결국 '마리산'을 표기하기 위한 다른 표현에 지나지 않는다. '摩璃山', '摩利山', '摩尼山' 세 가지를 종합하면 결국 마리산이 옳을 듯하다.

마니산이 아니라 마리산임은 '마리산'의 '마리'가 갖는 의미를 통해서도 알 수 있다. '마리'는 '머리'를 뜻하는 옛말이기도 하다. 「월인천강지곡」이나 「월인석보」에 보면 마리라는 말이 나오는데, 이는 머리를 뜻한다. 그래서 옛 문헌에서는 강화도 마리산을, 달리 한자로, '머리'의 뜻이 들어간 '두산'이라고도 하고 '종산'이라고도 하였다.

비록 지금도 지도나 강화군의 홍보 자료 및 일부 사람들은 마니산이라고도 하지만 마리산이라는 표현이 더 옳은 듯하다. 그곳 주민들은 일상생활에서 마리산이라는 말을 다양하게 쓰고 있다. 초등학교이름도 마리산을 쓰고, 가게의 상호 이름 등에도 마니산이 아닌 '마리산'이라는 말이 다양하게 사용되고 있다. 수년 전에는 이 마리산 이름을 찾기 위한 운동도 있었다.

강화도 마리산 참성단 전경
(출처 : http://blog.daum.net/oswny/15968896)

5. 부여, 예, 마한의 하늘을 향한 제사

고조선의 적자嫡子, 북부여

고조선은 그 말기에 이르러 사회적 혼란에 빠졌다. 단군의 통치력이 크게 약화된 가운데, 왕이 자객에게 시해되기도 하고 반란이 일어나기도 하였다. 왕도가 쇠미하고 권력 다툼이 계속되는 가운데, 고조선의 마지막 단군 고열가는 오가五加로 하여금 현인을 택하여 단군을 천거하라 하고, 이튿날 제위를 버리고 산으로 들어가 버렸다.

이렇게 고조선·대부여가 무너져 갈 때 군사를 일으켜 새 나라를 세운 사람이 있었으니, 그가 바로 해모수이다. 선조가 고리국 사람인 해모수는 BCE 239년에 웅심산(지금의 길림성 서란)에서 군사를 일으켜 북부여를 세웠다. 『북부여기』는 고조선 마지막 6년(BCE 238~232)을 오가가 나라 일을 공동으로 다스리던 중, BCE 232에 해모수가 무리들을 거느리고 옛 수도에 가 오가로 하여금 공화정共和政을 철폐하게 하였으며, 이때 사람들이 해모수를 단군으로 추대하였다고 밝히고 있다. 비로소 해모수가 고조선을 계승하며 진조선을 흡수하여 북부여의 새 역사를 연 것이다.

북부여가 새 역사를 연 이후 고조선 삼한의 다른 지역인 번조선과 막조선에서도 큰 변화가 일어났다. 요서의 번조선을 위만이 차지하여 위만정권을 열었고(BCE 194년), 한반도의 막조선에는 낙랑국이 세워졌다(BCE 195년).

북부여는 4세 단군 고우루에 이르러 위기를 맞이하였다. 위만조선을 무너뜨린(BCE 108년) 한 무제가 요동을 건너 북부여까지 침공하였기 때문이다. 그러나 역사에는 구원투수도 있는 법. 고우루가 병사한 가운데 고두막한이 일어나 한나라 군대를 물리쳤다. 그리고는 졸본에서 나라를 열어(BCE 108년) 졸본부여(동명부여)라 하고, 스스로를 동명왕이라고 칭하였다. 이 동명왕이 이후(BCE 86년) 북부여 5세 고두막 단군으로 즉위하였다. 원래 북부여의 4세 단군을 계승하여 잠시 보위에 올랐던 해부루는 고두막한을 피해 동쪽의 차릉(가섭원)으로 이주하여 동부여(가섭원부여)를 세웠다. 북부여는 6대 고무서 단군을 끝으로 막을 내렸다(BCE 239년~BCE 58년).

결국 열국 분열시대에 고조선의 영토에는 북부여, 졸본부여, 동부여뿐만 아니라 낙랑국, 남삼한, 옥저, 동예 등의 여러 나라가 들어섰다.

부여의 영고迎鼓

단군조선을 이은 열국 분열시대에도 부여나 예, 마한 등에서는 하늘을 향한 제사가 이어졌다. 범장이 썼다는 『북부여기』 기록에 의하면, 북부여의 시조단군 해모수는 재위 2년이었던 계해년(BCE 238) 3월 16일 대영절에 직접 하늘에 제를 올렸고, 재위 20년 신사년(BCE 220)에는 백악산 아사달에서 하늘에 제사를 지내도록 명하기도 하였다. 한편 BCE 59년(임술년)에는 6세 단군 고무서가 즉위하고, 부로父老들과 더불어 백악산에 모여 규약을 정하여 하늘에 제사를 올리고 사례를 반포하였다.

부여에서 천제를 올렸다는 기록은 중국의 자료에도 많다. 진나라의 진수陳壽(233~297)가 쓴 『삼국지』를 보자.

"사방 2천 리가 되며, 호수戶數는 8만이다. 그 나라 사람들은 정주 생활을 하며, 궁실과 창고 및 감옥을 가지고 있다. 동이 지역에서는 가장 넓고 평탄한 곳이다. … 은정월殷正月에 지내는 제천의식은 국중대회國中大會이며 날마다 마시고 먹고 노래하고 춤추는데, 그 이름을 영고迎鼓라 한다. 이때에 형옥刑獄을 중단하고 죄인을 풀어준다. … 전쟁을 하게 되면 그때도 하늘에 제사를 지내고, 소를 잡아서 그 발굽을 보아 길흉을 점치는데, 발굽이 갈라지면 흉하고 붙으면 길하다고 생각한다.(方可二千里. 戶八萬, 其民土著, 有宮室·倉庫·牢獄. 多山陵·廣澤·於東夷之域最平敞. … 以殷正月祭天, 國中大會, 連日飲食歌舞, 名曰迎鼓, 於是時斷刑獄, 解囚徒. …有軍事亦祭天, 殺牛觀蹄以占吉凶, 蹄解者爲凶, 合者爲吉.)"[11](『삼국지』「위서魏書」동이전東夷傳)

부여에서는 은나라 정월(음력 12월)[12]에 하늘[天神천신]에 제사를 지냈는데, 이를 '영고迎鼓'라고 하였다. 영고란 북을 치며 하늘님을 맞이함 정도로 해석할 수 있다. 나라의 성대한 모임인 영고 천제 때는 며칠 동안 날마다 먹고 마시며 노래하고 춤추었다. 뿐만 아니라 이때는 형벌을 멈추고 감옥을 열어 죄인들도 풀어주었다. 부여에서는 군사를 일으킬 때도 또한 하늘에 제사를 올렸으며, 소를 잡고 그 발톱을 봄으로써 길흉을 점치기도 하였다.

이와 비슷한 기록은 남북조시대南北朝時代에 남조南朝 송宋나라의 범엽范曄(398~445)이 편찬한 『후한서』에도 나타난다.

"납월臘月(섣달)에 하늘에 제사를 지내는 행사에는 연일 크게 모여서 마시고 먹으며 노래하고 춤추는데, 그 이름을 영고라 한다. 이 때에는 형벌과 옥사를 중단하고 죄수를 풀어 준다. 전쟁을 하게 되면 그 때에

---

11 국사편찬위원회 외, 『역주 중국정사 조선전』, 국사편찬위원회, 1986, 31-32쪽. 『삼국지』, 『후한서』, 『송사』의 번역은 이 책을 따랐다.
12 1월 1일을 원단元旦 또는 세수歲首라고 한다. 이를테면 중국의 하나라에서는 음력 1월, 은나라는 12월, 주나라는 11월, 진秦나라는 10월을 첫 달로 삼았다.

도 하늘에 제사를 지내고, 소를 잡아서 그 발굽을 가지고 길흉을 점친다.(以臘月祭天, 大會連日, 飮食歌舞, 名曰迎鼓. 是時斷刑獄, 解囚徒. 有軍事亦祭天, 殺牛, 以蹄占其吉凶.)"(『후한서』「동이열전東夷列傳」)

부여에서 12월에 영고를 지낸 것은 그들의 생활과 무관하지 않다. 그러나 추수감사제의 성격과는 사뭇 다른 듯하다. 추운 겨울이므로 농작물 수확과는 거리가 있는 것이다. 그렇다면 반농반목적 경제활동, 공동수렵 활동을 했던 부여 사람들의 삶과 관련시켜볼 수 있을 듯하다. 본격적인 사냥철을 앞두고 12월에 천제를 올린 것으로 유추할 수 있겠다.

이런 기록에서 정월이나 납월로 기록된 영고 행사는 정기적 천제로, 군사와 관련된 행사는 부정기적 천제로 볼 수 있다.

예濊의 무천舞天

이제 『후한서』를 통해 예에 대하여 알아보자.

"예의 북쪽은 고구려와 옥저이고 남쪽은 진한에 접한다. 동쪽은 대해大海에 닿으며 서쪽은 '낙랑'에 이른다. 예 및 옥저·고구려는 본래 모두가 옛 '조선'의 지역이다. … 별자리의 움직임을 관찰하여 그해 풍년을 미리 안다. 해마다 시월이면 하늘에 제사 지내는데, 주야로 술마시며 노래 부르고 춤추니, 이를 '무천'이라 한다.(濊北與高句麗·沃沮, 南與辰韓接, 東窮大海, 西至樂浪. 濊及沃沮·句麗, 本皆朝鮮之地也. … 曉候星宿, 豫知年歲豐約. 常用十月祭天, 晝夜飮酒歌舞, 名之爲舞天.)"(『후한서』「동이열전」)

비록 시기는 다소 차이가 있으나 예에서도 부여에서처럼 천제를 올리고 모든 사람들이 어울려 함께 즐겼다.

『삼국지』에도 예에 관한 이런 기록이 있다.

"해마다 10월에 늘 하늘에 제사 지내는데, 밤낮으로 술을 마시고 노래하고 춤추니, 이를 무천舞天이라 한다.(常用十月節祭天, 晝夜飮酒歌舞, 名之爲舞天.)"(『삼국지』「위서」동이전)

무천이라는 천제 이름 그 자체에서 우리는 예의 천제 성격을 알 수 있다. 무천은 말 그대로 노래와 춤을 추며 하늘님께 제사를 지낸다는 의미이다.

마한의 천신 제사

삼한에서 천신에게 제사를 올렸다는 풍속을 보여주는 기록은 우선 『태백일사』에서 찾을 수 있다.

"삼한의 옛 풍속에, 10월 상일上日에는 모두가 나라의 축제에 참여하였다. 이때 둥근 단[圓壇]을 쌓아 하늘에 제사 지내고, 땅에 대한 제사는 네 모진 언덕[方丘]에서 지내며, … 제천할 때는 임금이 반드시 몸소 제사지내니,… 이 날에는 원근에 사는 남녀가 모두 생산물을 올리고, 북치고 악기를 불며 온갖 놀이를 즐겼다.(三韓古俗, 皆十月上日, 國中大會. 築圓壇而祭天, 祭地則方丘, …祭天韓, 必自祭, …是日, 遠近男女, 皆以所産, 薦供, 鼓吹百戲, 是俱.)"(『태백일사』「삼신오제본기」)

『삼국지』는 마한에서도 이와 비슷하게 하늘에 제사를 올렸음을 뒷받침한다.

"해마다 5월이면 씨뿌리기를 마치고 귀신에게 제사를 지낸다. 무리를 지어서 노래와 춤을 즐기며 술 마시고 노는데, 밤낮을 가리지 않는다. 춤출 때는 수십 명이 모두 일어나서 서로 뒤를 따라가며 땅을 밟고 몸을 구부렸다 폈다 하면서 손발이 서로 장단을 맞추는데, 그 가락과 율동은 마치 탁무鐸舞와 비슷하다. 10월에 농사일을 마치고 나서도 이렇게 한다. 귀신을 믿기 때문에 마을마다 한 사람을 뽑아 천신天神에 대한 제사를 주관하게 하는데, 이를 천군天君이라고 부른다. 또한 여러 나라에는 각각 별읍別邑이 있는데, 이를 이름하여 소도蘇塗라고 한다. 그곳에 큰 나무(긴 장대)를 세우고, 방울과 북을 매어 달고 귀신을 섬긴다. 그 지역으로 도망 온 사람은 누구든 돌려보내지 아니하므로,(常以五月下種訖, 祭鬼神, 群聚歌舞, 飮酒晝夜無休. 其舞, 數十人俱起相隨, 踏地低昻, 手足相應, 節奏有似鐸舞. 十月農功畢, 亦復如之. 信鬼神, 國邑各立一人主祭天神, 名之天君. 又諸國各有別邑. 名之爲蘇塗. 立大木, 縣鈴鼓, 事鬼神. 諸亡逃至其中, 皆不還之.)"(『삼국지』「위서」동이전)

『후한서』도 '한'은 '마한', '진한', '변진' 세 가지 종류가 있다며 마한에 대하여 이렇게 기록한다.

"항시 오월이면 논 경계에서 귀신에 제사지내는데, 주야로 술자리를 베풀고 무리지어 노래하고 춤추다, 문득 수십 명이 서로 줄을 서서 땅을 밟으며 장단을 맞춘다. 시월 농사 추수를 마치고 또한 이와 같이 한다. 여러 국읍에는 각각 한 사람이 천신의 제사를 주재하는데, 그 사람을 '천군'이라 한다. 또한 소도를 만들어 거기에다 세워 큰 나무를 세워 방울과 북을 매달아 놓고 귀신을 섬긴다.(常以五月田竟祭鬼神, 晝夜酒會, 羣聚歌舞, 舞輒數十人相隨蹋地爲節. 十月農功畢, 亦復如之. 諸國邑各以一人主祭天神, 號爲天君. 又立蘇塗, 建大木以縣鈴鼓, 事鬼神.)"(『후한서』「동이열전」)

즉 마한에서는 파종을 끝낸 5월과 1년 농사를 마친 10월 두 차례에 걸쳐 귀신에게 제사를 지냈는데, 밤낮으로 무리를 지어 노래하고 춤추기를 그치지 않았다고 한다. 특징적인 것은 각 마을에는 '천군天君'이라는 사람을 두어 천신에게 올리는 제사를 주관하게 하였는데, 큰 나무를 세우고 방울과 북을 걸어놓은 솟대를 세워놓고, 여기에서 제사를 올렸다.

비록 천제의 이름은 다르지만, 옛 사람들이 하늘·천신을 지고신·최고신으로 인식하고 받들었다는 공통점을 발견할 수 있다.

그 시기는 10월이나 5월이라는 공통점이 있다. 이는 농사의 시작이나 끝과 무관하지 않은 듯하다. 이로 보면 천제는 농사가 잘되기를 빌거나 추수 뒤에 풍요에 대한 감사의 성격이 강하다. 그리고 그들이 받들고 모신 천신은 인격적 존재라고 볼 수 있다.

하늘님을 모시는 의례에서는 음주와 춤이나 노래를 중시한 점도 공통적이다. 노래와 춤, 그리고 음주는 천제의 상징이다. 이러한 요소는 단순한 먹고 놀기 위한 수단이 아니다. 그것은 신과 하나 되고 신과의 만남이라는 신비체험을 위한 과정으로 볼 수 있다. 나아가 의례 후에는 모든 사람들이 음식을 나누어 먹고 춤과 노래를 함께 함으로써 사회 전체도 통합할 수 있는 일석이조의 기능도 가능하다.

몇 년 전에는 예의 무천이 고조선의 풍속이라고 기록한 돈황의 문헌이 발견되었다는 보도가 있어 주목을 끌었다.

"그동안 동예東濊의 제천풍속으로 알려진 무천舞天행사가 고조선의 풍속으로 기록된 문헌이 최초로 발견돼 학계에 파란이 예상된다. 인천시립박물관 윤용구 박사는 지난 1907년 A.스타인에 의해 영국으로 반출된 돈황문서敦煌文書에서 고구려사와 관련한 귀중한 사료를 발견했다고 10일 밝혔다. 윤 박사는 돈황문서의 하나로 포함된 토원책부兎園策府라는 글 주석에 고조선의 풍속으로 10월에 제천행사인 무천舞天이 열렸고, 출정에 앞서 소를 잡아 발굽의 형상으로 길흉을 점치던 우제점牛蹄占이 있었다는 기록을 새로 발견했다. 현재까지 국사교과서에는 고조선 이후 동예東濊가 '무천', 부여는 영고迎鼓, 고구려 동맹

東盟이란 제천행사를 지낸 것으로 실려 있다."[13]

윤용구는 돈황문서의 하나로 포함된 〈토원책부兎園策府〉[14]라는 글 주석에 지금은 사라진 문헌인 『위략魏略』을 인용한 이런 기록이 있다고 공개했다. '고조선에서 10월에 무천이 열렸고, 출정에 앞서 소를 잡아 그 발굽의 형상으로 길흉을 점치던 우제점牛蹄占을 행했다.' 이로 보면 예의 무천을 비롯한 하늘 제사는 모두 고조선의 제천을 계승한 것으로 볼 수 있다.

이로 보아 우리는 부여나 예, 그리고 마한에서는 5월, 10월, 그리고 12월 어떤 날을 택하여 하늘[천]에 제사지냈음도 알 수 있다. 하늘에 올린 5월 제사가 농사가 잘 되도록 돌보아주기를 바라는 마음에서 올렸다면 10월이나 12월 제사는 농사의 풍요에 대한 감사와 다음해의 풍요 또는 겨울 사냥을 기원하며 그동안 돌보아준 하늘에 감사하며 보은하는 마음을 담은 의례였다.

이러한 하늘 제사는 지배집단 사람들만의 행사가 아니라 나라의 모든 사람들이 참여할 수 있는 국중대회의 성격을 띤다는 점도 알 수 있다. 천신을 모시고 풍년을 기원하거나 추수를 감사하는 행위는 국가적으로 받드는 엄숙하고 성대한 종교적인 의례이지만, 천신에 대한 제사는 단순히 종교적 행사로 끝나지 않았다. 왜냐하면 옛 사람들은 하늘에 제사를 드린 뒤에는 공통적으로 모든 사람들이 수일동안 밤낮으로 떠들썩하게 음주가무를 즐기며 신명과 하나 된 대축제를 벌였기 때문이다. 이를 통해 남녀노소, 빈부귀천에 관계없이 모두 하나가 될 수 있었다.

----

13 〈연합뉴스〉, 2005. 6. 10.
14 〈토원책부〉는 당나라 장왕蔣王(당 태종의 일곱째 아들)의 지시로 그의 막료 두사선杜嗣先이 찬술한 것으로, 1984년 대만 학자 궈창청郭長城이 정리해 펴냈다고 한다.

6. 고구려, 백제, 신라의 천제

고조선이 무너진 후 한민족의 여러 세력들은 수많은 집단들을 연합하며 이렇게 저렇게 작은 나라를 이루었다. 물론 왕이 없는 부족연맹체도 있었지만, 부족단위의 54개의 작은 성읍국가로 이루어진 마한, 각각 12개의 소국으로 형성된 진한과 변한을 비롯하여, 부여, 옥저, 동예 등이 철기 문화에 기반을 두고 성장하였다.

앞에서 우리는 부여, 예, 마한 등이 고조선의 천제를 계승하며 발전하였음을 알았는데, 이들을 뒤이어 이 땅에서 명실상부한 중앙집권적 고대국가가 열렸다. 만주와 한반도 북부지역에서는 고구려가 부여와 옥저·동예를, 한반도 남부의 소삼한인 마한·진한·변한 지역에서는 백제·신라가 각각 연맹 왕국을 거쳐 중앙집권적 고대 국가로 성장하였다. 반면 부여와 가야는 중앙집권적 고대 국가로 발전하지 못하고 병합되고 말았다.

북부여를 이은 고구려

삼국 중 가장 먼저 고대 국가로 발전한 것은 고구려이다. 이 고구려의 정체성은 무엇일까?『삼성기전』에 이런 기록이 있다.

"계해(BCE 58)년 봄 정월에 이르러 고추모(고주몽)가 역시 천제의 아들로서 북부여를 계승하여 일어났다. 단군의 옛 법을 회복하고, 해모수를 태조로 받들어 제사 지내며 연호를 정하여 다물多勿이라 하니, 이분이 곧 고구려 시조이다.(至癸亥春正月, 高鄒车亦以天帝之子, 繼北夫餘而

興. 復檀君舊章, 祀解慕漱, 爲太祖, 始建元, 爲多勿, 是爲高句麗始組也.)"(『삼성기전』상)

『태백일사』「고구려국본기」에 의하면 북부여 6세 단군 고무서에게는 대를 이을 아들이 없었다. 주몽이 왕의 사위가 되어 대통을 이었는데(BCE 58), 그가 고구려의 시조라고 밝힌다.

또한『삼국지』에는 이런 기록도 있다.

"동이의 옛 말에 의하면, (고구려는) 부여의 별종別種이라 하는데, 말이나 풍속 따위는 부여와 같은 점이 많았으나,(東夷舊語以爲夫餘別種, 言語諸事, 多與夫餘同.)"(『삼국지』「위서」동이전)

이를 종합하면 주몽은 BCE 58년에 북부여를 계승하며 고구려라는 새로운 국가를 열었다.

중앙집권적 고대 국가로 성장한 고구려는 율령을 반포하여 국가 통치 체제를 법제화하고, 불교를 수용하여(372, 소수림왕 2년) 국왕 중심의 지배 이념을 확립했다. 특히 2세기 태조왕 때부터 옥저를 복속하고 요동에 진출하는 등 활발한 정복 활동도 벌였으며, 소수림왕으로부터 광개토대왕에 이르는 4세기 후반부터 5세기 초에 고대 국가를 완성하였다. 4세기 중엽 소수림왕 2년(372) 왕경에 태학이라는 학교를 세워 유교를 가르쳤는데, 여기에는 시, 서, 역, 춘추, 예기 등 5경을 가르치는 5경박사가 있었다.

그렇다고 당시에 유교가 사회의 지배 이념으로 되거나 정치적 이데올로기 역할을 하는 정도로까지 발전한 것은 아니었다. 삼국시대 초기·중기의 유교는 단지 그 경전이 학문적 선호에 따라 연구되거나, 경전을 통해 중국의 문학과 역사 및 유교윤리를 이해하려는 맥락에서 수용되는 정도였다.

고구려의 동맹東盟

이러한 고구려에서 천제를 올린 기록을 먼저 『환단고기』에서 찾아보자. 『태백일사』 「고구려국본기」에 의하면 광개토경호태왕은 성스러운 덕이 뛰어났는데, 마리산에서는 참성단에 올라 친히 삼신에게 천제를 올렸다. 속리산을 지나는 도중, 이른 아침에 천제를 올리기도 하였다.[15]

거기에는 이런 기록도 있다.

"(을지문덕은) 일찍이 산에 들어가 도를 닦다가 삼신의 성신이 몸에 내리는 꿈을 꾸고 신교 진리를 크게 깨달았다. 해마다 3월 16일이 되면, 말을 달려 강화도 마라산에 가서 제물을 바쳐 경배하고 돌아왔다. 10월 3일에는 백두산에 올라가 천제를 올렸다. 이런 제천 의식은 배달 신시의 옛 풍속이다.(乙支文德, 高句麗國石多山人也. 嘗入山修道, 得夢天神而大悟. 每當三月十六日則馳往摩利山, 供物敬拜而歸. 十月三日則登白頭山祭天, 祭天乃神市古俗也.)"(『태백일사』 「고구려국본기」)

고구려에서 우리의 관심사인 천제가 어떻게 행해졌는지, 그 기록을 찾기란 쉽지 않다. 그래서였을까? 김부식은 "고구려와 백제의 제사의례는 분명하지 않다.(高句麗百濟祀禮不明.)"(『삼국사기』 「잡지」 제사)고 하였다.

그러나 『삼국지』에는 고구려의 천제와 관련한 이런 기록이 있다.

"10월에 지내는 제천행사는 국중대회로, 이름하여 동맹東盟이라고 한다. … 그 나라의 동쪽에 큰 굴이 있는데 그것을 수혈隧穴이라 부르며, 10월 국중대회에는 온 나라에서 크게 모여 수신을 맞이하여 나라의 동쪽 (강)위에 모시고 제사지내는데, 나무로 만든 수신을 신의 자리에

----
15 "말타고 순행하여 마리산에 이르러, 참성단에 올라 친히 삼신상제에게 천제를 올렸는데…(巡騎至摩利山, 登塹城壇, 親祭三神…,)" 안경전 역주, 『환단고기』, 2012, 1097쪽.

모신다.(以十月祭天, 國中大會, 名曰東盟. … 其國東有大穴, 名隧穴, 十月國中大會, 迎隧神還于國東上祭之, 置木隧于神坐.)"(『삼국지』「위서」동이전)

그런데 고구려의 동맹에 대한『삼국지』기록의 특징은 영고나 무천에서와는 달리 음주가무를 즐겼다는 이야기가 없다. 그 대신 지배층에 해당하는 대가大加, 주부主簿, 소가小加의 화려한 복식에 대하여 말하고 있다. 이는 하늘 제사가 점차 지배집단 중심으로 전환되는 모습을 보이는 것으로 볼 수 있다.

『후한서』「동이열전」도 비슷한 내용을 담고 있다. 고구려는 귀신이나 사직 그리고 영성零星에 제사 드리기를 좋아하였으며, 특히 10월에는 나라 안에서 크게 모여 하늘에 제사를 올리는 의식을 행하였는데, 이를 동맹東盟이라고 하였다.

우리는『삼국사기』「고구려본기」를 통해서도 고구려의 천제 흔적을 찾을 수도 있다. 이를테면 유리왕 19년 가을에는 천天에 제사지낼 돼지가 달아나자 임금이 사람을 보내 돼지를 잡게 하였다. 돼지를 잡은 사람이 힘줄을 잘라 돼지가 달아나지 못하게 하자, "하늘에 제사지낼 희생[돼지]을 어찌 다치게 하느냐.(祭天之牲, 豈可傷也.)"(『삼국사기』「고구려본기」)며, 임금이 크게 노하였다고 한다. 그러면서 두 사람을 구덩이에 묻어 죽였다. 이는 한 예이지만 하늘에 대한 정성이 어느 정도인지, 고구려인들의 하늘에 대한 믿음이 어떤 것인지를 단적으로 보여준다.

한편『태백일사』「고구려국본기」는『조대기朝代記』의 기록이라며 "해마다 한맹寒盟 때가 되면 평양에서 삼신상제를 맞이하는 천제를 올렸다. 지금의 기림굴箕林窟은 천제를 올리던 곳이다.(每當寒盟, 祭迎三神于平壤. 今箕林窟, 即其祭所也.)"라는 내용도 전한다. 삼신상제를 크게 맞이하는 대영제전大迎祭典이 고구려에서는 동굴에서 행해졌음을 알려

준다.

고구려에서 이렇게 3월과 10월에 하늘에 제사를 드린 것은 온 나라 사람들이 하늘에 한 해의 안녕과 농사 잘되기를 담은 염원과 가을 수확에 대한 감사의 마음을 올린 것으로 볼 수 있다. 그 성격이 영고나 무천과 크게 다르지는 않은 듯하다.

백제의 천지 제사

주몽의 아들 비류와 온조는 소서노와 함께 BCE 42년 3월에 마한 땅으로 내려갔다. 이십 수년을 지나, 온조는 하남일대를 중심으로 백제를 세웠다. 마한의 54개 작은 나라를 통합하며 왕국으로 발전한 백제는 3세기 고이왕 때 한강 유역을 완전히 장악하고 중요한 법령을 제정하는 등 국가 조직을 정비하였다. 4세기 중엽 근초고왕 때 그 전성기를 맞이하였다.

백제에도 침류왕 원년(384)부터 동진사람 마라난타摩羅難陀가 들어와 불교를 전파하였고, 특히 일본에 왕인·아직기 등을 통해 유교경전과 도교 서적을 전해준 것으로 보아 유교나 도교에 대한 이해가 상당한 수준에 이른 것으로 볼 수 있다.

이러한 백제에서 천제가 행해졌다는 기록은 『삼국사기』「백제본기」여러 곳에서 찾을 수 있는데, 이를 연대순으로 보면 아래와 같다.

서기 2년(시조 온조왕 20년) 춘 2월, "왕은 큰 제단을 쌓고 친히 천지에 제사지냈다. 이 때 이상한 새 다섯 마리가 날아왔다.(王設大壇, 親祠天地, 異鳥五來翔.)"

20년(온조왕 38년) 겨울 10월, "왕은 큰 단을 쌓아 천지에 제사지냈다.(王築大壇, 祀天地.)"

29년(2대 다루왕 2년) 2월, "왕은 남단에서 천지에 제사를 지냈다.(王祀

天地於南壇.)"

238년(8대 고이왕 5년) 봄 정월, "천지에 제사를 지냈는데 북을 치고 피리를 불었다.(祭天地, 用鼓吹.)"

243년(고이왕 10년) 봄 정월, "큰 단을 설치하고 천지산천에 제사를 지냈다.(設大壇, 祀天地山川.)"

247년(고이왕 14년) 봄 정월, "남단에서 천지에 제사를 지냈다.(祭天地於南壇.)"

313년(11대 비류왕 10년) 정월, "남교에서 천지에 제사를 지냈는데, 왕이 친히 제물로 쓸 짐승을 베었다.(祀天地於南郊, 王親割牲.)"

347년(13대 근초고왕 2년) 봄 정월, "천지신에 제사를 지냈다.(祭天地神祇.)"

393년(17대 아신왕 2년) 봄 정월, "남단을 설치하고 천지에 제사지냈다.(祭天地於南壇.)"

406년(18대 전지왕 2년) 봄 정월, "남단에서 천지에 제사지내고 죄인들을 풀어주었다.(祭天地於南壇, 大赦.)"

489년(24대 동성왕 또는 모대왕 11년) 겨울 10월, "왕은 제단을 설치하고 천지에 제사를 지냈다.(王設壇, 祭天地.)"

25대 무령왕 이후 마지막 왕인 의자왕대 까지는 천제에 대한 기록이 없다.

사실「백제본기」에 나타난 이 자료로는 백제에서 행해진 천제가 어떤 것이었는지 알기 어렵다. 그러나 이 자료를 바탕으로 우리는 몇 가지 특징을 찾아볼 수 있다. 먼저 제사가 거행된 시기를 보면, 비록 10월에 거행된 사례도 있으나 대체적으로 봄 정월에 행해졌음을 알 수 있다.

왜 정월에 많이 행했을까? 하늘의 보살핌을 기원하고 그에 감사하는 마음으로 새로운 한 해를 맞이하기 위해 정월을 택했을 가능성이 있다. 또 다루왕, 근초고왕, 아신왕, 전지왕은 즉위 2년에 천제를 올린 것으로 보아 왕의 즉위를 천지에 알리는 성격일 수 있다. 그런데 『삼국사기』「잡지」제사에 인용된 『책부원귀冊府元龜』라는 자료는 백제가 매년 네 철의 가운데 달인 2월, 5월, 8월, 11월에 하늘에 제사지냈다고 밝힌다. 이는 「백제본기」에 나타난 제사 시기와는 큰 차이가 있다.

그렇다면 누구에게 제사를 올렸는가? 백제에서 특징적인 것은 그냥 천·하늘이 아니라 천지 그리고 한 사례에 지나지 않지만 천지산천에 제사지냈다는 점이다. 삼신상제·하늘·천·천신에게만이 아니라 땅, 그리고 산천신에게도 제사를 올렸음을 알 수 있다. 비록 지고신인 하늘에 대한 제사가 중심이지만 천天[하늘]과 지地[땅]를 같이 제사하였다는 점도 눈에 띈다. 또 『책부원귀』에는 백제 왕이 하늘뿐만 아니라 오제신五帝神에게도 제사를 올렸다고 하였는데, 이 또한 이전에는 거의 찾아볼 수 없는 기록이다. 만일 이것이 사실이라면 백제에서 제사가 점차 분화되는 과정으로 볼 수 있다.

백제에서는 제사 장소나 형식도 정형화되는 경향이 나타난다. 남단이 그 전형이다. 백제에서는 남쪽에 큰 제단을 마련하고 거기서 왕이 친히 제를 올렸다. 그러나 그 남쪽이 도성 안의 남쪽인지 아니면 중국에서처럼 도성 밖 남쪽인지는 분명하지 않다. 그런데 이를 비류왕 때에는 남교南郊라고 분명하게 기록하였다. 즉 남쪽 교외에서 큰 천단을 마련하여 왕이 직접 제사를 드렸다는 것이다. 제를 올린 장소에 대한 언급이 많지 않는데, 백제에서 이처럼 그 공간의 방향을 일정하게 하고, 제장祭場에 단을 쌓았다는 것 역시 천제 형식의 제도화가 이루어진 것으로 볼 수 있다.

우리는 여기서 제사 시기와 대상과 관련하여 이런 생각을 해볼 수 있다. 당시 백제가 중국의 영향을 받으면서 백제가 중국에서처럼 정월 상신에 하늘, 나아가 천지를 합하여 제사했고, 오제에도 제사를 지냈을 수도 있다는 것을. 사실 중국에서는 한나라 이후 예기나 주례를 바탕으로 정월과 동지에, 천 또는 천지를 같이 모시는 제사가 많이 이루어졌다. 또 고구려 기록만 해도 낙랑의 언덕 정도로만 나타나던 제사 공간의 방향성·형식이 이렇게 정형화된 것 역시 중국과 교류하면서 중국·유교의 영향을 받았을 여지가 있다.[16] 백제가 중국문화를 받아들인 것은 24대 동성왕, 무령왕, 성왕대로부터 활발히 추진되어, 자제를 당에 보내 국학에 입학시키기까지 한 30대 무왕대에 정점을 이루었지만, 그 이전부터 사신을 보내는 등 교류가 있었다. 앞에서 지적하였지만 백제가 일본에 유교경전을 전해줄 수준이었다면, 백제에서 유교도 상당한 영향을 미치고 있던 것으로 볼 수 있다.

백제의 천제에서 나타나는 다른 특징은 비록 부여의 영고 등에서 보이는 국중대회의 모습이 보이지 않지만 제사에서 북을 치고 피리를 불었다는 것으로 보아 그 과정이 매우 세련되고 체계적이었음을 알 수 있다. 그러나 비류왕에서 보는 바와 같이 왕이 직접 희생을 어떻게 했다는 것은 의외인 듯하다.

신라의 천제

그렇다면 신라에서는 천제가 어떻게 치러졌을까? 우선 『삼국사기』 기록으로 보면 신라에서 천제를 행했다는 기록은 없다. 『삼국사기』 「잡지」 제사는 신라에서 천제가 행해지지 못한 배경을 천자와 제후의

---

16 중국에서는 한대 이후 많은 경우 『예기』나 『주례』를 근거로, 정월과 동지에, 하늘을 천이 속한 양의 방위인 남쪽 교외에서, 제단을 마련하여 하늘에 제사하였다.

제사 대상이 다름에서 찾는다. 만약 이것이 사실이라면 그것은 왜일까? 우리는 그 배경을 신라와 중국 간의 관계에서 추적해볼 수 있을 것 같다.

신라는 4세기 후반부터 중국(전진)에 사신을 보내는(381년) 등 교류를 시작하였으나 150여 년 동안 중단되었다. 그러나 6세기부터 신라는 중국식 왕호를 쓰는 등 중국의 정치제도를 받아들이고, 교류도 하고, 특히 당과는 군사동맹도 맺었다. 536년에는 '건원建元'이라는 독자적인 연호도 사용하며, 신라는 이제 통치체제를 확립하였다. 『삼국사기』의 시대 구분인 이른바 중대에 들어 신라는 유교적 정치이념, 관료제를 도입하는 등 전제왕권을 확립하였다. 특히 유교는 귀족사회의 질서를 유지하는 사회도덕, 도덕정치의 이념으로 자리잡아갔다.

신라가 중국에 의지하고 중국과 친선 및 교류관계를 맺고 나아기 유교사상을 중요한 사회 정치 이념으로 삼았다는 것은 유교경전의 가르침이 신라인들의 정치적 종교적 삶에도 큰 영향을 미쳤다는 것이다. 따라서 중화주의체제에 편입된 제후국 신라는 유교가 가르치는 가르침으로부터 결코 자유로울 수 없었다. 사대관계로 발전한 신라와 당의 관계에서 신라가 유교경전으로부터 해방될 수는 결코 없었다. 그 하나의 예로 신라에서는 천자만이 지낼 수 있는 하늘에 대한 제사를 지낼 수 없게 되었다. 이를 뒷받침하는 말이 『삼국사기』「잡지」 제사에 나온다. 『삼국사기』는 신라에서 천신에 대한 제사 기록이 없음을 이렇게 설명하고 있다.

"이것은 아마 『예기』 왕제王制 편에 … '천자는 천지와 천하의 명산대천에 제사 지내고, 제후는 사직과 그 국내에 있는 명산대천에 제사 지낸다'고 했으니, 이 때문에 감히 예전禮典에서 벗어나는 제사를 지낼 수 없은 듯하다.(蓋以王制曰: … 天子祭天地天下名山大川, 諸侯祭社稷名山大

川之在其地者, 是故, 不敢越禮而行之者歟.)"(『삼국사기』「잡지」제사)

신라에서 시조묘나 신궁 및 산신에게 제사를 올렸다는 기록은 많다. 그럼에도 불구하고 하늘에 제사를 지내지 못한 것은 신라가 당의 영향, 유교의 영향을 받았기 때문으로 볼 수 있다. 즉 신라가 중화주의에 편입됨으로써 당나라의 규제, 유교사상으로 인해 그럴 수밖에 없었다.

우리는 신라가 37대 선덕왕 때(783년) 사직단을 세우고 사전체계를 정비하는 모습에서도 이런 흔적을 찾을 수 있다. 『삼국사기』「잡지」에 나오는 신라의 제사체계를 보면 제사는 크게 대사, 중사, 소사로 구분된다. 이는 중국의 유교의례에 따라 신라의 제사체계를 구분한 것인데, 중국에서와는 달리 시조묘나 신궁 등에 대한 제사를 특사로 분류하여 제외하고, 단지 온갖 산악에만 적용하여 구분할 뿐이다. 하늘에 대한 제사는 진·한대를 거치며 체계화되고 표준화되어갔다. 그러면서 한편으로는 천제가 천자만이 행할 수 있는 의례로 자리잡아갔다. 그러던 중 제후국, 사대관계의 질서로 전락한 신라, 유교적 사회 정치질서가 확립되기 시작한 신라에서는 천자의례를 수행할 어떤 명분도 가질 수 없었다.

그렇다고 신라에서 하늘을 받들고 모시던 모습이 전혀 없었던 것은 아니다. 박혁거세는 신라의 시조왕이지만, 그가 하늘의 빛이 내려와 생긴 알에서 태어났다는 점을 보면, 박혁거세는 광명적 존재이자 광명으로 현현된 천신적 존재로 볼 수도 있다. 그러므로 이런 시조묘제사는 시조왕에 대한 제사일 뿐만 아니라 천신에 대한 제사이기도 하였다.

후에 신라에서는 신궁을 설치하여 제사를 올렸는데, 왕이 신궁에서 국가 최고 제사로 직접 지내고 즉위의례를 거행함으로써 신라 왕실은 시조묘제사를 통한 것보다 훨씬 더 하늘에 가까이 갈 수 있었고, 따라서 더 직접적으로 하늘의 신성함과 그 지고한 권위를 이어받았다고 자부할 수 있었을 것이다. 이처럼 신라에서는 조상, 특히 시조신을 제사함으로써 제천의 의미를 가질 수 있었으며, 시조신을 통하여 하늘·천신과 통하려고 하였다. 특히 신궁제사는 시조묘제사보다 더 직접적인 제천의례였다.[17]

『부도지符都誌』에는 신라의 천제에 대한 이런 짧은 기록이 있다.

"혁거세는 … 선세先世의 도를 행하며, 제시祭市의 법을 부흥하고, 남태백산에 천부소도天符小都를 건설하였다. 중대中臺에 천부단을 축조하고, 동서남북의 사 대에 보단堡壇을 설치하여, 계불禊祓의 의식을 행하고,(赫居世氏, … 行先世之道, 復興祭市之法, 建天符小都於南太白. 築天符壇於中臺, 設堡壇於東西南北之四臺, 行禊祓之儀,)"[18](『부도지』)

신라에서는 이렇게 단을 설치하여 제사를 지냈으며, 제사를 지내기 전에는 몸과 마음을 깨끗하게 하는 재계齋戒과정[계불의식]을 거쳤다.

최남선은 부여의 영고, 동예의 무천과 같은 상고시대 제천의례가 신라, 나아가 고려시대에는 팔관회라는 이름으로 이어졌다고 본다. 그리하여 "제천대회를 신라 중엽에는 팔관회라는 이름으로 행하여 궁예의 태봉국과 왕건의 고려가 모두 이것을 계승하고, 고려조에는 매년 중동仲冬, 음력 11월에 국가의 힘을 다하여 이를 행하여 임금과 백성 모두가 즐거움을 함께하니, 대개 팔관회라는 글자는 불교에서 빌려온 것인데, … 신라와 고려의 팔관회는 불교와 아무 관계가 없는 옛날 … 전해져오는 풍습…"[19]이라고 하였다.

----

17 나희라, 『신라의 국가제사』, 지식산업사, 2003, 71쪽, 73쪽, 155쪽.
18 박제상 지, 김은수 역해, 『부도지』, 기린원, 1989, 83쪽.
19 최남선 지음, 『조선상식문답』, 기파랑, 2011, 200쪽.

그는 신라와 고려의 팔관회가 불교와 아무 관계가 없는, 상고시대 제천례가 계승된 것이라고 보았다. 신라에서 팔관회가 열렸다는 것은 하늘에 대한 제사가 행해진 것으로 볼 수 있다.

신라에는 신교를 계승한 전문집단이 있었다. 신라의 화랑은 '풍류' '선랑仙郞' '원화' '국선國仙' '선인仙人' 등 여러 가지로 불렸는데, 화랑은 고조선의 신도·선교에 뿌리를 두고 있다. 상고시대에 제사와 정치를 주관하던 신인神人·선인仙人이 정사에서 손을 땐 후 신교집단과 관련된 장정들을 모아 종교적 수련을 시키던 것이 점차 발전하여 신라에 들어와서 화랑도를 이루었다.

김대문이 쓴 책을 보자.

> "화랑은 선도仙徒[선의 무리]이다. 우리나라[신라]에서 신궁神宮을 받들고 하늘에 대제大祭를 행하는 것은 마치 연燕의 동산桐山, 노魯의 태산泰山과 같다. … 옛날에 선도는 단지 신神 받드는 일을 주로 하였는데, 국공國公들이 무리[화랑도]에 들어간 후 선도는 도의道義를 서로 힘썼다.(花郞者, 仙徒也. 我國奉神宮, 行大祭于天, 如燕之桐山, 魯之泰山也. … 古者, 仙徒只以奉神爲主, 國公列行之後, 仙徒以道義相勉.)"[20](『화랑세기』서문)

화랑은 선의 무리로 신궁을 받들고 하늘에 제사를 지냈다는 것이다. 이는 화랑이 신라 이전부터 내려오던 선仙을 닦는 신앙집단임을 뒷받침한다. 사실 우리민족에게 고유의 신앙이 있었다는 것은 최치원도 말한바 있다. 앞에서 보았듯이, 최치원은 이를 풍류도라 하였다. 그리고 이 풍류도는 유·불·선 어느 한 종교의 산물이 아니라, 삼교를 모두 포함한 도道, 삼교가 모두 무르녹아 있는 사상, 삼교가 배타적으로 충돌하지 않고 서로 조화를 이루는 가르침이라고 하였다. 이는 결국 신

----
20 김대문 저, 이종욱 역주해, 『화랑세기』, 소나무, 1999, 45쪽.

라 이전부터 있었던 하늘신앙의 연장이었다.

고대 삼성조시대[환국, 배달, 조선]로부터 신라시대에 이르기까지 이 땅에서 우리의 옛 사람들은 이처럼 삼신, 삼신상제, 천신, 하늘을 높이 받들고 하늘에 감사하며 하늘의 가르침에 따라 살았다. 천제는 그런 삶의 한 부분이다.

그런데 고려시대 이전까지 계승되었던 이러한 천제는 다소 차이는 있으나 한마디로 말해서 동방 조선에서 예로부터 전해오던 고유의 하늘 제사로서의 모습을 유지하는 특징을 보인다. 그것은 유교의 영향을 받기 이전의 전통적인 하늘제사로, 하늘에 제사지내고 감사해하며 온 나라 사람들이 함께 어우러져 놀던 한마당 큰 축제였다.

제3부

『고려사』에 나타난
원구 천제

7. 고려의 제사 체계

고려의 국가 제사

고려는 대승불교문화를 꽃피웠던 통일신라의 종교문화 유산을 물려받았다. 또한 유교와 도교와 같은 중국 고전사상을 수용하면서 국가체제를 이룩했던 삼국의 문화전통도 이어받았다. 물론 그 전의 삼국에 못지않게 기복사상의 특성을 지닌 한국 고유 종교전통도 여전히 유지하고 있었다.[1] 한마디로 다종교가 각각 나름의 기능을 하며 공존

(출처 : http://heritage.daum.net/heritage/22115.daum#photo?id=6271)

『고려사』

『고려사』는 조선 초(1451년, 문종 원년) 김종서와 정인지 등이 주도적으로 편찬한 고려 왕조의 정사正史이다. 총 139권으로 이루어졌는데, 권 1부터 46까지 46권은 「세가世家」, 권 47부터 85까지 39권은 「지志」, 권 86-87 두 권은 「표表」, 권 88부터 137까지 50권은 「열전列傳」, 그리고 「목록」 두 권으로 구성되어 있다.

국왕의 연대기인 「세가」는 태조에서 공양왕대까지의 사실을 수록하고 있다. 「지」는 천문·역曆·오행五行·지리·예禮·악樂·여복輿服·선거選擧·백관百官·식화食貨·병兵·형법지刑法志 순으로 서술되어 있다. 「표」는 중국의 당말唐末·오대五代·송·요·금·원·명 등을 상국上國으로 분류하여 위에 쓰고, 고려를 그 밑에 배치하는 형식으로 작성되었다. 그 내용은 왕의 연호·책왕冊王·견사遣使·탄훙誕薨·내란內亂·외란外亂 등 군주 및 종사宗社의 안위와 관련되는 사건들만 기록하였다. 「열전」은 후비后妃·종실宗室·제신諸臣·양리良吏·효우孝友·열녀烈女·방기方技·환자宦者·혹리酷吏·폐행嬖幸·간신姦臣·반역叛逆 등 13개 항목으로 세분되어 있다.

---

1 윤이흠, 「고려 종교사상의 특성과 흐름」, 윤이흠 외, 『고려시대의 종교문화』, 서울대학교출판부, 2002, 15-16쪽.

하는 구도였다.

이는 〈훈요십조〉에 나타난 국가운영의 기본 방향을 통해서도 알 수 있다. 그 중 종교와 관련한 내용을 보면, 국가 대업은 불교에 근거할 것, 도선의 도참설을 숭상할 것, 우리 고유 문화전통을 존중할 것, 연등과 팔관을 엄히 지킬 것 등이다. 이를 종합하면 〈훈요십조〉는 결국 불교, 유교, 도교, 기타 한국 고유사상을 모두 국정운영의 기본 이념으로 삼으라는 훈시이다. 그러므로 고려시대의 종교 지형은 불교, 도교, 유교 등 다양한 종교가 공존하는 상황이라고 함이 적절하다.

고려의 제사체계를 한눈에 보여주는 것은 『고려사』 「지志」 예禮이다. 『고려사』의 길례吉禮는 『상정고금례』 상의 제사 분류 형식에 의거하여 각 제사 대상별로 제사의례에 관한 제도적 규정 및 의주에 관한 내용을 서술하고, 여기에 제례 행사에 관한 연대기 기사를 덧붙이고 있다.

길례조에서 국가 제사는 크게 대사, 중사, 소사로 구분된다. 대사에는 원구·방택·종묘·사직·태묘 등, 중사에는 적전籍田[선농]·선잠先蠶·문선왕 묘 등, 소사에는 풍사·우사·뇌신·영성靈星 등이 포함된다. 이에 이어 잡사雜祀가 나온다.

고려시대의 의례 중 가장 특징적인 점은 지금은 우리 역사에서 거의 자취를 감춘, 그리고 흔히 유교식 천제 의례라고 알려진 원구제圜丘祭가 등장하고, 그것도 원구제가 가장 중요한 의례로 간주된다는 점이다. 비록 왕건이 황제를 칭하고 연호를 사용하면서 황제국·천자국의 체제를 갖춘 면도 있으나, 태조 때부터 천자나 황제의 하늘 제사의례의 한 형식인 원구제가 행해지지는 않았다. 그러나 이전부터 내려오는 팔관회를 통해서는 늘 하늘을 향한 의식을 고양시키고 있었다.

한 가지 지적할 것은 고려시대에는 유교나 도교식의 천제가 아니라 동방 조선에서 예부터 행해오던 고유의 천제도 그 맥을 유지하고 있었다는 점이다. 그 대표적인 것이 팔관회와 연등회이다. 그러나『고려사』에는 이들이 가례嘉禮의 끝부분에 가례잡의嘉禮雜儀로 분류되어 있다.

고려에서는 유교적 제천의례뿐만 아니라 팔관회나 연등회와 같은 전통적인 거국적 행사가 지속적으로 행해졌다. 그것은 비록 성종대의 사전체계 정비시에 '이치에 맞지 않고 번요煩擾'하고, 상례에서 벗어난 음사로 인식되었다. 그러나 그 이전에 태조는 〈훈요십조〉를 통해 팔관회와 연등회를 잘 행하라고 하였다. 그래서였을까? 팔관회는 고려시대 내내 거국적으로 시행되었다. 고려 왕조에서 팔관회가 열리지 않은 때는 소수에 지나지 않는다.

그렇다면 팔관회는 어떤 의례인가? 그것은 기록으로 보면 신라 진흥왕 때(진흥왕 33년, 572년) 시작된 것으로 고려 말까지 수백 년간 거행되었다. 팔관회는 신라를 거쳐 고려로 내려온 천신제, 제천행사이다. 〈훈요십조〉에도 팔관회를 하늘[천령], 오악, 명산, 대천, 용신을 섬기는 것이라고 하고 있다.

『고려사』에 의하면 태조 왕건은 즉위한 그해(918년) 팔관회를 열고, 이로부터 해마다 상례로 행하였다. 태조 원년에 팔관회가 행해졌는데 궁 뜰 안 사방에 불을 밝히고 백희가무百戱歌舞가 연출되고 백관이 예복을 입고 예를 하며 구경꾼들이 도성에 몰려들었다. 이를 구경한 송나라의 서긍徐兢(1091~1153)은『고려도경高麗圖經』[2]에서 이렇게 기록하였다.

"왕씨가 나라를 세운 이후에는 산에 의지하여 나라 남쪽에 성을 쌓고

2『고려도경』은 1124년에 송나라 서긍이 지은 고려사회에 대한 일종의 보고서이다. 1123년이었던 고려 인종 때 휘종은 서긍 등을 고려에 파견하였는데, 서긍이 고려에 대한 견문을 그림을 곁들여 엮어낸 것이『고려도경』이다. 이 책은 모두 40권으로 이루어졌는데, 29가지 주제 아래 300여 가지 제목으로 설명한다.

자월子月(음력 11월)을 세수歲首로 삼아 관속官屬을 거느리고 의식에 쓰이는 제물을 준비하여 하늘에 제사를 지냈다. … 10월에 동맹東盟하는 모임은 지금은 그 달 보름날 정갈한 음식을 차려놓는데 이것을 팔관제라 부르며 그 의례는 매우 성대하다.(自王氏有國以來, 依山築城於國之南, 以建子月, 率官屬, 具儀物祠天. … 其十月東盟之會, 今則以其月望日, 具素饌, 謂之八關齊, 禮儀極盛.)"(『고려도경高麗圖經』 권17, 사우祠宇)

팔관회는 개경에서 매년 11월 15일에 행제行祭하는 것이 원칙이어서 이를 중동팔관회라 불렀다. 그 뒤로 서경에서도 10월에 이틀 동안 팔관회를 개최하고, 임금과 신하뿐만 아니라 외국 사신이나 상인들도 참석하였다.

『송사宋史』의 이런 글도 참조하자.

"해마다 건자월建子月(북두 자리가 자방子方을 가리키는 음력 11월)이면 하늘에 제사드린다. 나라 동쪽에 굴이 있는데 이를 '수신襚神'이라 한다. 언제나 10월 보름날이면 그 수신을 맞이하여 제사지내는데, 이를 팔관제八關齊라 한다. 이때의 의식이 매우 성대하여 왕은 비빈과 더불어 누각에 올라 크게 음악을 펼치고 잔치를 베풀어 술을 마시고, 상인들은 비단으로 장막을 만드는데, 백 필이나 연결하여 그들의 부유함을 과시하기도 한다.(歲以建子月祭天. 國東有穴, 號襚神, 常以十月望日迎祭, 謂之八關齊, 禮儀甚盛, 王與妃嬪登樓, 大張樂宴飮, 賈人曳羅爲幕, 至百疋相聯以示富.)"[3](『송사』「외국전外國傳」)

10월에 수신을 맞이하여 해를 바라보며 제사지내고, 왕과 비빈이

----

3 국사편찬위원회 외, 『국역 중국정사 조선전』, 국사편찬위원회, 1986, 292쪽. 『송사』는 원나라 순제順帝 지정至正 3~5년(1343~1345) 사이에 탈탈脫脫 등이 편찬한 송대 320년간의 정사이다. 『송사』 고려전에는 고려의 건국으로부터 예종 연간까지의 사실이 기록되어 있는데, 종래와는 달리 외국전이라고 기술한 점이 특징이다.

누樓에 올라 이를 관람하며 크게 음악을 베풀고 잔치를 벌인다는 것이다. 이는 고구려에서 10월에 수신을 맞이하여 하늘에 제사지내며 음주가무 하는 동맹의 의례와 같은 것이다.

고려는 10월을 세수로 팔관회를 행하였다. 세수에 제사를 지낸 것으로 보아, 팔관회는 결국 새로운 한해의 시작에 하늘에 제사를 올리고 경축하는 의식이라고 할 수 있다. 〈훈요십조〉에서도 팔관회는 천령 및 오악과 명산대천, 용신을 섬기는 것이라 하였는데, 여기서 천령은 천신일 것이다. 결국 팔관회는 고대의 천제의식을 계승한 것이다.[4] 그것은 불교적 행사인 것처럼 보이지만 실상은 고구려의 제천의례를 계승한 거국적 축제였다. 추수가 끝난 뒤 천지신명, 하늘에 올리는 감사의 축제였다.

그런데 이후 유교의 힘이 커지더니, 고려에서는 제사 체계가 유교식으로 정비되면서 길례체계가 위에서 지적한 것처럼 대·중·소사로 분류된 것이다. 사실 고려의 이러한 분류와 원구제의 수용은 삼국의 길례 내용과는 달리, 다소 차이는 있지만, 대체적으로 중국 길례 체계를 전적으로 반영한 것이다. 고려는 중국의 유교사상을 적극 수용하고 이를 제도화하는 과정에서 중국의 유교 의례도 적극 받아들였다.

중국의 유교 의례를 받아들이고 그것을 국가의례체계로 삼았다고 해서, 고려가 초기부터 중국을 천자국으로 섬기거나 사대주의, 명분론, 중화주의적 인식으로 사로잡힌 것은 아니다. 성리학이 지배하는 사회에서 원구제와 같은 천제가 제도적으로 금지된, 제사체계에서 원구가 아예 눈에 띄지 않는 조선시대와 비교하면, 고려사회에서는 원구가 대사로 범주화되었고, 원구제가 천자국 의례로서 실행되고 있었

---

4 신익철, 「대사 중사 소사의 실증적 연구-천제와 산천제를 중심으로-」, 『인문과학』 제31집, 2001, 521-524쪽.

다. 이것은 고려가 그만큼 아직 유교사상에 의해 지배되지 않았으며, 유교사상이 아직 보편적이지 못했음을 말한다. 즉 고려는 아직 중국·유교의 영향을 덜 받고 있음을 말한다. 이제『고려사』「지」예에 나타난 원구에 대하여 알아보자.

『고려사』「지志」의 원구단 모습

원구단圜丘壇은 천자가 하늘에 제사를 올리는 제단을 말한다. 중앙에 둥근 단을, 밖에는 네모난 방형의 담을 쌓아 만든 원구단이 고려시대에는 어디에 있었을까?『신증동국여지승람』권5, 개성부 하, 고적에 의하면 원구는 개경에 있던 나성羅城의 남쪽 성문인 회빈문會賓門

고려 개경의 원구단 위치

바깥에 있었다.[5]

　고려시대에 하늘에 제사를 올리는 원구단이 처음 만들어진 것은 성종 2년이었던 983년이다. 이 고려의 원구단 모습을 보면 이렇다.

> "둘레가 여섯 길 석 자(6장丈 3척尺)이고, 높이는 다섯 자(5척)이고, 열두 개의 계단으로 이루어졌다. 원구단 외곽에는 3중의 낮은 담장[壇유]이 있는데 그 간격은 각각 25보이다. 낮은 담장 밖에는 높은 담장[垣원]을 쌓았는데, 이 높은 담 둘레에는 사방에 문이 있다. 요단燎壇은 신단 남쪽에 있는데, 너비[廣광]가 한 길(1장)이고 높이가 한 길 두 자(1장 2척)이다. 호戶는 사방이 여섯 자(6척)인데, 위는 틔우고 남쪽으로 출입한다.(圓丘壇, 壇周六丈三尺, 高五尺, 十有二陛, 三壇. 每壇, 二十五步, 周垣四門. 燎壇, 在神壇南. 廣一丈, 高一丈二尺. 戶方六尺, 開上南出.)"[6](『고려사』「지」권 제13 예禮1 길례대사吉禮大祀 원구)

　고려에서는 성종 때부터 천자만이 할 수 있는 원구단을 설치하고 정기적인 기곡제를 정월 상신일에 거행하고, 부정기적인 기우제도 원구단에서 거행하였다. 뿐만 아니라 종묘를 태묘로 만들고, 7묘제를 도입하는 등, 유가적 예를 시행하면서 도교식 등 다른 천제도 동시에 거행하였다.

　제례 때 신에게 고하는 축문을 써서 붙여 놓는 판인 축판祝版에는 '고려국왕 신 왕모는 감히 밝게 고합니다(高麗國王臣王某敢明告)'라고 썼다. 천제의 주관자[主祭者주제자]인 국왕을 '고려국왕 신'이라고 표기하였다. 이는 중국에서 하늘을 계승한[嗣사] 천자의 지위를 담은 '사천자嗣天

----

5 개경의 모습은 한국역사연구회, 『고려의 황도 개경』, 창작과 비평사, 2002; 서긍 저, 조동원 역, 『고려도경』, 황소자리, 2005를 참조하라.

6 동아대학교 석당학술원, 『국역 고려사』16「지」4, 경인문화사, 2011, 6-7쪽. 이하『고려사』「지」번역은 동아대학교 석당학술원, 『국역 고려사』13-19, 「지」3-8, 경인문화사, 2011에 전적으로 의존하였다.

子 신臣'이라고 칭했던 것과는 비교가 된다. 이로 보면 고려에서 행한 원구제가 천제 의례라고는 하나, 그것이 '천자' 의례로서 거행된 것은 아닌듯하다.

고마움과 공경의 뜻으로 바치는 물건[禮幣^{예 폐}]과 제물로 바치는 희생[牲牢^{생 뢰}]은 어떤 것이었을까? 원구단에는 상제를 정위로 하고, 태조를 배위로 하며, 여기에 동서남북 그리고 중의 오방제(청제, 적제, 황제, 백제, 흑제)를 종사從祀하였는데, 상제에게는 창벽蒼璧[7]·사규유저四圭有邸[8]의 옥, 그리고 옥과 같은 색, 즉 창색蒼色의 폐백을 올렸다. 그리고 희생으로는 상제에게는 창색의 송아지[蒼犢^{창 독}] 한 마리를 올렸다. 단 섭사일 경우에는 양 한 마리를 올렸다.

헌관獻官은 국왕이 초헌관이 되고, 태자나 공公·후侯·백伯이 아헌을, 태위太尉가 종헌을 한다.

원구 천제의 차례

고려시대 원구에서 왕의 친행 천제는 어떤 과정으로 행해졌을까? 『고려사』의 내용을 간추리면 이렇게 정리할 수 있다.[9]

『고려사』에 나타난 왕의 원구 천제 절차

재계 齋戒	제사에 앞서 몸과 마음을 가다듬고 음식과 행동을 삼가하여 부정을 피하는 과정. 서문誓文낭독, 산재와 치제를 중요 내용으로 한다.
진설 陳設	천제의 집행자 및 참석자들의 자리나 위치와 찬만饌幔, 생방牲牓 등을 설치하고, 제기·제수와 옥玉·백帛 등을 의례를 행하는 곳에 미리 배치하는 과정.

----

7 상제에게 제사를 드릴 때 옥으로 만들어 올리던 예물의 하나로, 감색의 고리 옥을 말한다.
8 규는 위를 깎아 모나게 다듬은 옥을 말하는데, 고리 옥[벽璧]의 사방에 규圭 네 개를 붙여 놓은 것이다.
9 『고려사』의 원구 친사 의식에 대한 전체 번역문과 원문은 이 책 끝의 부록 1, 1-1을 참조하라. 천제 때 사용한 각종 제기 그림에 대해서는 246~251쪽을 참조하라.

난가출궁 鑾駕出宮	왕이 의례를 행하기 위해 어가御駕를 타고 궁궐을 나와 원구단에 있는 재궁으로 가는 과정. 출발 전 7각에 초엄을 알리고, 5각에 이엄이 알리면 대가노부大駕鹵簿를 진열하고, 출발 2각 전에 삼엄을 알리면 왕은 자황포赭黃袍를 입고 대전에 좌정한다. 재배를 받고 출발하여 재궁에 도착한다.
성생기 省牲器	의례 때 사용할 희생이 적합한지 여부와 희생을 담는 제기 등이 깨끗한지를 살피는 절차. 의례 전날 오후 8각(오후 12시 45분-1시경) 행인통행 금지로부터 시작된다. 미후未後 2각(오후 1시 15분경~30분경)에 교사령이 술병[尊]·받침[坫]·채반[籩]·덮개[冪] 등을 차리면 관련자들이 절차를 익힌다. 이후 태상경이 술병과 희생을 살핀 후 희생을 주방으로 넘기고, 광록경은 주방으로 가서 솥과 가마를 살피고 명수明水와 명화明火를 취하는지 감독하며, 어사는 주방에서 음식 도구를 검사하고, 협률랑은 악기들을 살펴본다. 제삿날 날이 밝기 전 5각에 희생을 잡아 두에다 모혈을 취하여 담고 희생을 삶는다.
전옥백 奠玉帛	상제의 신위에 옥과 폐백을 올리는 의식. 제삿날 날이 밝기 전 3각에 담당자들이 각기 제 옷차림을 하고, 술병에 술을 채우고 옥과 폐백을 담고 변籩·두豆·보簠·궤簋 등 여러 그릇에 제물을 담는다. 미명 2각에 실무자들이 먼저 들어가 재배하고, 날이 밝기 전 1각에 왕이 곤룡포와 면류관을 차려입고 대차로 들어가 축판祝版에 서명한 다음, 나와서 신단 정문으로 입장한다. 희생물의 머리를 그을린 다음 요단 위로 가서 다시 굽는다. 왕이 상제의 신위 앞으로 가서 옥과 폐를 바치고 재배한다.
진숙 進熟	상제에게 제물을 올리는 의식. 여기에는 왕의 초헌례, 축문 읽기, 음복례를 비롯하여 아헌관과 종헌관의 아헌례와 종헌례도 포함된다.
송신 送神	종헌례가 끝난 뒤에 철변두하고 송신하는 절차. 이 때 왕은 제사에 쓴 옥과 폐백, 축판과 제물을 불사르는 망료望燎의 예도 행하며, 이어 예가 끝났음을 보고받고 대차로 돌아간다.
난가환궁 鑾駕還宮	원구 의례를 마치고 왕이 재전齋殿으로 돌아와 잠시 머물다 강사포絳紗袍로 갈아입고 올 때처럼 궁으로 돌아가는 과정.

8. 원구 천제의 실제

『고려사』에 나타난 원구 천제 일지

고려시대 국가에서 행한 가장 큰 종교적 행사는 원구에서 하늘에 제를 올리는 의례였다. 고려시대는 중국에서는 이미 오래전에 유교적 의례로 자리 잡았던 원구제가 도입되어, 이 땅에서 처음으로 유교식 원구제가 행해진 때이다. 조선시대에 들어서는 말도 많았고 탈도 많았던 이 원구제가 언제부터 시행되었을까? 이제『고려사』를 중심으로 원구 천제를 행한 기록을 알아보자.

『고려사』에 의하면 고려시대에 천제의 전형인 원구제가 제도화된 것은 6대 성종(981~997) 때이다. 광종(949~975)은 태조 이후 잠시 중단되었던 연호를 다시 세우고, 자신을 황제, 개성을 황도로 격상시켰다. 황제국가의 체제를 갖추어나간 것이다. 이어 그는 왕권과 중앙집권의 강화를 위한 이념으로 유교사상에 큰 관심을 가졌다. 성종은 과거를 통해 정치 관료들을 충원하고 당의 제도를 도입하여 국가 통치조직을 정비하는 등 유교 중심의 정치를 폈다. 그러면서 온갖 개혁을 시도하였다. 지방에 12목을 설치하여 처음으로 지방에 수령을 파견하고, 유교 교육기관인 국가감을 설치하고, 향학을 설치한 것도 성종 때이다. 이러한 과정을 거치며 고려의 정치질서가 어느 정도 자리 잡은 것은 10세기 후반인 성종 때이다.

성종은 치국의 이념이 된 유교사상에 따라 국가 제사도 정비하고, 그 으뜸인 원구 천제도 처음으로 지냈다. 때는 성종 2년이었던 983년 정월이다. 『고려사』[10]는 그 사실을 이렇게 기록하고 있다.

"봄 정월 신미일, 왕이 원구에서 풍년을 기원하고 태조의 신위를 원구에 모셨다. 을해일에 왕이 친히 적전을 갈고 신농씨에게 제사를 지내는데, 후직의 신위를 거기에 모셨다. 풍년을 기원하고 적전을 친히 가는 의식이 이때부터 시작되었다.(春正月辛未, 王祈穀于, 圓丘配以太祖. 乙亥. 躬耕籍田, 祀神農, 配以后稷. 祈穀籍田之禮, 始此.)"(『고려사』「세가」 성종 2년(983))

이로 보면, 고려시대에 처음 실시된 성종 때의 하늘에 대한 제사는 맹춘孟春 상신일上辛日을 상일常日로 삼아, 봄 정월 신미일辛未日에 이루어졌음을 알 수 있다. 또한 농사신에게 풍년이 들기를 기원하며 제사를 올린 것으로 보아, 이 의례가 기곡제의 성격을 띤 천제임도 알 수 있다.

이 의례는 왕의 친제로 원구에서 이루어졌다. 원구에서 제를 올렸다는 것으로 보아 당시 하늘에 대한 제사는 하늘의 둥근 모습을 딴 단을 만들어 행하였음도 알 수 있다.

그러면 왕은 누구에게 기원하였을까? 이 때 제사의 대상이 무엇인지는 분명하지 않다. 하늘이 구체적으로 무엇인지 말하지 않고 있다. 그러나 『고려사』 예지의 길례 대사 원구조가 원구의 주신을 상제로 규정하고 있음으로 보아, 우리는 원구제의 주신이 상제임을 알 수 있다.

나아가 이 상제가 구체적으로는 호천상제임도 유추할 수 있다. 중국에서 천제의 시기나 장소 및 성격에 대한 전범은 이러저러한 변화 과정을 거쳐 당나라 현종대의 개원례開元禮에 이르러 마련되었다. 고려는 이 개원례를 많이 수용하였는데, 개원례에 이르러 정월에 행해지

----
10 이하의 『고려사』「세가世家」 번역은 동아대학교 석당학술원, 『국역 고려사』 1-12, 「세가」 1-12, 경인문화사, 2008에 전적으로 의존하였다.

는 천제는 기곡을 목적으로, 호천상제를 모시고, 원구에서, 친제로 이루어졌다. 당대 개원례에서는 정월 초[상신일]에 농사일을 시작하면서 풍년이 되기를 기원하는 기곡 원구제사와 농사를 지으며 비가 오기를 기원하는 맹하[4월]의 기우 원구제사라는 두 가지 농경의례가 강조되었으며, 호천상제를 주신으로 삼았다. 이 개원례는 이후 송대부터 청대에 이르기까지 천제의례의 표준으로 자리잡아갔고, 고려 및 조선에도 큰 영향을 미쳤다. 중국의 영향을 크게 받고 있던 당시 상황뿐 아니라, 이런 점을 고려한다면, 고려시대에 처음 치러진 원구제는 유교·중국의 영향을 받은 것으로, 호천상제가 제사의 대상이었다고 볼 수 있다. 이러한 점은, 주신을 구체적으로 언급한, 뒤에 나오는, 예종대의 원구제 기록을 통해서도 뒷받침된다. 이로 보면, 고려시대에는 흔히 유교에서 말하는 천자만이 지낼 수 있다는 천제를 왕이 친히 지내기도 하였음을 알 수 있다.

이처럼 성종이 유교식의 원구제를 행한 것은 한·당대를 거쳐 송대에 정비된 유교 의례 도입과, 유교사상에 의거하여 국가를 통치하려는 통치이념의 결과이다.

성종 이후 왕이 원구에서 하늘에 제사를 올렸다는 기록은 8대 현종대(1010~1031)에 이르러 나타난다. 현종이 왕위에 있을 때는 거란이 두 차례나 고려를 침공하였다. 개경까지 쳐 들어와 현종이 나주까지 피난(1011년)한 일, 10만 거란군이 공격해왔으나 강감찬 등이 격퇴시킨 귀주대첩(1019년)도 현종 대에 일어난 역사이다. 이런 과정을 거치며 당시 동북아는 거란과 고려, 그리고 송나라가 어느 정도 힘의 균형을 이루고 있는 상태였다. 그런데 이런 현종 때 천제를 올린 기록은 그의 집권 말기인 현종 22년(1031) 때이다.

"을해일, 임금이 친히 적전을 경작한 후 유배형 이하의 죄수들을 사면했다. 또 원구·방택에서 제단에 올라 집례한 관리 및 효자, 효손, 의부, 열녀, 절부, 노인, 중환자들에게 물품을 차등있게 내려 주었다.(己亥, 親耕籍田, 赦流罪以下. 圓丘·方澤, 升壇執禮員史及孝子·順孫·義夫·節婦·耆老·篤病者, 賜物有差.)"(『고려사』「세가」현종 22년(1031))

봄 정월 을해일 날, 왕은 친경적전을 하고, 원구에서 제사지냈다는 것이다. 친경적전이 왕이 직접하는 것이므로, 당시 원구제도 직접 주제한 것으로 볼 수 있다. 현종이 이해 5월에 사망하였다.

그 다음의 원구 천제 기록은 14대 헌종대(1094~1095)에서 찾을 수 있다. 고려시대 왕들의 집권 기간을 보면 많은 수가 재위 10년이 채 되지 않는다. 헌종도 단명한 왕으로 재위 2년도 안되어 숙종에게 왕의 자리를 물려주었다. 그런 헌종이 선위禪位 몇 개월 전에 천제를 올렸다.

"7월 병오일, 태묘에서 제행을 치렀다. 왕이 상신으로 있으면서도 원구·방택·종묘·사직을 비롯하여 일체 제사 예전에 등록된 것은 제사를 지내지 않은 곳이 없었다.(七月丙午, 饗于太廟. 王居亮陰, 圓丘·方澤·宗廟·社稷, 及凡載祀典者無不擧.)"(『고려사』「세가」헌종 원년(1095))

헌종대의 원구 기록은 성종이나 현종대의 원구제와 비교해 볼 때 큰 차이가 있다. 그 시기가 성종과 현종의 춘정월 원구제와 달리 가을 7월이었다. 무슨 이유인지는 알 수 없다. 또한 임금이 상중에 있었음에도 불구하고 모든 제사를 지냈다고 한다. 그러나 그것이 왕의 친사로 행해졌는지 섭행이었는지는 분명하지 않다.

14대 헌종대에 이어, 16대 예종대(1105~1122)에도 원구와 관련한 기록이 몇 번 나타난다. 거란과 몇 차례 큰 전쟁을 거친 뒤부터 예종 및 인종대(1122~1146)에 이르기까지 고려는 대체로 유교문화가 꽃피는 가운데 사회적 정치적 안정을 유지하던 시기이다. 특히 11세기 말부터 12세기 초의 숙종과 예종 때에는 유교정치가 가속화되는 가운데, 숙종은 평양에 기자사당을 세워 기자에게 제사를 지내기 시작하였고, 예종은 청연각이나 보문각과 같은 도서관 겸 학문 연구소와 유교교육을 전문화시키는 7재七齋와 같은 기구를 두었고, 우리나라 고대사를 정리한『편년통제 속편』, 당태종의 업적을 기록한『정관정요』, 그리고 우리나라 풍수지리서들을 집대성한『해동비록』등을 편찬하였다.

예종 때 첫 천제는 예종 원년인 1106년에 있었다.

"가을 7월 기해일, 왕이 친히 회경전에서 호천상제에게 제사를 지내면서 태조의 위폐를 그 곁에 모셔두고 비를 빌었다.(秋七月己亥, 王親祀昊天上帝於公慶展, 配以太祖, 禱雨.)"(『고려사』「세가」예종 원년(1106))

"6월 기해일, 왕이 양부 대성 양제 및 3품관을 거느리고 친히 회경전에서 호천상제에게 기도하고 아울러 태조에게도 제사를 지내 비를 빌었다.(六月己亥, 王率兩府·臺省·兩制及三品官, 親祀昊天上帝於會慶殿, 配以太祖, 禱雨.)"(『고려사』「지」오행 금행, 예종 원년(1106))

『고려사』의 기록을 종합해 보면, 예종은 1106년 7월 을해일 날, 호천상제에게 친히 제사하였다. 그 목적은 비를 비는 것이었고, 제사의 대상은 호천상제였다. 그런데 특이한 점이 있다. 흔히 호천상제에게 올리는 친사 천제가 원구에서 이루어지지 않았다. 회경전會慶殿에서 시행되었다. 당시에는 왕이, 원구가 아닌 사찰이나 궐 안에서, 기우를 목적으로 제를 올린 사례도 있다.

예종이 첫 천제를 올린 다음해에 고려에서는 여진족과의 갈등을 두고 동요가 일어나고 있었다. 여진은 고구려 때에는 말갈이라 불리면서 고구려에 복속해 있었고, 발해(대진국)가 서자 그 지배하에 있다가 발해가 망한 뒤에는 여진으로 불리면서 국가를 형성하지 못하고 부족 단위로 생활하고 있었다. 이런 그들이 11세기 말 12세기 초에 영가, 우야소 등 추장이 나와 여진족을 통합하면서 남쪽으로 세력을 확장하더니 어느덧 고려와 갈등을 빚게 되었다.

고려 조정에서는 여진에 대한 강경파와 온건파간에 내부 갈등이 일어났는데, 예종 2년(1107)에 강경파가 승리하여 여진족 토벌을 시도하였고, 윤관은 동북 9성을 쌓았다. 그 후 9성을 돌려주었으며, 여진은 우야소의 아우 아구타에 의해 더욱 강성해져서 예종 10년(1115)에 나라를 세워 금이라고 했다. 이 금나라가 강성해지는 가운데 예종은 천제를 지냈다. 『고려사』의 「세가」와 「지」에는 예종 15년(1120) 7월 경술일에 원구단에서 기우를 행한 기록이 있다.

"7월 경술일, 원구단과 종묘, 사직 및 산천의 신령을 모신 사당에서 비를 내려달라고 기도했다.(七月庚戌, 禱雨于圓丘·廟社·群望.)"(『고려사』 「세가」 예종 15년(1120))

그러나 이 원구 기우제에서 제사 대상이 무엇이며, 왕의 친사였는지 여부는 불분명하다.

예종대에 행한 원구제의 마지막 기록은 예종 16년(1121)의 기록이다.

"5월 신사일, 해당 관청에게 명하여 원구에서 기우제를 지내게 하였다.(五月辛巳, 命有司, 雩祀圓丘.)"(『고려사』 「지」 오행 금행, 예종 16년(1121))

윤 5월 신사일辛巳日에 행한 이 원구에서의 제사는 우사雩祀로, 왕의 친사가 아닌 섭행으로 치러졌다.

뒤이은 인종대(1123~1146)에도 원구제는 시행되었다. 당시는 금나라가 강성하여 인종 3년(1125)에는 거란을 멸망시키고, 나아가 송나라의 수도 변경을 함락시키고 두 황제를 포로로 잡아가기도 했다. 남송의 시대가 이때부터 시작되었다. 거란과 송까지 제압한 금나라는 고려에 대해서도 고압적 태도를 보이며 고려와 군신관계를 맺고자 요구해 왔다. 이에 논란도 있었으나 결론적으로는 금의 요구에 굴복하고 말았다.

고려는 내부적으로도 썩어 가고 있었다. 인종대는 이자겸의 난 (1126~1127)과 묘청의 난(1135)을 포함한 온갖 반란이 분출하던 상황이었다. 지나친 문치의 극성으로 인해 뒤이어 무신 정권이 등장하는 빌미도 마련되었다. 묘청이 군사를 일으키자 반란을 제압한 다음 해, 즉 인종 15년(1137) 5월 기축일에 인종은 천제를 지냈다. 전날 종묘와 사직에 비를 내려달라고 기원한데 이어, 이날에는 하늘에 제사를 지냈다.

"5월 기축일, 다시 하늘에 제사를 지내 비를 내려달라고 기원했다.(五月己丑, 又祭天禱雨.)"(『고려사』「세가」 인종 15년(1137))

그리고 인종 22년이었던 1144년 정월 경신일에는 제사를 위해 남교에서 하루 밤을 묵으며 몸을 청결히 했다. 그리고 다음날인 신유일에 천제를 올렸다.

"봄 정월 신유일, 원구에서 제사를 지냈다.(春正月辛酉, 祀圜丘.)"(『고려사』「세가」 인종 22년(1144))

인종은 춘정월 신유일에 원구에서 친사를 행하였는데, 1월이고 적전을 갈았다는 것으로 보아 이때의 제사 목적은 기곡임을 알 수 있다. 어느 때의 것인지는 분명하지 않으나, 고려시대 이규보(1168~1241)가 상신上辛에 쓴 원구 기곡제의 축문을 보자.

이규보李奎報

고려 후기 문신·문인으로 자는 춘경春卿. 호는 백운거사, 지헌, 삼혹호선생, 문순 등이다. 대표적인 저서로 《동국이상국집東國李相國集》, 《백운소설白雲小說》, 《국선생전麴先生傳》 등이 있으며, 〈동명왕편東明王篇〉을 비롯한 수많은 시詩를 지었다.

"높으신 하늘의 일은 소리가 없어도 만물이 힘입어 자라나는데, 나라를 유지하는 근본은 먹거리가 있어야 사람들이 믿고 살아갑니다. 바야흐로 첫 봄을 맞이하여 풍년이 들기를 기원하오니, 상제上帝님의 은혜로운 혜택이 아니면 이 백성이 무엇을 의지하오리까?(上天之載無聲, 物資以遂, 有國之本在食, 人恃而生. 方屆上春, 用祈嘉穀, 非帝之賜, 斯民何資?)"

(『동국이상국전집』 권40, 「상신기곡원구제축上辛祈穀圓丘祭祝」)[11]

우주 만물의 주재자인 상제에게 한 해의 곡식이 잘되기를 기원하며 의지하는 모습이 잘 드러나 있다.

『고려사』에 의하면 24대 원종대(1259~1274)에도 원구에서 제를 올렸다.

"여름 4월 신축일, 가뭄이 계속되기에 원구에서 기도를 올렸더니 비가 내렸다.(夏四月辛丑, 以旱, 禱雨圓丘, 乃雨.)"(『고려사』 「세가」 원종 2년(1261))

4월 신축일에 행한 원구제의 목적은 기우였다. 그러나 친사 여부는 알 수 없다.

원종 때의 특징적인 천제 모습은 왕이 강화도 마리산에서 하늘에 제사를 올렸다는 점이다. 원종 5년(1264), 이때는 강화도로 천도하고 있던 때이다. 원종은 이 해 마리산 참성단에서 지고신인 호천금궐지존

---

11 민족문화추진회, 『국역 동국이상국집』 V, 1989, 97쪽.

옥황상제에게 제사를 지냈다.

> "6월 경술일, 친히 마리산의 참성에서 초제를 지냈다.(六月庚戌, 親醮于
> 磨利山塹城.)"(『고려사』「세가」원종 5년(1264))

12세기 말부터 13세기 말까지(1170~1270), 즉 원종 말, 충렬왕, 충선왕, 충숙왕, 충혜왕, 충목왕, 충정왕, 그리고 공민왕에 이르기까지 약 100년 고려 역사는 무신정권의 시대로, 유교적 관료정치가 붕괴되고 무력에 기초한 폭력정치가 지배한 때이다. 또 무엇보다 원나라가 등장하며 남송을 멸망시킨 것은 물론 중앙아시아, 유럽까지 점령하고, 그리하여 고려도 제후국으로 전락하였던 때이다. 그러나 무신정권의 대몽항쟁의 결과 원나라도 끝끝내 고려를 그들의 직속령으로 만들지는 못하였다. 단지 결혼정책을 통해 고려를 부마국(사위의 나라)로 만들고, 형식상 정동행성을 두어 고려왕을 그 장관으로 임명하였다.

원의 결혼정책에 따라 원종의 세자[뒤의 충렬왕]는 쿠빌라이 공주를 아내로 맞이하고, 그 후에도 공민왕 때까지 역대 국왕은 이런 관례에 따라 원나라 황실의 여자를 아내로 삼았다. 그리하여 두 나라 왕실은 혈연적으로 맺어지고, 고려 세자는 원나라 북경에 토루카[禿魯花, 質子]로 머물다가 귀국하여 왕위에 오르는 것이 관례가 되었다. 그리고 원의 부마가 됨에 따라 고려왕이 종전에 가지고 있던 천자의 칭호들은 모두 제후의 위상에 맞추어 바꾸었다. 이를테면 왕의 묘호로 쓰던 조나 종 대신에 '와'자를 쓰게 하고, 묘호 앞에는 '충'자를 붙이게 하였다. 또 짐을 고로, 폐하는 전하로, 태자는 세자로, 선지는 왕지로 바꾸었다. 그 밖에 관청 이름을 바꿔 삼성을 통합하여 첨의부로, 중추원을 밀직사로 개명했다.[12]

----
12 한영우, 『다시 찾는 우리역사』 제1권, 경세원, 252쪽.

이러한 정치적 굴욕의 시대에도 천제는 행해졌다. 원종이 죽은 다음 첫 부마왕이었던 충렬왕(1274~1308) 때부터 무신정권시대의 굴절된 정치를 바로잡으려는 운동이 일어났다. 이 때 충렬왕을 따라 원에 갔던 안향은 원나라의 성리학을 들여오고 국가에서도 경학을 장려하였다.[13] 그런가 하면 『삼국유사』(1281)와 『제왕운기』(1287) 등이 편찬되기도 하였다. 이런 충렬왕 때에는 두 번의 원구제가 행해졌다. 하나는 충렬왕 15년(1289)이고 다른 하나는 충렬왕 34년(1308)이다.

 "5월 갑오일, 원구에서 비를 내려달라고 기원했다.(五月甲午, 禱雨于圓丘.)"(『고려사』「세가」충렬왕 15년(1289))

 "5월 갑신일, 원구에서 비를 내려달라고 기원했다.(五月甲申, 禱雨于圓丘.)"(『고려사』「세가」충렬왕 34년(1308))

두 차례의 원구제는 기우제라는 공통점과, 5월 갑자일과 갑신일에 행해졌으므로 공히 5월에 치러졌다는 공통점을 갖는다.

 "여름 4월 정축일, 원구에서 비를 내려달라고 빌었다.(夏四月丁丑, 禱雨于圓丘.)"(『고려사』「세가」충선왕 원년(1309))

이에서 알 수 있듯이, 충렬왕을 이어 왕위에 오른 충선왕대(1298.1~1298.8, 1308~1313)에도 원구제가 이루어졌다. 충선왕은 한 때 부왕과의 갈등으로 왕위를 **빼앗기고** 다시 원나라에 갔다가 돌아와 왕위를 되찾았다. 그런 충선왕은 1309년 4월 정축일에 원구에서 기우를 목적으로 천제를 올렸다.

뒤이은 충숙왕(1313~1330, 1332~1339)도 두 차례에 걸쳐 왕위에 올랐다. 충숙왕 때는 원구제가 두 번 행해졌다.

----
13 조선시대 지배이념이었던 성리학이 동방 조선에서 자리 잡고, 이를 내면화한 배타적 지식인 세계가 형성되기 시작한 것은 바로 이때부터이다.

"5월 신묘일, 원구에서 비를 내려달라고 빌었다.(五月辛卯, 禱雨于圓丘.)"(『고려사』「세가」 충숙왕 즉위년(1313))

"5월 계사일, 원구에서 비를 내려달라고 빌었다.(五月癸巳, 禱雨于圓丘.)"(『고려사』「세가」 충숙왕 8년(1321))

충숙왕대의 원구제는 충렬왕대의 틀을 벗어나지 않는다. 역시 기우제라는 공통점과, 5월(辛卯, 癸巳)에 행해졌다는 점이 같다.

고려 후기에 왕의 친사로 행해진 분명한 원구제 기록은 공민왕대(1351~1374)에 이르러 다시 나타난다. 그런데 이 공민왕대에 큰 일이 벌어졌다. 근 100년간 고려정치에 큰 영향을 미치던 원나라가 공민왕 17년(1368) 남쪽에서 일어난 명나라에 쫓겨 북쪽으로 밀려난 사태가 발생했다. 이런 동북아 정세의 변동 상황에서 공민왕은 반원정책을 통해 고려의 자주권을 회복하고, 안으로는 권문세족을 억압하여 왕권을 강화하려는 개혁정책을 추진하였다.[14] 그는 또한 새로운 사상이자, 추후 조선의 지배이념이 된 성리학이 고려사회에서 발전할 수 있는 기틀을 마련하였다.[15]

공민왕대는 원명교체기로, 대원對元·대명對明의 외교 속에서 명으로부터 새로운 사전이 전래되었다. 공민왕은 반원정책을 펴며 국가 시스템을 원 간섭기 이전의 모습으로 되돌리려하였다. 그러한 노력이 사전에도 나타나 공민왕은 태조를 비롯한 역대 선왕에게 존호를 가상加上하고, 사사祀事를 시행하며, 사직과 산천 등의 신사神祠에 덕호德號를 가하였다. 그리고 원구와 종묘 등에서의 제사가 적극 모색되었

----

14 한영우,『다시 찾는 우리역사』제1권, 경세원, 2005, 255쪽.
15 공민왕은 성균관을 부흥시켜 유교교육기관으로 개편하고, 이색, 정몽주, 정도전, 박상춘, 이숭인 등 젊은 인재들을 모아 성리학을 깊이 연구하도록 하였고, 종전의 문학중심의 과거시험을 경학중심으로 개혁하였다. 이들 신흥사대부들이 뒷날 조선왕조를 정치적 이념적으로 이끄는 세력이 되었다.

다.[16] 1370년 1월 병진 날, 공민왕이 원구에서 기곡을 목적으로 친사를 행한 것도 그런 맥락이 아닐까?

> "봄 정월 병진일, 왕이 친히 원구에서 제사를 지냈다.(春正月丙辰, 王親祀圓丘.)"(『고려사』「세가」공민왕 19년(1370))

공민왕은 친제는 물론 신하를 보내 천제를 올리게도 하였다. 공민왕은 1363년 3월에 밀직사 이강(1333~1368)을 참성단에 보내 천제를 올렸다. 당시 그가 지어 나무판에 새겼다는 시가 『태백일사』「고려국본기」에 남아 있다.

고려시대에 마지막으로 천제가 행해진 것은 우왕(1374~1388) 때이다. 공민왕의 뒤를 이은 우왕대에는 보수적인 권문세족의 극단적인 반동정치로 돌아갔다. 고려사회의 모순은 이 때 극도에 달해 성리학에 의한 개혁의 필요성이 어느 때보다도 높았으며, 그 모순을 뼈저리게 경험한 성리학자들이 드디어 개혁의 칼날을 세우고 새 왕조를 건설하려는 움직임이 일어났다.

이런 가운데 우왕은 1379년(우왕 5년) 3월에 신하를 보내 참성단에서 천제를 드리도록 명하였다.

뿐만 아니라 우왕은 같은 해 5월에는 원구에서도 천제를 올렸다.

> "5월 을유일, 날이 가물므로 원구에 기우제를 지냈다.(正月乙酉, 以旱, 雩祀圓丘.)"(『고려사』「지」오행 금행, 우왕 5년(1379))

이 5월 을유乙酉에 행한 원구제는 우사를 목적으로 하였다. 우왕 11년(1385) 이후에는 고려에서 천제를 행했다는 기록이 없다.

이상의 고려시대의 천제 실제를 정리해보면 이렇다.

----
16 한형주, 「15세기 사전체제의 성립과 그 추이」, 『역사교육』89, 한국역사교육연구회, 2004, 130쪽.

왕	연도	시기	주체	대상	장소	목적
성종 2년	983년	정월 신미일	친사	호천상제	원구	기곡(풍년)
현종 22년	1031년	정월 을해일	친사 추측		원구	기곡 추측
헌종 원년	1095년	7월			원구	
예종 원년	1106년	7월 을해일	친사	호천상제	회경전	기우
예종 11년	1116년					
예종 15년	1120년	7월 경술일			원구	기우
예종 16년	1121년	윤5월 신사일	섭행		원구	우사雩祀
인종 15년	1137년	5월 을축일				
인종 22년	1144년	정월 신유일	친사		원구	기곡
원종 2년	1261년	4월 신축일		옥황상제	원구	기우
원종 5년	1264년				마리산 참성단	
충렬왕 15년	1289년	5월 갑오일				기우
충렬왕 34년	1308년	5월 갑신일				기우
충선왕 즉위년	1308년					
충선왕 원년	1309년	4월 정축일			원구	기우
충숙왕 즉위년	1313년	5월 신유일			원구	기우
충숙왕 8년	1321년	5월 계사일			원구	기우
공민왕 19년	1370년	1월 병진일	친사		원구	기곡
우왕 5년	1379년	5월 을유			원구	우사雩祀

고려 원구제 스케치

위의 천제 실제 자료를 바탕으로 우리는 고려시대 원구제의 몇 가지 특징을 밝혀낼 수 있다.

먼저 삼성조 시대의 천제나 영고와 동맹 등 역사의 첫머리에 등장했던 대규모 국중대회 형식의 천제와는 달리, 고려시대에 국가의 대사로 치러진 원구제는 유교식 하늘 제사였다. 원구제의 기원은 비록 삼성조시대로까지 거슬러 올라갈 수 있지만, 이 땅에서 제도적으로 자리잡아가게 된 것은 고려시대 유교의 영향과 무관하지 않다. 당시의 천제는 중국의 영향을 많이 받은 것으로, 비록 차이가 있으나, 대체적으로 당대唐代의 원구제와 유사한 모습을 보인다.

고려시대 하늘에 대한 제사는 주로 1월·4월·5월·7월에 행해졌으며, 그 중 5월에 가장 많이 시행되었음을 알 수 있다. 천제가 흔히 기우를 목적으로 하는 경향이 있다. 그런데 고려 원구 천제의 성격을 보면 역시 기우제가 많았고, 기곡제는 두 번에 지나지 않는다. 그런데 가뭄과 같은 특수한 상황을 직면하여서는 여러 차례 비정기적인 기우 제사가 행해지기도 하였다.

이에 비해 기곡제는 정월달에 이루어졌다. 이는 유교·중국 의례에서 사천祀天의 4가지 전형이었던 맹춘 기곡, 맹하 대우大雩, 계추 대향季秋大享, 동지 교사와 어느 정도 일치하는 것으로 보아 중국·유교의 사상을 반영한 것으로 보인다.

그러나 고려사회에서 동지 교사를 행했다는 기록은 보이지 않는다. 이는 고려시대 천제가 전형적으로 농사와 관련되었음을 말한다. 중국의 경우 원구제의 전형적 성격은 동지제이다. 동지제를 통해 천자는 우주 주재자, 우주 질서와 관련시켜 자신의 권위, 지배의 정당성을 드러내고 확보하는 경향이 있었다. 고려시대에는 이런 성격의 천제가 실시되지 않고, 기곡과 기우가 중심이었다. 이는 아마도 제후국이라는 인식이 작용했기 때문이 아닌가 생각된다. 고려가 제후국의 예를 행하였음은『고려사』의 여러 가지 흔적을 통해 알 수 있다.

우선 축판이 천자의 모습이 아니다. 개원례의 동지보본제의 경우 축문에 "천天의 사자嗣子요 신하인 00는 감히 호천상제께 밝히 고합니다. 태양이 남교에 이르러 길던 해 그림자가 줄어들기 시작하고 만물이 시생하며 육기六氣가 자시資始하는 때를 맞아,"[17] 라고 하여, 천자·황제는 자신을 '사천자嗣天子 신臣', 즉 '천의 사자요 신하'라고 칭한다. 그런데『고려사』「지」원구에 따르면 고려에서는 왕이 "고려국왕 신 왕모는 감히 밝게 고합니다"라고 하여, 자신을 개원례에서의 천자와는 비교되고 한 수 아래인 '고려국왕 신'이라고 하였다.

그러나 고려 왕조가 제후국이 천제를 지내는 것이 참월僭越한 짓이라는 것을 알면서도 원구제를 지냈다면, 고려의 천제는 단순한 농경의례로만 치부될 수 없다. 그것은, 천자만이 하늘에 제사를 올릴 수 있다는 명분론을 내세워 더 적극적으로 해석하면, 고려 역시 천자의 나라임을 보이려는 모습을 더 강조하는 듯하다.

천제를 거행한 장소를 보면 대부분 (개성 회빈문 밖에 있던) 원구에서 행해졌다. 예외적으로 예종 원년(1106)에는 회경전에서 기우제 형식으로 이루어졌다. 궁 안에서 호천상제에게 기우제를 지낸 이유는 알 수 없으나, 이는 유교 의례의 맥락에서 보면 예를 벗어나는 것이었다.

원구에서 행한 의례 중 왕의 친제가 이루어진 경우는 많지 않다. 기

---

17 당개원례의 동지보본제 축문은 이렇다. "천天의 사자嗣子요 신하인 ○○는 감히 호천상제께 밝히 고합니다. 태양이 남교에 이르러 길던 해 그림자가 줄어들기 시작하고 만물이 시생하며 육기六氣가 자시資始하는 때를 맞아, 상도常道의 법식에 따라 예물을 근신수지謹慎修持하고 경건히 옥·폐·희생·주작酒爵·맥곡麥穀 등 여러 제품 제품으로써 이 인사禋祀를 마련하여 삼가 청결하고 정성스럽게 바치옵니다."(『문헌통고』권70,「당개원례」항13. 최기복,「유교의 제천의례」,『이성과 신앙』6, 1993, 50쪽 재인용.)

우제의 경우 섭행이거나 기록이 불분명하여 그 주체가 분명하지 않은 경우가 많다. 그러나 정월에 기곡제로 치러진 세 차례의 천제는 모두 왕의 친사였다. 원구제는 왕의 친사가 원칙이지만 섭행의 사례도 있는데, 이 경우 제사는 친사와 다소 다르게 치러졌다.

대부분의 천제에서 어떤 신을 주신으로 모셨는지는 구체적으로 기록되어있지 않다. 사실 『고려사』「지」의 원구조에도 원구의 주신을 단지 상제라고만 할 뿐이다. 그러나 예종대의 천제에서는 호천상제에게 제사를 드렸음을 분명하게 밝히고 있다. 이로 보면 고려시대 원구제에서는 호천상제를 주신으로 하였다.

그렇다면 고려시대의 원구제를 어떻게 보아야 하는가? 유교사상에 의하면 하늘 제사를 올리는 것은 천자국의 전유물이다. 천자만이 할 수 있다. 그렇다면 참례인줄 알면서도 고려에서 천자례가 행해진 배경은 무엇일까? 우리는 그 배경을 상제문화 사상사적 및 정치적 맥락이라는 두 가지 측면에서 생각해볼 수 있다.

전자는 전통적 천제 계승, 상제 신앙이라는 맥락에서 천원지방의 사상에 따라 원구에서 하늘의 주재자이자 지고신인 상제에게 제를 행하였다는 것이다.

후자는 원구제가 유교적 제사의 한 형식으로 왕, 천명을 받은 군주가 유교를 통한 국가 통치 및 지배의 정당성을 확보하려는 맥락에서 이루어졌다는 것이다. 유교에서는 새로운 왕조를 세워 국왕으로 즉위하거나 왕위를 이어받은 것은 천명에 의한 것이라고 본다. 천을 대리하여 백성과 나라를 통치한다는 것은 왕실의 권위를 관료와 백성에게 과시하는 것이다. 따라서 고려 국왕이 제천할 수 있다는 것은 고려 왕실이 천명을 받았다는 정치적 의미를 확인하는 것이라 할 수 있다.

또한 원구제는 고려 국왕의 권위를 높이고 신하에게 왕권을 천명하는 의미가 있었다. 즉 원구제에서 관리들이 국왕에게 그 직분을 다하고자 맹세함으로써 왕권의 권위를 강화하는 효과를 가져올 수 있었다.[18]

이런 점에서 보면, 고려의 원구 천제는 고려의 자주적인 천명의식과 고려 중심의 천하관을 보여주는 의례이다. 고려는 황제만이 행할 수 있다는 하늘에 대하여 제를 올림으로써 중국의 제후국이 아니라, 천자국·황제국임을 보여주었다. 상제로부터 천명을 받은 국가임을 보여주었다. 고려에서 천자례를 행했다는 것은 비록 고려가 중국의 영향, 유교의 영향을 받고 있었지만 중국이나 유교의 예에 완전히 종속되지 않았음을 말한다. 고려는 비록 유교사상을 크게 수용하고 있었으나 아직 우리 고유의 신교문화에서 상제를 받들던 전통을 이어왔기 때문에, 두 전통의 상호 결합은 완전히 유교적이지도 신교적이지도 않은, 그러나 상대적으로 살아있던 유교적 의례의 색갈이 농후하게 드러나고 유교적 의례로 제도화되어가는 과정이었다. 즉 고려에서는 천자례가 아직 정착되지 않은 상태에서 이 땅의 고대 천제 의례가 유교 의례로 전환되고 있었다. 이러한 배경에는 고려도 전통 사상에 따라 스스로 천자국이라는 의식을 가지고 있었을 수 있다. 따라서 당시 고려는 중국과의 관계에서 상당히 독립적 의식이 강하였다고도 볼 수 있다.

이는 역사적으로 보아도 사실이다. 고려는 당나라가 망한 후 중국이 혼란하던 시기에 건국되었다. 당을 이은 송나라가 건국되었지만(960년) 당나라처럼 동북아를 온전히 지배하고 영향력을 미치기는 어려운 상황에 있었다. 특히 거란족[요]의 세력은 막강하여 송나라가 건국되기 전에 이미 칭제(916년)를 하고 송나라를 위협하고 있었다. 고려는 이런 요에 대해서는 야만족이라고 무시하고, 송나라는 약한 모습을

---

18 이범직, 『한국중세 예사상 연구』, 일조각, 1991, 71쪽.

보이는 상황, 그리고 건국 초기였기 때문에, 스스로 천자의 예를 시도
한 것으로 볼 수 있다.

　고려는 비록 원구 천제를 행하였지만, 그것을 활성화시키지는 못하
였다. 왜였을까?

9. 천제의 쇠퇴 배경

유교적 사회질서

삼성조시대 이래 이 땅에서는 우리 고유의 천제가 행해졌다. 부여의 영고, 고구려의 동맹, 예의 무천, 고려의 팔관회에서 알 수 있듯이, 고려 이전까지 천제는 국중대회의 성격으로 행해졌다. 하늘에 제사를 올리며 감사해하고 모든 사람들이 한 자리에 모여 음주와 가무를 즐겼다. 그런데 고려시대, 특히 그 후기에는, 우리의 전래 천제는 물론이고 새로운 국가 의례로 규정된 유교적 원구 천제마저 사라지게 된다. 왜였을까?

전통적 천제가 사라지게 된 배경은 유교적 사회질서의 형성과 무관하지 않다. 고려 초기에 비록 불교는 국교의 위상을 가지고 있었지만, 불교가 사회의 보편적 통치 원리로 자리 잡은 것은 아니었다. 그 자리는 오히려 유교가 차지하였다. 광종 이후 왕권 강화정책이 추진되면서 유교 정치 이념에 바탕을 둔 중앙집권적인 관료체제가 마련되었고, 성종 때는 유교 정치 이념이 반영된 통치 체제를 정비하였다. 고려 초기 관료 충원 시스템으로서의 과거제도의 도입, 교육기관으로서의 국자감國子監과 향교鄕校의 설립 등은 유교문화를 주문화로 발전시키는 토대였다.

온갖 사회 시스템이 유교식으로 자리잡아가는 가운데 고려 성종대에는 국가 의례를 정비하면서 이 역시 유교적으로 정비하였다. 왕을 정점으로 하는 유교 질서를 확립하고, 이를 명분적으로 뒷받침하기

위하여 원구·종묘(태묘)·사직 등 국가 제례도 정비하였다. 그 핵심은 유교 경전에 따라, 이전의 사전체계에는 없던 원구 천제가 으뜸 제사로 규정되는 가운데, 유교적 의례를 제외한 다른 모든 종교적 의례는 대부분 음사로 규정되었다. 그리하여 유교적 천제 이외의 하늘 제사는 원천적으로 금지되고 이루어질 수 없었다. 전통적 천제는 사라질 수밖에 없었다.

고려시대에 이르러 우리 고유의 천제가 변형 및 사라지게 된 일차적인 배경이 유교 이념에 따라 제사가 정비되었기 때문이라면, 고려사회가 중국의 사전체계를 수용하여 제사를 재편하면서 도입한 새로운 국가 제례로, 가장 중요한 제사로 규정된 원구 천제는 얼마나 잘 행해졌을까? 앞에서 살펴보았듯이, 원구 천제가 비록 많이 행해졌으나, 우왕대를 끝으로 더 이상 행해지지 않았다. 고려 말에는 새로이 정비된 원구제마저 이루어지지 않았다. 그 배경은 무엇일까?

사대주의

고려시대에는 성종 때 원구 천제가 제도적으로 마련되고, 983년에 성종이 호천상제에게 처음으로 제사를 올린 이후, 약 400년 동안 단지 수차례의 원구 천제가 이루어졌다. 사실 이 정도면 천제가 이루어지지 않은 것이나 마찬가지이다. 고려시대에 원구 천제의 제도적 장치가 마련되었음에도 불구하고 그 빈도가 낮았던 이유는 정치·군사적 힘의 관계에서 약자와 강자 간에 성립될 수 있는 사대주의事大主義라는 맥락에서 찾을 여지도 있다. 왜냐하면 고려는 당시 송나라와는 물론이고 몽고족인 원나라, 새로이 등장한 한족의 명나라와의 관계에서 외교정책의 일환으로 사대정책을 펴고, 또 명분상으로나마 사대의 예를 행하였기 때문이다.

고려는 당시 동북아 질서에서 송, 금, 원, 명나라와 다양한 관계를 맺었다. 그 중 군신관계, 왕의 책봉, 연호의 사용, 정기적 사절단의 파견 등으로 보면 고려의 위상이 잘 드러난다. 고려는 천자국·황제국이 아니라 제후국이었다. 결국 고려가 대국인 중국을 천자국으로 받들고, 천자국의 보호를 받는 제후국이기 때문에 고려시대에는 천자·천자국의 의례인 원구 천제를 행할 수 없었다는 것이다. 그것이 이른바 예禮였다. 성종 2년에 새로이 정한 원구 천제가 제도적으로 마련되었지만, 원구제 중 가장 중요한 비중을 차지하던 동지제가 이루어지지 않았다는 것은, 그것이 제천의례이기는 하였으나 천자국의 제도로 보기 어려울 수도 있다.

고려의 제후국 모습은 여러 측면에서 찾을 수 있다. 고려 건국(918), 요나라(거란족)의 강성, 송나라 건국(960). 이런 일련의 역사적 흐름 가운데 고려 광종은 송나라 건국 2년(962)에 사신을 보내고 토산물을 바치고, 이듬해 겨울 12월부터 송의 연호를 사용하기 시작했다. 경종이 즉위하자 송나라는 사신을 보내 왕을 현토주도독으로 책봉하고 식읍 3천호를 주었다.[19] 비록 형식적이고 외교적인 것에 지나지 않는, 그러므로 구속력이 없다고도 하지만, 사대관계의 형식인 것만은 분명하다. 고려는 당시 금이나 원나라와 조공관계는 지배와 피지배의 관계에서 이루어진 것을 부정할 수 없다. 그들의 고려에 대한 내정 간섭이 이를 말해준다.

또 당시 지배집단에 속한 사람들이 보여주었던 태도를 통해서도 고려사회에는 사대의식이 형성되었음을 추정할 수 있다. 이를테면 성종대 전반과 인종대 후반 및 의종대 전반에, 최승로 같은 일부 유학자들이나 김부식 등에게는 사대 또는 중화주의적 인식이 현저하였다. 그

----
19 『고려사』 「세가」 경종 원년 참조.

들은 고려도 기본적으로 중화의 주변에 있는 이夷의 하나로 보고 중국에 대한 명분론적 사대를 주장하였다. 최승로도 비록 고려 초 개혁론자로 평가될 수도 있지만, 그의 개혁론은 중국 문화에 절대적 가치를 부여하는 가운데 이루어진 것이라는 점에서 중화주의론자의 한 유형이었다.

이 사대주의 유자儒者들은 중국의 유교문화를 선진문화로 보는 정도를 넘어, 지고의 문화로 숭배하여, 화하華夏의 제도, 화풍華風이라 높여 불렀다. 한편 그것과 다른 전통적 토속적 문화는 비루鄙陋하므로 가능한 한 모두 폐지하고 화하의 제도로 바꾸어야 한다고 생각하였다. 이들은 문화론적으로 화풍론자들이었고, 외교정치상으로는 고려가 제후의 나라로서 천자의 나라인 중국을 섬기고 그 외교적 주도를 받아들여야 한다고 생각하는 사대론자였다.[20]

고려가 형식상으로나마 가지고 있던 황제국적 모습은 고려 후기 원의 지배를 받으면서 바뀌었다. 원의 간섭으로 고려 사회는 사실상 제후국 시스템으로 바뀌었다. 충렬왕 때에 이르러 원나라는 원나라 제도와 상등相等되는 황제국 관제와 칭호를 참월하다 하여 바꿀 것을 요구하였다. 그리하여 고려에서는 온갖 황제국적 제도가 제후국 제도로 전락하였다.[21] 원의 관제와 비슷한 명칭을 고치고, 같은 직급도 원나라 직급에 비추어 보다 낮추었다. 물론 3성 체제도 폐지하였고, 군주가 쓰던 호칭도 바꾸었고, 묘호도 충선왕이나 충숙왕에서와 같이 제후국의 묘호만 쓰게 되었다. 고려의 원의 부마국駙馬國으로 전락은 고려가 제후국임을 가장 잘 보여준다.

이러한 관계는 공민왕의 등장과 더불어 변화되었다. 한마디로 공민

----

20 노명호, 「고려시대의 다원적 천하관과 해동천자」, 한국사연구회, 『한국사연구』105, 1999, 24-26쪽.
21 김기덕, 「고려의 제왕제와 황제국 체제」, 『국사관논총』 제78호, 1997, 170쪽.

왕은 원나라의 간섭으로 제후국 체제로 전락시켰던 온갖 제도를 원의 지배 이전의 모습으로 되돌렸다. 원을 부정하며 황제국의 모습을 되찾고자하였다.

100년간 고려에 영향력을 행사하던 원나라가 망하고, 1368년에 주원장이 황제를 칭하며 명을 건국하였다. 고려는 이제 명과 새로운 관계를 맺어야 했다. 그런데 명나라도 고려에 자신들의 천자국으로서의 위상을 드러내고자 하였다.

공민왕 19년(1370) 명 태조가 공민왕을 책봉하고, 고려가 홍무洪武 연호를 사용함으로써 양국 간에 국교가 맺어졌다. 그러나 이는 서로 대등한 관계로 맺어진 것이 아니었다. 명은 천자국으로서 고려를 예속시키려고 하였다. 명 태조는 고려와 안남安南의 산천 신위를 중국의 악독해단嶽瀆海壇에 부제祔祭하였고, 직접 제관을 파견하여 제사를 지내게도 하였다. 이는 당시 사신의 일행인 조천관朝天官 도사道士 서사호徐師昊가 고려의 여러 산천에 제사를 지내고 회빈문 밖에 비석을 세운 것으로 보아도 알 수 있다. 그들이 이 땅에서 산천에 제사를 올릴 수 있는 명분은 무엇이었겠는가? 바로 천자는 온 천하의 산천에 제사 지낼 수 있다는 것이었다. 즉 명은 천자국이라는 것이요, 고려의 땅은 천자국인 명이 다스리는 땅임을 밝힌 것이다.

고려 왕조의 원구제 폐지는 고려 말의 배원친명정책 이후의 일이다. 공민왕 때부터 본격화된 이 정책은 고려를 압제해 온 원의 간섭을 배격하고 고려의 왕권을 강화하려는 정책으로, 신진 사족층, 특히 개혁파 사류士類들이 중심이었다. 그들은 성리학의 화이론, 명분론, 정통론을 근거로 삼았다. 그리하여 친명을 천명으로 인식하였다. 우왕 때에는 명나라 주탁周倬의 종용으로 제천례 혁파가 제기되었다. 이는 명의 고려에 대한 압박으로 볼 수 있다. 여기에 고려후기 신진 사류층의 사상, 즉 성리학적 화이론과 명분론 등이 상승작용하여, 친명 이후 고려는 국가적인 의례가 이른바 천자국인 명과는 도저히 대비될 수 없으며, 천자국의 재상이나 그에 상당하는 제후의 예에 준해야한다는 명사明使의 중용에 따라 제천례를 폐지하기에 이르렀다.

고려는 제후국이 아니다

그러나 고려의 제후국을 부정하고 부분적으로 나마 천제를 행한 것에 초점을 두고 거기에 긍정적 의미를 부여할 여지도 있다. 곧 고려는 중국에 독립적인 자주 국가로, 사대나 중화의 논리와는 거리가 멀다는 것이다. 제후국 흔적을 사대의 맥락으로 규정하기 어렵다는 것이다.

사실 조공이나 책봉, 중국 연호 사용 등은 당시 동북아 질서에서 고려가 외교의 한 방편으로 대응한 결과이기도 하다. 그것은 실질적 구속력이 없는 의례적 형식적 행위에 지나지 않을 수 있다. 만일 그렇다면 고려는 천자국의 모습을 갖춘 자주국일 수 있다. 고려가 중국의 제후국이 아니라 황제국이라는 것이다.

고려가 천자국·황제국의 위상을 갖추고 있었음을 밝혀줄 수 있는 몇 가지 예를 들어 보자. 먼저 왕의 위상을 말해주는 천자나 황제와 같은 왕의 위호를 보면, 고려 전·중기의 여러 자료들에는 고려의 군주를 천자나 황제로 지칭하고 있다. 고려시대 사람인 이규보(1168~1241)나 이인로(1152~1220) 등의 문집에서도 고려 군주에 대한 위호로 천자나 황제가 혼용되었다. 그러나 같은 고려시대 사람 김부식(1075~1151)은 자신의 글 어디에서도 고려의 군주에 대해 천자나 황제라는 위호를 쓰지 않았다. 오히려 중국·중국의 천자를 철저히 높였다.[22]

----
22 노명호, 「고려시대의 다원적 천하관과 해동천자」, 8-9쪽, 26쪽.

뿐만이 아니다. 고려에서는 황제국 황제만 쓸 수 있도록 규정된 용어도 많이 사용하였다. 이를테면 고려는 군주의 정치적 명령을 성지聖旨·조詔·칙勅·제制라 하였다. 신하나 백성은 국왕을 폐하陛下라고 하였고, 국왕은 자신을 짐朕이라고 하였다. 또 왕위 계승자를 태자太子, 선왕의 생존하고 있는 부인을 태후太后라 하였다.[23]

고려의 천자국에 걸맞은 제도 도입도 여러 측면에서 이루어졌다. 이를테면 독자적 연호의 사용이 한 예이다. 고려에서는 원칙적으로 독자적인 연호를 사용하지 않았다. 중국 황제의 연호를 썼다. 그러나 앞에서 밝혔듯이 고려는 독자적 연호를 몇 차례 사용하기도 하였다. 태조의 '천수天授', 광종의 '광덕光德'과 '준풍峻豊'이 그것이다. 광종 11년에 도읍인 개경을 황제의 수도라는 뜻을 가진 황도皇都로 고친 것도 황제국·천자국으로서의 제도를 한층 정비한 것으로 볼 수 있다. 고려시대 묘청(?~1135)도 한 때 반란을 일으켜 독자 연호를 쓰기도 하였다. 그는 인종 때 도읍을 서경으로 옮기고 칭제건원 할 것을 건의하였으나 실패하자 반란을 일으켜 국호를 대위大爲, 연호를 천개天開라고 하였다. 독자적 연호의 사용은 고려가 제후국이 아니라 황제국임을 드러내려는 의지이다.

묘호廟號도 마찬가지였다. 그것은 본래 황제나 왕이 죽은 뒤 종묘에 신위를 모실 때 붙이는 존호尊號이다. 묘호에는 '조祖'나 '종宗'을 붙이는데, 우리가 흔히 말하는 태조·혜종·정종·광종 등이 바로 그것이다. 우리나라의 경우 고려 이전에는 신라시대 무열왕만이 태종太宗이라는 묘호를 가졌을 뿐이고, 고려시대부터 본격적으로 사용되었다.

원래 황제의 묘호인 조·종은 나라에 세웠거나 큰 공이 있는 왕에게는 조를, 왕위를 정통으로 계승한 왕이나 덕德이 있었던 왕에게는 종

----

23 김기덕, 「고려의 제왕제와 황제국 체제」, 165쪽.

을 부여하였다. 고려의 경우 '조'의 묘호는 태조밖에 없고, 나머지는 종의 묘호를 붙였다. 그러나 원나라가 지배하던 시기에는 이것이 불가능하였다. 조·종 대신 왕이라고 하고 '추'자를 붙이기도 하였다. 그것은 황제국에는 어울리지 않는 것이었다.

고려가 황제국체제를 갖추었음을 뒷받침하는 예를 한 가지 더 든다면 중앙관제를 들 수 있다. 고려의 통치조직은 성종 2년(983)에 당과 송의 제도를 바탕으로 정비를 시작하였다. 그리고는 문종 30년(1076)에 이르러 완성되었다. 고려의 중앙관제는 크게 보면 당의 제도인 3성 6부 체제를 벗어나지 않는다. 황제국 통치조직을 갖추었다. 그러나 당과 꼭 같지는 않았다. 고려는 당의 3성인 중서성, 문하성, 상서성 시스템을 고려 사정에 맞게 고쳤다. 그리하여 중서성과 문하성을 합친 중서문하성과, 이·호·예·병·형·공의 6부로 구성된 상서성의 2성 체제를 갖추었다. 뿐만 아니라 내외의 관직도 당의 제도를 많이 따랐다. 그러나 원의 지배를 받으면서 각종 제도는 제후국 체제로 격하되었다.

그러면 고려는 당시 동북아 정치 질서에서는 어떤 위상을 가졌을까? 고려 건국 후부터 11세기 초 무렵 동아시아 국제 정치질서는 고려, 거란족의 요, 송나라 및 금나라가 그 중심을 차지하고 있었다. 고려는 이들과의 교류에서 실리를 추구하며 불필요한 충돌을 피하는 선에서 왕을 칭하였으나, 내부적으로는 황제를 칭하는 외왕내제外王內帝의 형식을 취하였다. 주변의 강대국인 송이나 요 등은 고려의 내부적인 칭제를 모를 리 없었다. 왜냐하면 고려 군주를 천자로 위치 지운 팔관회 의식에 많은 수의 송상宋商들이나 여진 등이 참석했기 때문이다. 송, 여진, 금의 조정은 고려의 칭제 사실을 알았으나 이를 문제 삼지 않았다. 고려 충렬왕 13년(1287)에 이승휴李承休가 지은 역사책인『제왕운기』상권에 의하면, 금나라는 그 초기에 고려에 보낸 국서에서

'고려국 황제'라고 하여 고려 군주를 황제라고 지칭하기도 하였다.

이러한 맥락에서 보면, 비록 시대에 따라 변화는 있으나, 송, 요, 금 등은 고려의 칭제를 완전히 긍정한 것도 부정한 것도 아니었다. 이들 대륙의 제국들은 고려의 칭제를 부분적으로 인정하면서 타협하는 형식의 관계를 성립시켰다.[24] 고려는 내부적으로 군주의 위호로 천자, 황제를 칭하는 등 황제국 체제였지만, 중국에 대해서는 마찰을 피하기 위하여 제후국으로서의 형식을 취하는 이중체제였다. 그러므로 고려와 이들 국가 간의 관계를 상하의 사대관계로 보기에는 무리일 수 있다. 그러나 원이 등장하면서 이후 100여 년 동안, 그리고 명이 등장하면서 고려의 위상은 사실상 제후국으로 전락하였다.

----
24 노명호, 「고려시대의 다원적 천하관과 해동천자」, 8-16쪽.

제4부

『조선왕조실록』을
통해 본
천제

10. 조선왕조의 지배 이념과 의례 구조

신유교

조선이라는 새로운 왕조의 열림. 그것은 정치적 대사건이지만 또한 종교적 대전환사건이기도 하다. 왜냐하면 조선왕조의 시작과 더불어 고려사회에서 지배적이었던 불교 대신 새로운 유교, 신유교, 성리학, 주자학이 그 자리를 대신하였기 때문이다. 조선을 건국한 정치 세력은 성리학을 국가 이념으로 예를 통해 새로운 정치질서를 열고자 한 것이다.

그런데 이 주자학은 어떤 것인가? 정치사상으로서 주자학은 노·불 등을 이단으로 규정하고 비판하는 벽이단론과, 중화를 높이고 이적夷狄을 물리친다는 존화양이론을 그 특성으로 한다.

먼저 벽이단론을 보자. 주자는 맹자 이후로 자신의 시대에 이르기까지 1천여 년 동안 이상적인 정치가 이루어지지 못했는데 그 원인을 그릇된 학술에 기인한다고 보았다. 여기서 주자가 말한 그릇된 학술은 여럿이지만 특히 문제가 되는 것은 노장과 불교였다. 왜냐하면 불교는 인륜(군신, 부자, 부부)을 훼기하고 현세를 외면하고, 노장은 일신의 행복을 위해 현세적 사명을 외면한다고 보기 때문이다. 주자는 새로운 유교사상을 바탕으로 노불의 이단을 물리치고, 새로운 정치를 펼쳐보이고자 했다.

주자학에는 어쩔 수 없이 한족중심의 중화사상이 스며들지 않을 수 없었다. 한족중심의 중화적 가치관을 암암리에 기저로 하고, 특히 공자가 역설한 대의명분인 이른바 춘추대의를 숭상하면서 그것을 다시 구현하려는 것이 중국의 성리학이기도 하다.

존화양이尊華攘夷, 중화주의란 무엇인가? 그것은 중화를 높이고 이적을 물리친다는 말, 중국중심주의를 말한다. 중국에서 나타난 자문화중심주의적 사상으로, 중화中華 이외에는 이적夷狄이라 하여 천시하고 배척하는 관념을 말한다. 이는 곧 자신들 이외의 타자들을 남만南蠻·북적北狄·동이東夷·서융西戎으로 구분하여, 중국의 천자天子가 모든 이민족을 교화敎化하여 세상의 질서를 유지한다는 관념, 자신들이 온 천하의 중심이면서 가장 발달한 문화를 가지고 있다는 의식을 담고 있다.

신유학이 들어오고 그것이 관학화 되어 지배적 사상으로 되면서 조선시대는 중화주의가 확산되고, 외교적 명분이었던 사대가 사대주의로 변질될 여지가 많았다. 특히 양란 후에는 이러한 경향이 현저하였다.

려말 선초 중심부 유신들은 신유교, 즉 주자학을 신봉하는 자들이다. 특히 조선 건국 세력은 신유교 사상을 내면화하고 신유교를 바탕으로 하는 새로운 질서를 연 사람들이다. 그들은 많은 경우 중화주의적 인식을 공유하고 있다. 고려 말 신진 사대부들의 이러한 인식은 '천자의 국경을 범할 수 없다', '상국上國의 국경을 범할 수 없다'며 회군했다는 이성계의 말[1]을 통해서도 어느 정도 읽을 수 있지 않을까? 이성계가 조선왕조를 세운 1392년에는, 명이 이미 대륙을 제패하고 국내 통치기반을 굳히고 있던 때였다. 그러므로 이성계는 명과 사대관계를 맺지 않는 한, 대륙으로부터의 군사적 위협을 느끼면서는 건국

----

1 "以爲不可犯天子之境, 回軍."(『태조실록』, 태조 1년(1392) 7월 17일). "以爲不可犯上國之境, 擧義回軍."(『태조실록』 태조 1년(1392) 7월 18일)

의 기반 안정을 기하기 어렵다고 판단하였다. 그리하여 국호의 인가와 더불어 명과의 책봉 및 조공관계를 맺으려고 하였다.[2] 조선이 명과 사대관계를 이룸으로써 조선은 제후국으로 전락하면서 명·청 교체기에 이르기까지 대륙의 침입으로부터 안정을 보장받게 되었다.

사대·중화 이념으로 무장한 사람들이 새로이 건설한 조선왕조. 그리고 제후국으로 전락한 새 왕조. 그러니 누가 감히 조선을 자주적인 나라라고 생각할 수 있었을까? 대부분의 사람들은 조선왕조가 제후국가에 지나지 않음을 인정한다.

제후국의 예제

이러한 경향은 유교적 정치질서를 확립하여 주자가례 등을 통한 국가 제례의 정비로 이어졌는데, 사전 체계의 정비에 있어서도 역시 그런 노선을 버릴 수 없었다. 그리하여 건국 초기에 사전 체계도 유교 이념, 명과의 관계를 바탕으로 개편되어 나갔다.

조선은 건국 후 명과 사대 관계를 천명하면서 이전 왕조인 고려와는 차별화된 제사체계를 갖추려고 하였다. 우리는 그 흔적을 조선을 연 태조에게서부터 찾을 수 있다. 태조는 수창궁壽昌宮에서 왕위에 오른 후 7월 28일에 발표한 즉위 교서에 이런 내용이 있다.

"천자는 칠묘七廟를 세우고 제후는 오묘五廟를 세우며, 왼쪽에는 종묘宗廟를 세우고 오른쪽에는 사직社稷을 세우는 것은 옛날의 제도이다. 그것이 고려 왕조에서는 소목昭穆[3]의 순서와 당침堂寢의 제도가 법도에 합하지 아니하고, 또 성 밖에 있으며, 사직은 비록 오른쪽에 있으

----

2 유근호,『조선조 대외사상의 흐름』, 성신여대출판부, 2004, 32쪽.
3 종묘에 신주神主를 모시는 차례. 천자는 태조를 중앙에 모시고, 2세·4세·6세는 소昭라 하여 왼편에, 3세·5세·7세는 목穆이라 하여 오른편에 모시어, 3소·3목의 칠묘七廟가 되고, 제후諸侯는 2소·2목의 오묘五廟가 되며, 대부大夫는 1소·1목의 삼묘三廟가 된다.

나 그 제도는 옛날의 것에 어긋남이 있으니, 예조에 부탁하여 상세히 구명하고 의논하여 일정한 제도로 삼게 할 것이다.(天子七廟, 諸侯五廟, 左廟右社, 古之制也. 其在前朝, 昭穆之序·堂寢之制, 不合於經, 又在城外, 社稷雖在於右, 其制有戾於古. 仰禮曹詳究擬議, 以爲定制.)"(『태조실록』 태조 1년(1392) 7월 28일)

이것은 고려 왕조가 종묘와 사직을 옛 제도의 법도에 어긋나게 세웠으므로, 조선 왕조는 유교 이념에 따라 이를 바로잡겠다는 것이다. 곧 제사 정비의 기본 방침을 유교사상에 뿌리를 두고 있다.

조선시대 의례 정비는 태종 13년 4월, 사전의 기본 원칙인 대사, 중사, 소사의 분등分等이 이루어진 후 본격적으로 시작되었다. 이는 명의 예제를 틀로 하여 제후국 의례를 갖추기 위한 전초전이었다. 그러나 이 시기에는 원구제를 시행하기도 하여 꼭 제후국의 예만 행하였다고 단정하기는 어렵다.

조선사회에서 유가의 예가 중시되고 제후국 예가 자리 잡아가기 시작한 것은 세종 때부터라고 할 수 있다. 그러나 그 제도적 장치는 특히 『경국대전』과 더불어 조선사회를 움직이는 규범 틀인 『국조오례의』가 편찬되어 왕실의 의례가 확립된 성종 때부터라고 할 수 있다. 왜냐하면 『국조오례의』에는 천자국 예제의 자취가 사라지고 제후국 중심의 예제를 갖추었기 때문이다. 천제로서 원구는 대사의 범주에서 자취를 감추었다.

세종시대부터 시작되어 성종시대에 완성(1474년)된 『국조오례의』에 의하면 조선의 중요 국가 의례는 길례吉禮, 가례嘉禮, 빈례賓禮, 군례軍禮, 흉례凶禮 등 다섯 가지로 분류된다. 그 중 길례는 오례의 으뜸으로, 천지의 세 구성 요소인 삼재, 즉 하늘과 땅과 인간에게 올리는 예를 말한다. 사전으로서 길례는 국가가 규정한 신앙 규범이라고 할 수 있는데, 그 규모에 따라 대사·중사·소사로 나누어진다. 우리가 흔히 아는 원구는 천신에게 제례하는 대사이다. 특징적인 것은 『고려사』 「지」에만 해도 원구가 길례의 대사로 분류되었지만, 조선시대에 들어 『세종실록』에 실린 「오례」나 성종대에 완성된 『국조오례의』에는 원구가 길례 대사에서 아예 빠졌다는 점이다.

조선시대에 대사로서 원구, 즉 천제가 사라졌다는 것은 무엇을 의미하는가? 그것은 조선이 명과의 관계에서 사대관계가 설정되면서 제후국으로 전락하였음을 의미하며, 그에 걸맞게 의례를 정비하였다는 것이다. 천자의 예인 원구제는 제후국의 예가 아니었기에 의례 체계에서 사라지게 한 것이다. 원구 천제가 빠지는 대신 제후례인 종묘제·사직제가 대사로 중시되고, 풍운뢰우 등 중사 의례가 강화되었다.

11. 원구제 시행을 둘러싼 갈등의 역사

조선의 제례에서 나타나는 가장 특징적 현상은 특히 왕의 원구에서의 천제가 제도적으로 사라졌다는 점이다. 비록 호천상제에 대한 인식은 있었지만 조선 초기에는 호천상제에게 제사를 올리는 제천의례가 실행되지는 못하였다. 그렇다고 천제가 전혀 행해지지 않은 것도 아니다. 단지 그 성격이나 목적이 바뀌거나 축소된 모습이 흔하다. 그렇다면 천제의 전형인 원구제 시행이 조선사회에서는 구체적으로 어떻게 이루어졌을까? 조선왕조실록을 통해 조선 초기(건국~15세기) 실상을 보자.

『조선왕조실록』

조선 태조부터 철종까지 약 470여 년간의 역사적 사실을 편년체로 기록한 책이다. 조선시대에는 왕이 승하하면 다음 왕 때에 임시로 실록청實錄廳을 설치하여 전왕대의 실록을 편찬하는 것이 상례였는데, 이 때 정부의 각 기관에서 보고한 문서 등을 연·월·일 순으로 정리하여 작성해둔 춘추관 시정기春秋館時政記와 전왕 재위시의 사관史官들이 각각 작성해둔 사초史草를 비롯하여, 정부 주요 기관의 기록과 개인 문집 등을 기본 자료로 삼았다. 『고종황제실록』과 『순종황제실록』도 있으나 이는 일제 강점기에 일제의 통제를 받으며 편찬되었기 때문에 이전의 실록과 그 가치가 다르다.

시작부터 반대에 부닥친 천제

태조 이성계는 1392년 7월 17일 왕위에 오른다. 태조 즉위 한 달도 안 된 8월 5일(갑인), 도당都堂(의정부)에서 사전 체계 개편 일환으로, 고려 왕조가 계속해오던 팔관회八關會와 연등회燃燈會 폐지를 청하자 이에 따랐다.

천세 역시 개편의 대상이었다. 8월 11일(경신)에 예조전서禮曹典書 조박趙璞 등이 역대 사전 정비에 대해 올린 글에 이런 내용이 포함되어 있다.

> "원구는 천자가 하늘에 제사지내는 예절이니, 이를 폐지하기를 청합니다.(圓丘, 天子祭天之禮, 請罷之.)"(『태조실록』, 태조 1년(1392) 8월 11일)

조박 등의 글에는 여러 가지 사전 개혁에 대한 내용이 담겨있다. 그 핵심 내용은 종묘·사직·산천 등의 국가 제사는 그대로 거행하되, 원구圓丘 천제는 천자가 하늘에 제사지내는 예절이라는 점을 명분으로 폐지하라는 것이다.

그런데 눈여겨볼 만한 것은 원구제를 폐지하라는 이유이다. 그것은

'천자제천지례天子祭天之禮'에 어긋나기 때문이란다. 즉 원구 제천은 천자국의 의례이므로 명의 제후국인 조선에서 원구 천제를 행함은 예에 어긋나기 때문에 폐지해야한다는 것이다. 그러나 이 날 임금은 원구제 폐지에 대하여 언급하지 않았다.

우리는 이를 통해 당시 조선의 정치

태조 이성계李成桂 (1335~1408, 재위 1392~1398)

인이자 지식인들의 정체성을 엿볼 수 있다. 그들은 조선을 스스로 제후국으로 인식하고 있었다. 명나라에 조공을 바치고, 사대정책을 펴고, 설날과 동짓날 그리고 명 황제의 생일에 왕을 비롯한 문무관원·종친 등이 명의 궁궐이 있는 쪽을 향해서 예를 올리고[望闕禮], 왕위계승이나 세자책봉시 명 황제의 인준을 받아야 하는 등의 행위는, 비록 의례적 형식적이라고도 하지만, 명을 천자국으로 인식하기에 충분하지 않을까? 또한 당시 동북아의 정치적 역학구도에서 조선은 사실 약자였다. 유교사상의 맥락에서 보아도 명나라는 천자국, 조선은 제후국으로 여겨질 수밖에 없었다. 그러므로 종묘나 사직 등과는 달리, 원구제는 천자국·천자만이 하늘에 제사하는 의례이므로 제후국인 조선에서는 원구제를 시행해서는 안 된다는 것이었다. 조선의 천제 시행은 참람한 행위에 해당한다는 것이다.

이해 9월부터 11월 사이에는 불교를 배척하거나, 도가의 초제를 지내는 곳으로 소격전 하나만 남겨두고 모두 없앨 것을 주장하거나, 음사를 금하게 할 것을 주장하는 움직임도 있었다.

원구에서 원단으로

그러나 우리의 관심인 원구제에 초점을 두고 보면, 당시에 원구제를 반대하려는 움직임만 있었던 것은 아니다. 모든 사람들이 원구제 반대 주장에 동조한 것은 아니다.

2년 후인 태조 3년(1394년) 8월 21일(무자), 예조에서 오히려 원구 복구를 건의하는 이런 의견을 올렸다.

"우리 동방은 삼국 시대 이래로 원구圓丘에서 하늘에 제사를 올리고 기곡祈穀과 기우祈雨를 행한지 이미 오래 되었으므로 원구 천제를 경솔하게 폐할 수 없습니다. 사전祀典에 기록하여 옛날 제도를 회복하고, 이름을 원단圓壇이라 고쳐 부르시기 바랍니다.(吾東方自三國以來, 祀天于圓丘, 祈穀祈雨, 行之已久, 不可輕廢. 請載祀典, 以復其舊, 改號圓壇.)"(『태조실록』 태조 3년(1394) 8월 21일)

이것은 우리나라가 예로부터 원구에서 천제를 올리고 기곡과 기우를 행해왔으므로 폐지할 수 없고, 그렇다고 제후국의 처지로 천자국의 예를 행할 수는 없으므로, 이름만이라도 바꾸어 옛 제도를 회복하는 것이 바람직하다는 것이다. 즉 원구단 천제는 우리 고유의 하늘제사로, 중국과 관계없으므로 원단으로 이름하여 행하자는 것이다.

이렇게 원구단 천제를 둘러싼 찬반론이 팽팽하게 대립하는 가운데 태조는 천제를 시행하는 편의 손을 들었다. 그리하여 태조 4년(1395) 11월 16일(병자)에, 봉상시奉常寺에서 원구제 때 쓸 악장樂章을 고칠 것을 명하였다. 그러나 『태조실록』에는 이 무렵에 원단에서 천제를 지냈다는 기록이 없다.

태조가 공식적으로 천제를 올린 것은 1398년(태조 7년) 4월 정유일(21일)이다. 이 날 태조는 종묘·사직에서는 물론 원단에서 첫 기우제를 지냈다. 그리고 약 1주일 후(계묘, 27일)에는 원단에서 다시 비를 비는 기우제를 지냈다. 그러나 그것이 왕의 친사인지 섭행인지는 알 수 없다.

태조대에는 원구가 천자의 예이므로 조선에서는 폐지해야한다는 건의가 있었지만 원단에서의 천제는 기우제로 4월에 두 번 시행되었다. 농사를 시작해야하는데 야속하게도 비가 오랫동안 오지 않아 가뭄이 심하였던 모양이다. 그러나 태조대의 이 하늘에 대한 제사는 정기적인 것이 아니었고, 더구나 그것이 왕의 친행이었는지 섭행이었는지는 불분명하다. 또 그 이름도 원구에서 원단으로 바뀌었으며, 기능도 주로 기우祈雨와 관련되는 특징을 갖는다. 엄격한 의미로 보면 이것은 교외에서 친행으로 치러지는 천제와는 모습이 다르다. 또 우리 민족의 오랜 전통인 국중대회의 성격과도 다르다.

태종의 천제 의지

천제는 태종대에 들어 급증하였다. 그러나 그 실행을 두고는 우여곡절이 많았다. 왜냐하면 사대명분론에 따라 원구제를 둘러싼 갈등이 더욱 심화되었기 때문이다.

먼저 태종 1년(1401) 정월 20일(경진), 태종은 원단에서 곡식·농사가 잘 되기를 비는 기곡제祈穀祭를 올렸고, 4월 30일에는 가뭄이 심하자 신하를 보내서 우사·원단·사직에서 비를 빌게 하고 무녀를 보내 기우를 행하게 하였다.

이 해 12월 9일에 조선은 명나라의 예제禮制를 예부禮部에 청하였다. 그러나 돌아온 답은 '중국의 예제는 번국藩國에서 행할 수 없다'는 것이었다.

태종 4년 정월 9일(신해)에는 해마다 행하는 일로, 농사가 잘 되기를 비는 원단제, 즉 기곡제를 한경漢京(한양)에서 행하였다.

태종 5년(1405년) 5월 8일에는 종묘·사직·원단과 명산대천에 비를 빌었고, 24일에는 원단에 비를 빌고자 재계齋戒를 마친 좌정승 하륜河崙을 불러 술을 내렸다.

7월 7일(경자)에는 의정부에서 개경의 원구가 고려의 구지舊趾이므로 새로운 수도인 한양의 새 원단에서 비를 비는 제를 올릴 것을 청하였다. 한양에는 신

조선 태종 (1367~1422, 재위 1401~1418)
조선 왕조 3대왕으로 이름은 방원芳遠, 자는 유덕遺德이다.

단을 만들어두었으나 당시 태종은 개경에 일시 환도해 있을 때였다. 그리하여 태종은 옛 원구 대신 개경에도 새로운 단을 만들 필요가 있다고 보고, 좌정승 하륜에게 명하여 원단을 새로 축조하여 비를 빌게 하였다.

9월 29일(신유), 한양으로 환도한 태종은, 다음해 1월 10일에 호조 판서 이지李至를 보내 원단에서 기곡제를 지내게 하였고, 7월 27일에는 옥천군玉川君 유창劉敞을 보내 우사 원단雩祀圓壇에 제사를 지내게 하였다. 이틀 후인 7월 29일(병진), 좌정승 하륜을 불러 친히 원단에 나아가 기우제를 행하려는 뜻을 물으니, 하륜이 이렇게 답하였다.

> "친히 우제雩祭를 지내려 하여 경솔히 거동하는 것은 불가합니다. 이제 종묘와 산천에 비 내리기를 빈 뒤에 아직은 비올 징조가 없습니다마는, 소격전에 초제醮祭를 베풀어 거행하지 못했으니, 신이 먼저 초례醮禮를 행한 뒤에 전하께서 친히 우제를 지내시기를 청합니다.(親雩, 不可輕擧也. 今宗廟山川禱祀之後, 未有雨徵, 但昭格殿設醮未擧耳. 請臣先行醮禮, 然後殿下乃親雩.)"(『태종실록』 태종 6년(1406) 7월 29일)

이로 보면 당시에는 여러 이유로 원단제가 적극적으로 시행되지 못한 듯하며, 아직 소격전의 초제가 원구단 천제의 역할을 하고 있음을 알 수 있다.

태종 7년(1407) 5월 26일(기묘)에는 영의정부사 성석린成石璘에게 명하여 원단에 제사하게 하였는데, 비록 제사는 행하지 않았으나 재계한 뒤에 비가 내리자 술 10병을 내려 주었다.

이해 6월 28일(경술)에도 성석린을 보내 원단에 비를 빌었는데, 권근이 지었다는 제문에서 태종은 자신의 네 가지 죄를 말하면서 자신 때문에 하늘의 재앙이 있었다고 반성하며, 단비를 내려 백곡이 풍년들게 하여 불쌍한 사람들을 살릴 수 있도록 해 주기를 지극하게 빌었다.

태종 10년 4월 1일, 태종은 문소전에 제사를 지내고 이렇게 말하였다.

> "종묘의 제사 때에 '태위太尉'니, '사도司徒'니, '사공司空'이니, '태상太
> 常'이니, '광록경光祿卿'이니 하는 것은 모두 천자의 벼슬인데, 지금 제
> 후의 나라로서 이 벼슬 이름을 쓰는 것이 어찌 예이겠는가? 또 종묘에
> 제사를 행하는 날에 만일 비와 눈이 오는 날을 당하면 뜰 가운데에 비
> 를 가릴 곳이 없어서 옷을 적시고 용의容儀를 잃게 되니, 두렵건대, 정
> 성과 공경이 지극하지 못하고 신명과 사람이 편안하지 못할 것 같다.
> 마땅히 제후의 제의祭儀를 상고하라. … 이에 하륜河崙이 태위太尉를
> 고쳐 초헌관初獻官으로 하고, 태상太常·광록光祿 경卿을 고쳐 아헌亞獻·
> 종헌終獻 관官으로 하고, 사도司徒를 봉조관奉俎官으로 하고, 사공司空
> 을 행소관行掃官으로 하기를 청하였다.(宗廟之祭, 太尉·司徒·司空·太常·光
> 祿卿, 皆天子之官也. 今以諸侯之國, 用此官名, 豈禮也哉? 又宗廟行祭之日, 若値
> 雨雪, 庭中無庇雨之所, 需服失容, 恐誠敬不至, 神人不能安也. 宜考諸侯祭儀. 予
> 昔者奉使天朝, 親見高皇帝廟制, 宮內有廟, 午門外亦有之. 豈其無據? 亦稽古制以
> 聞. … 於是, 河崙請改太尉爲初獻官, 太常光祿卿爲亞·終獻官, 司徒爲奉俎官, 司
> 空爲行掃官.)"(『태종실록』 태종 10년(1410) 4월 1일)

여기서 우리는 태종의 조선에 대한 인식을 읽을 수 있다. 태종은 종
묘와 사직의 제사를 제후국의 예에 맞게 정비하게 한 것이다.

태종 10년(1410년) 6월 25일(경신)에는 지의정부사知議政府事 황희黃喜
를 보내 원단에 비를 빌게 하였다. 황희가 원단에 이르러 향香과 축祝
을 점고點考하니, 호천상제의 제문만 있고 오제의 제문은 없었다. 황희
가 사람을 보내 오제의 제문이 없음을 아뢰니, 임금이 노하였다고 한
다. 이로 보면 천제에서는 호천상제와 더불어 오제에게도 제를 올렸

음을 알 수 있다.

태종 11년 정월 계유(12일)에는 서천군西川君 한상경韓尙敬이 글을 올려, 원단의 제사를 한결같이 예제에 의하기를 청하자, 그대로 따랐다. 원단에 신주神廚(제사 음식을 장만하는 부엌)와 재궁齋宮이 없고, 또 하늘에 제사지내는 희생犧牲은 송아지[犢]를 쓰는 것이 마땅한데, 늙은 소를 쓰는 것은 모두 예에 맞지 아니한 까닭에, 한상경이 이를 청한 것이었다.

그리하여 이해 3월 17일에는 예조에서 원단의 제사에 관한 의견을 올렸다. 그것은『예기』, 한나라 원시元始, 당나라 고조, 송나라 고종, 그리고 전조인 고려의 원단 제도에 대한 비교(형태, 직경, 높이, 층, 담장 등)를 하고, 이를 참조한 새 원단제도를 담고 있다.

예조가 건의한 새 원단의 제도는 단을 쌓되, 종광縱廣이 7장丈에, 12폐陛로 하고, 그 아래에 3유壝를 만들며, 둘레의 담[周垣]에는 4문門을 내고, 단 남쪽 병지丙地에 요단燎壇을 쌓되, 너비[廣]가 1장, 높이가 1장 2척으로 하고, 지게문[戶]의 방방은 6척으로 하는 것이었다. 그리고 또, 송나라의 제도에 의하여 신주神廚와 재궁齋宮을 짓고,『예기』에 의하여 희생을 송아지로 쓰되, 3개월 동안 씻게 하여, 이것을 항식恒式으로 삼는 것이었다. 이를 보고 받은 태종은 그대로 수용하였다. 이때까지 만해도 조선에서는 고려시대와 마찬가지로 원단에 지고신인 호천상제를 모셨다. 물론 오제五帝도…

원단 천제 불가론

이 해(태종 11년, 1411) 10월 27일(을묘)에는 남교에 원단을 쌓았다. 그 이전에 '천자가 아니면 하늘에 제사할 수 없다'는 의정부의 말에 따라 혁파하였는데, '진秦나라가 서쪽에 있기 때문에 백제白帝에 제사하였는데, 우리나라는 동쪽에 있으므로 마땅히 청제靑帝를 제사할 수 있다는 명분에 따라 단을 쌓은 것이다.

『태종실록』 태종 11년 11월 7일 내용을 보자. 태종은 본국에서 조묘祖廟 및 사직·산천·문묘 등 제사에 성조聖朝가 제정한 것을 알지 못하여 번국藩國의 의식이 그대로 전대前代 왕씨王氏의 구례舊禮를 쓰고 있는데 심히 미편未便하다며, 다시 명이 합당한 예제를 내려달라고 하였다. 이는 당시 조선에서 사용하는 고려의 예제가 당례唐禮를 기반으로 한 것으로 그 내용이 제후국의 체제를 벗어난 것이 많고, 조선에서 이를 극복한 독자적인 예제를 확립하기 위해서는 새로운 명례明禮의 이해가 선행되어야 한다는 인식에 기반한 것이다. 이 때 명은 '예제는 조선의 본속本俗을 따르라'는 답만 보냈다.[4]

12월 6일(임진)에는 영의정부사 하륜과 예조 참의 허조許稠 등이 "제후의 나라로서 하늘을 제사하는 것은 예에 합하지 않으니, 청제靑帝만 제사하기를 청합니다.(以侯國而祀天, 未合於禮, 請只祭靑帝.)"(『태종실록』 태종 11년(1411) 12월 6일)며, 오제의 하나인 동방東方 청제靑帝에 대해서만 제사하자고 다시 청하는 일이 벌어졌다. 이는 10월의 논리와 마찬가지로, 조선이 비록 지고신인 호천상제에게는 제를 올릴 수 없지만, 하늘 공간을 나누어 다스리는 오제의 하나로 동쪽 지방을 관장하는 동방 청제에게만은, 조선이 동쪽에 있으므로, 제사를 올릴 수 있다는 것이다. 그러자 태종은 "우리 동방에서 원단에 제사한 지가 이미 오랜데, 경등卿等의 의논이 옳다. 그러나, 만일 수한水旱의 재앙이 있으면 원단에 제사하지 않은 까닭이라고 말하지 않겠는가.(吾東方祭圓壇已久, 卿等之議是矣. 然儻有水旱之災, 無乃以謂不祀圓壇之致然歟.)"(『태종실록』 태종 11년(1411) 12월 6일)라 하여, 구래의 원구제는 예에 어긋나고 청제에게

---

4 한형주, 「15세기 사전체제의 성립과 그 추이」, 『역사교육』 89, 2004, 132-133쪽.

만 제사를 올리자는 그들의 생각을 명분상 인정하면서도, 만일 수한재水旱災를 당했을 때 원구제를 올리지 않은 것에 대한 미련이 남지 않겠는지를 반문하였다.

태종 11년까지 대체로 별 갈등 없이 시행되던 원단에서 호천상제에 대한 제사의 적절성이 다시 제기되었지만, 태종은 이를 받아들이지 않았다. 일부 사람들의 이런 문제 제기에도 불구하고 태종은 1412년(태종 12년) 4월 7일(신유)에 우사 원단제를 시행하였다. 그러나 실록에는 그 내용이 구체적으로 나타나지 않는다.

이 해 8월 7일, 태종은 예조의 청에 따라 원단을 쌓게 하였다.[5] 그런데 8월 25일, 예조에서 원단 제도를 올리자, 임금이 천제에 대해 이렇게 의문을 제기하였다.

> "제후諸侯로서 천지에 제사함은 예가 아니다. 이것은 특히 전조前朝에서 참용僭用하던 것을 답습하면서 미처 고치지 못한 것이다. 마땅히 역대 예문禮文을 상고하여 아뢰라. 내가 제문에 압인押印할 때마다 마음속으로 의심이 생기니, 어찌 감응이 있겠느냐. 또 어쩌다가 가물 때 우사에 기도했으나 일찍이 비를 얻지 못하기도 하였다.(諸侯而祭天地, 非禮也. 此是特沿襲前朝之僭, 未之改耳. 宜詳考歷代禮文以啓. 予每押祭文時, 中心有疑, 豈有感應. 又或旱乾, 雩祀禱雨, 未嘗得雨.)"(『태종실록』 태종 12년(1412) 8월 25일)

태종이 천제에 대한 부정적 시각을 갖기 시작한 것이다. 그것도 제후국으로는 예가 아니라며…

그런 가운데 8월 28일(경진), 예조와 성석린·하륜·성산군星山君 이직李稷이 중국 역대의 원단 제사를 의논하여 이렇게 아뢰었다.

----
5 한강 서동西洞에 있었다.

"진秦나라 사람들은 백제白帝를 제사하는데, 진나라는 서방西方에 있어서 백제는 그 주기主氣인 까닭에 이를 제사합니다. 우리 동방東方에서는 단지 주기인 청제靑帝만 제사함이 가합니다.(秦人祀白帝, 秦西方, 白帝其主氣也, 故祭之. 吾東方, 可只祀主氣靑帝也.)"(『태종실록』 태종 12년(1412) 8월 28일)

즉 청제에게만은 제사할 수 있다는 것이다.

그러자 태종이 이렇게 말하였다.

"어찌 6천六天[6]이 있겠는가. 예법은 제사할 수 있다면 호천상제에 제사하는 것이고, 불가하다면 청제靑帝만 어떻게 제사하겠는가. 만약 가뭄의 재앙이 있다면 그것은 나의 실덕에 있는 것이지 어찌 사천 여부와 관계가 있겠는가. 내가 즉위한 이래 청우晴雨(청천晴天과 우천雨天=개이거나 비오기)를 빌었으나 그 소원이 이루어지지 못했다. 이것은 비록 나의 정성된 마음이 넉넉히 하늘에 이르러 가지 못함이라 하겠지만, 하늘은 반드시 예절이 아닌 것을 받지 않을 것이다.(安有六天乎. 禮可以祭則祭昊天上帝, 不可則靑帝何獨祭乎. 若旱乾之災, 在寡躬闕失, 豈有關於祀天. 予自卽位以來, 祈晴雨而不得. 是雖予之誠心, 不足以格天, 天必不享非禮也.)"(『태종실록』 태종 12년(1412) 8월 28일)

호천상제가 안 되면 청제에게도 제사할 수 없다는 것이었다. 태종의 의중을 알아차린 것이었을까? 예조가 올린 글에 따라 태종은 원단 천제를 혁파하도록 명하였다.

----

6 하늘의 총칭總稱. 후한後漢 정현鄭玄의 주장으로서 상제上帝를 비롯하여 청제靑帝·적제赤帝·황제黃帝·백제白帝·흑제黑帝를 가리킨다. 하늘, 곧 상제의 지시에 따라 5제五帝가 목木·화火·토土·금金·수水의 오행, 봄·여름·토용土用·가을·겨울과 동·남·중·서·북을 다스리는데, 청제靑帝는 봄과 동방을 다스리는 목신木神이고, 적제赤帝는 여름과 남방을 다스리는 화신火神이고, 황제黃帝 토용土用과 중앙을 다스리는 토신土神이고, 백제白帝는 가을과 서방을 다스리는 금신金神이고, 흑제黑帝는 겨울과 북방을 다스리는 수신水神이다.

이 해(태종 12년) 10월 8일(경신)에는 사간원에서도 원단의 폐지를 주장하는 이러한 상소를 올렸다.

> "천자가 된 다음에야 천지에 제사하고, 제후諸侯가 된 다음에야 산천山川에 제사하는 것이니, 존비와 상하는 각각 분한分限이 있어 절연截然히 범할 수 없는 것입니다. … 신神이 예禮가 아닌 것은 흠향하지 않음을 이름입니다. 그러므로 그 태산의 귀신이 아닌데 제사함은 심히 무익한 것입니다. 우리 전하께서는 밝게 이 뜻을 알으시니 원단圓壇의 제사를 정파하고, 단지 산천의 산만을 제사하게 하소서.(天子然後祭天地, 諸侯然後祭山川, 尊卑上下, 各有分限, 截然不可犯也. … 是謂神不享非禮, 故祭非其鬼, 無益之甚也. 我殿下灼知此義, 停罷圓壇, 只祭山川之神.)"(『태종실록』 태종 12년(1412) 10월 8일)

원단의 제사를 폐지하고 산천만을 제사해야한다는 이러한 강력한 주장 이후 기곡제로서의 제천의례는 사실상 더 이상 지속되지 못했다. 그래서였을까? 가뭄이 계속되자 기우제를 올릴 수 있는 다른 단의 필요성이 제기되었다.

태종13년 4월 13일, 예조에서 여러 제사의 제도에 관한 규정을 상정하였는데, 길례의 대사·중사·소사의 밑그림이 마련되었다. 그 내용을 보자.

> "예조에서 여러 제사의 제도를 올렸다. 계문은 이러하였다. "삼가 전조前朝의 『상정고금례』를 살피건대, 사직·종묘·별묘는 대사가 되고, 선농·선잠·문선왕은 중사가 되며, 풍사·우사·뇌사雷師·영성靈星·사한司寒·마조馬祖·선목先牧·마보馬步·마사馬社·영제禜祭·칠사七祀와 주현州縣의 문선왕은 소사小祀가 됩니다. 신 등이 두루 고전과 전조를 상고하니, 참작參酌이 적중함을 얻었으나, 단지 풍사·우사만은 당나라 천

보天寶 연간 때부터 그 시時를 건지고 물物을 기른 공을 논하여, 올려서 중사로 들어갔고 동시에 뇌사도 제사하였는데, 당나라가 끝나고 송나라를 거치는 동안은 감히 의논하는 자가 없었습니다. 명나라《홍무예제洪武禮制》에 운사雲師를 더하여 부르기를, '풍운뢰우의 신神'이라 하여, 산천·성황과 함께 한 단壇에서 제사하였는데, 지금 본국本國에서도 이 제도를 준용합니다. 또 문선왕은 국학國學에서는 중사가 되나 주현州縣에서는 소사가 되니 의義에 있어 미안합니다. 그러므로 송제宋制에는 주현의 석전釋奠도 중사로 하였으니, 엎드려 바라건대, 풍운뢰우위 신을 올려 중사에 넣어 산천·성황과 같이 제사하고, 주현의 석전도 중사로 올리게 하소서. 그 나머지 여러 제사의 등제等第는 한결같이 전조 상정례에 의거하소서." 임금이 그대로 따랐다.(禮曹上諸祀之制. 啓曰: "謹按前朝《詳定古今禮》, 社稷·宗廟·別廟爲大祀, 先農·先蠶·文宣王爲中祀, 風師·雨師·雷師·靈星·司寒·馬祖·先牧·馬步·馬社·禜祭七祀·州縣文宣王爲小祀. 臣等歷稽古典, 前朝參酌得中, 但風師雨師, 自唐天寶年間, 論其濟時育物之功, 陞入中祀, 幷祭雷師. 終唐歷宋, 無敢議者. 皇明《洪武禮制》, 增雲師, 號曰風雲雷雨之神, 與山川城隍, 同祭一壇. 今本國遵用此制. 且文宣王, 在國學爲中祀, 在州縣爲小祀, 於義未安, 故宋制州縣釋奠, 亦爲中祀. 伏望風雲雷雨之神, 陞入中祀, 山川城隍同祭; 州縣釋奠, 亦陞中祀, 其餘諸祀等第, 一依前朝詳定禮." 從之.)"

(『태종실록』 태종 13년(1413) 4월 13일)

『상정고금례』의 내용을 참조하고, 일부의 제사 등급을 조정하였다. 그러나 그 어디에도 원구는 없다.

변계량의 천제 정당성

천제를 폐한지 수년이 지난 태종 16년(1416) 6월 1일이었다. 경승부윤敬承府尹 변계량卞季良이 하늘에 제사를 지내야한다는 글을 올렸는데, 그 핵심 내용은 이런 것이다.

"우리 동방東方에서는 하늘에 제사지내는 도리가 있었으니, 폐지할 수 없습니다. … 우리 동방은 단군이 시조입니다. 하늘에서 내려왔으니 중국의 천자가 분봉分封한 나라가 아닙니다. 단군이 내려온 것이 당요唐堯의 무진년이었으니, 오늘에 이르기까지 3천여 년이나 됩니다. 하늘에 제사하는 예가 어느 시대에 시작하였는지 알 수 없으나, 또한 1천여 년이 되도록 이를 고친 적이 없습니다. …우리 조정에서 하늘에 제사하는 일도 또한 반드시 알고 있었음은 의심의 여지가 없습니다. 그 뒤로 곧 의식은 본속本俗(고유의 풍습)을 따르고 법은 구장舊章(옛날 법도)을 지키도록 허락하였으니, 그 뜻은 대개 해외의 나라로 처음에 하늘에서 명을 받았음을 말하는 것입니다. 하늘에 제사하는 예법은 심히 오래 되어 변경할 수가 없습니다. 국가의 법도는 제사보다 더 큰 것이 없고, 제사의 예법은 교천郊天 보다 더 큰 것이 없는데, 법은 옛 전장典章을 지키는 것이니, 이것이 그 먼저 힘써야 할 일입니다. 이것에서 말미암아 말한다면, 우리 조정에서 하늘에 제사하는 것은 선세先世에서 찾게 되니, 1천여 년을 지나도록 기운이 하늘과 통한 지 오래 되었습니다. 고황제高皇帝가 또 이미 이를 허락하였고, 우리 태조께서 또 일찍이 이에 따라서 더욱 공근恭謹하였으니, 신이 이

변계량卞季良 (1369~1430)
자는 거경巨卿, 호는 춘정春亭. 고려 말에 진사, 생원에 이어 문과에 급제하고, 이후 전교典校, 주부主簿 등을 역임하였다. 조선 건국 초 천우위우령千牛衛右領 중랑장 겸 전의감승典醫監丞 의학 교수관敎授官이 되었으며, 사헌부시사侍史, 성균관 학정學正, 직예문관直藝文館, 사재소감司宰少監 등을 거쳐, 예문관의 응교應敎, 직제학 등을 지냈다. 조선 태종 때 문과 중시重試에 급제하고, 이후 예조우참의右參議, 예문관제학提學, 대제학, 예조판서, 참찬, 판우군判右軍 도총제부사都摠制府事에 이르렀다.

른바 우리 동방에서 하늘에 제사하는 이치가 있어 폐지할 수 없다는 것은 이것 때문입니다.(吾東方有祭天之理, 而不可廢. … 吾東方, 檀君始祖也. 蓋自天而降焉, 非天子分封之也. 檀君之降, 在唐堯之戊辰歲, 迄今三千餘禩矣. 祀天之禮, 不知始於何代, 然亦千有餘年, 未之或改也. … 我朝祭天之事, 亦必知之無疑矣. 厥後乃許儀從本俗, 法守舊章, 其意蓋謂海外之邦, 始也受命於天, 其祭天之禮甚久, 而不可變也. 國家之法, 莫大於祭祀, 祭祀之禮, 莫大於郊天, 法守舊章, 此其先務也. 由是言之, 我朝祭天之禮, 求之先世, 則歷千餘年而氣與天通也久矣. 高皇帝又已許之矣, 我太祖又嘗因之而益致謹矣. 臣所謂吾東方有祭天之理而不可廢者, 以此也.)"(『태종실록』 태종 16년(1416) 6월 1일)

변계량은 긴 역사를 가지고 있는 우리 동방은 오래전부터 하늘에 제사지내는 독자적인 관습을 지켜왔고, 또 우리 동방은 단군의 자손으로 하늘에서 내려왔으니 중국의 제후국처럼 천자가 분봉分封한 제후국이 아니므로, 우리는 천자국 예와는 무관하게 독자적으로 천제를 지낼 수 있다는 주장을 하고 있다.

인용은 하지 않았으나, 변계량은 또 한재旱災를 좌우하는 것이 하늘인데 비가 내리기를 기원하며 하늘에 제사하지 않음은 옳지 않다고도 하였다. 하늘에 빌지 않으면서 비를 기다리는 것은 어불성설, 말도 안 된다는 것이다.

또 예에 어긋나지만 상황에 따라서는 불가피하게 천제를 올릴 수 있다고도 주장하였다. 비가 오지 않아 사람들이 죽어나갈 위급한 상황에서 천자만 천지에 제사할 수 있다는 타령만 해서는 안 된다는 것이다. 그래서 그는 제후도 하늘에 제사를 올린 예를 들기까지 하였다. 이런 저런 배경을 통해 변계량이 주장하는 본질은 결국 지금 천제를 폐지해서는 안 된다는 것이다. 천제의 정당성을 주장한 것이다

이에 임금이 자못 옳게 여기고, 천제가 상도에서는 벗어나지만 비상

의 변에 대처하는 권도로는 가능하다고 결론내리고 변계량의 제안을
수용하였다. 태종은 변계량에게 명하여 제천문을 짓게 하고, 자책自責
하는 뜻을 가지고 매우 자세하게 유시諭示하였다. 태종은 변계량이 지
어 바친 글이 뜻에 맞아, 구마廐馬 1필을 내려 주었다. 1416년 6월 7일
(정묘), 원단에서 제사를 행하였는데, 큰 비가 내렸다

그 다음해인 태종 17년(1417) 윤5월 5일(경신), 예조에서 종묘·사직·
우사·원단에 기우하기를 청하니 따랐다. 우사雩祀에 비를 빌자는 것은
판서判書 변계량의 청이었다. 그러나 며칠 후(12일(정묘))에는 우사·원
단의 기우제를 정지하게 하였다.

이해 8월 17일(경자), 태종이 편전便殿에서 변계량과 나눈 대화를 들
어보자.

> 태종: "병신년에 가뭄이 대단히 심하였는데, 변계량卞季良이 원단에
> 기우祈雨하자고 진언陳言하고 상서하였다. 말이 심히 간절하므로 내가
> 비를 바라는 지극한 마음에 그 청을 들어 따랐는데, 지금 삼국사三國
> 史를 보니, 제후諸侯로서 원단제圓壇祭를 행하는 것이 옳지 않다.(歲在丙
> 申, 旱氣太甚. 卞季良以圓壇祈雨, 陳言上書, 辭甚懇切, 予以悶雨之至, 聽從其請.
> 今見三國史, 以諸侯而行圓壇祭者非是.)"

> 변계량: "전조前朝에서 원단제를 행하였으니, 그 유래가 오래 되었습니
> 다. 전조에서도 어찌 상고한 것이 없었겠습니까? 심한 가뭄을 당하여
> 하늘에 기도하여 비를 비는 것이 신의 뜻에는 옳다고 생각합니다.(前朝
> 行圓壇祭, 其來尙矣. 前朝亦豈無考歟? 當其旱甚, 祈天禱雨, 臣意以爲然矣.)"

> 태종: "내가 삼국사를 두루 보았는데 제후로서 참람僭濫한 예禮를 행
> 한 것을 그르게 여기지 않은 것이 없다. … 내가 가뭄을 당하여 비를
> 빌기는 하지만 내 뜻에 비를 빌면 하늘이 반드시 비를 내린다고 생각
> 하는 것은 아니다. 가뭄을 당하여 비를 비는 것은 이미 성법成法이 있

으니, 감히 무심하지 못하는 것이다. 모르고 잘못한 일은 할 수 없지만, 옳지 않은 것을 안다면 비록 털끝만한 것이라도 하지 않는다.(予編見三國史, 諸侯而行僭禮者, 莫不以爲非矣. …予雖當旱祈雨, 而予意, 非謂祈雨則天必下雨也. 當旱祈雨, 已有成法, 不敢恝耳. 不知而妄作之事則已矣, 知其非是, 則雖一毫, 而勿欲爲也.)"(『태종실록』 태종 17년(1417) 8월 17일)

태종의 천제 반대 의지가 뚜렷하다.

그러나 몇 달 뒤인 태종 17년(1417) 12월 4일(을유), 변계량이 또 하늘에 제사하는 예를 행하도록 청하였다. 다시 귀를 기울여 보자.

변계량: "신이 항상 하늘에 제사하는 예를 행하도록 원하여 이미 지나간 해에 두 번씩이나 계달하였으나, 유윤을 입지 못하였습니다. 청컨대, 이 예를 행하게 하소서.(臣常願行祭天之禮, 已於往年再達, 而未蒙兪允. 請令行此禮.)"

태종: "내가 일찍이 들으니, '천자는 천지에 제사하고 제후는 경내 산천에 제사한다.' 하니, 나는 다만 이 예만 알기 때문에 경내 산천에 제사하고 하늘에 제사하는 예는 감히 바라지 못한 것이다. 하물며 노魯나라의 교체郊禘가 예가 아닌 것을 선유先儒가 이미 논한 것이겠느냐.(予(常)[嘗]聞, 天子祭天地·諸侯祭境內山川. 予但知此禮, 故禋于境內山川, 祭天之禮, 未敢望也. 況魯之郊禘非禮, 先儒已論之乎.)"

변계량: "우리나라가 멀리 해외에 있어서 중국의 제후와 같지 않기 때문에 고황제高皇帝가 조서하기를, '천조지설天造地設하였으니 스스로 성교聲敎를 하라.' 하였고, 또 전조의 왕씨王氏가 이미 이 예를 행하였는데, 다만 성상께서 사대하는 정성이 예에 어긋남이 없기 때문에 행하고자 하지 않는 것입니다. 비록 전하가 덕을 닦아 하늘을 감동시키는 정성이 지극하더라도 반드시 하늘에 비는 일이 있은 연후에 감동

하는 것입니다.(本國邈在海外, 不與中國諸侯同, 故高皇帝詔曰: ‘天造地設, 自爲聲教.’ 又前朝王氏已行此禮. 但以上事大之誠, 禮無違貳, 故不欲行. 雖殿下修德格天之誠已至, 然必有祈天之事, 然後乃格也.)”

태종: “덕을 닦아 하늘을 감동시키는 것이 내 어찌 감히 털끝만큼이나 마음에 있겠는가? 다만 신神은 예 아닌 것을 흠향하지 않기 때문에, 내가 일찍이 말하기를, ‘예에 당연한 것을 행한 연후에 천신·지기地祈가 돌아보고 도우는 것이라.’ 하였다. 그러나, 불행히 가뭄이 있으면 신神마다 받들지 않는 것이 없어서 여러 신하들이 상제上帝께 기우제 지내기를 청하기 때문에 정해년 가뭄에 창녕 부원군 성석린에게 명하여 북교北郊에서 제사하고, 나는 해온정解慍亭앞에서 밤새도록 꿇어앉아 기도하였는데, 창녕의 덕망의 성함과 일국 신민의 비를 근심하는 정으로도 하늘을 감동시키지 못하였으니, 어찌 감히 기도하여 감동시키겠는가. 만일 또 중국 제후와 같지 않다고 한다면 사신과 환관이 올 때에 왜 교외에서 맞아 경의를 표하는가. 정조正朝·절일節日·천추千秋에 내가 왜 친히 표전表箋을 보내고, 공貢을 바치어 예를 다하는가.(修德格天, 予何敢謂有絲毫於心哉. 但神不享非禮, 故予嘗謂行其禮所當然而後, 天神地祇眷祐也. 然不幸有旱, 則靡神不擧, 而群臣請雩上帝, 故於丁亥之旱, 命昌寧府院君成石璘, 祭于北郊, 予於解慍亭前, 終夜跪禱. 以昌寧德望之盛·一國臣民閔雨之情, 不能格天, 何敢祈禱而感乎. 若又以不與中國諸侯同, 則於使臣宦官之來, 何郊迎而致敬乎. 於正朝節日千秋, 予何親送表箋, 而納貢盡禮乎.)”

변계량: “신은 다만 이 예로써 기천 영명祈天永命의 실상을 삼기를 원하기 때문에 감히 청하는 것입니다.(臣但願以此禮爲祈天永命之實, 故敢請也.)”

태종: “서전書傳에 말한 기천 영명이 어찌 이것을 말한 것인가. 그러나 큰 가뭄이 있으면, 부득이하여 기우제를 지내는 때가 있으니, 마땅히

대신과 더불어 여러 사전史傳에 상고하여 참작하여 아뢰라.(書云祈天永命, 豈謂是歟. 然有大旱, 則不得已而有雩之時. 宜與大臣, 稽諸史傳, 參酌以聞.)"

변계량의 주장은 조선이 중국으로부터 독립된 국가로 우리민족 고유의 천제가 있으므로 그것을 계승하여 상도로 규정하여 정기적으로 행하자는 것이다. 그러나 태종은 가뭄이 심하면 부득이 기우제를 천제로 지낼 수는 있지만, 제후로서 하늘에 제사지내는 것은 옳지 않다며 변계량의 건의를 거부하였다. 태종은 나아가 중국과 다른 별천지의 세계라도 중국에 사대할 수밖에 없다는 실상을 들어, 결국은 천자국이 아닌 제후국이라는 현실을 직시하게 하였다. 태종은 집권 초기에 보였던 제천에 대한 열의를 더 이상 보이지 않는다. 이는 아무리 빌어도 좀처럼 비를 내려주지 않는 하늘에 대한 상심과, 국정을 운영하면 할수록 조선은 중국의 제후국에 불과하다는 생각 때문일 것이다.[7]

그런데 이게 또 무슨 조화인가? 태종 18년(1418) 6월 22일(신축), 예조에서 우사단雩祀壇과 원단圓壇에 제사지내 비를 빌기를 청하자 그대로 따랐다. 그리하여 7월 1일(기유)에는 좌의정 박은朴訔을 보내 원단에서 제사를 지냈다.

태종대에는 원단에서의 천제에 대한 반대가 많았지만 수차례 제천례를 행하였다. 특히 정기적인 제사로서 정월 기곡제가 두 번 실행되었고 나머지는 대부분 기우제의 성격을 띤다. 그러나 그 시행은 시행과 중지를 반복하여 일관성이 없다. 기우 천제를 행한 많은 경우는 예조의 주청을 따른 것이었다. 기우제는 또한 태종의 친행보다는 섭행을 통해 이루어지는 경우가 대부분이었다.

태조·태종대에는 원구제 시행을 둘러싸고 논란이 계속되는 가운데

---

7 신태영, 「춘정 변계량의 상소문으로 본 조선초기의 제천 의식」, 『인문과학』 제36집, 2005, 198쪽.

몇 번의 원구제가 실행되었다. 그런데 그 논란의 쟁점은 원구제를 어떻게 보느냐의 문제였다. 우리민족 고유의 의례로 보느냐, 중국의 역사에 근원을 둔 의례, 명과 조선의 현실 관계, 사대의 대의명분을 중심으로 보느냐의 문제였다. 전자로 볼 경우 천제 실행은 아무 문제가 없지만, 후자의 경우 조선은 천제를 지낼 수 없다는 것이다. 특히 태종의 경우 천제의 기능에 의문을 갖기도 하였다. 그리하여 조선 왕조는 초기부터 천제를 둘러싼 갈등의 씨앗을 잉태하고 있었다.

『태종실록』에 나타난 원구 천제 실제

	연도	시기	주체	대상	장소	목적
태종 1년	1401년	정월 20일			원단	기곡
태종 1년	1401년	4월 30일	섭행		원단	기우
태종 4년	1404년	정월 9일			원단	기곡
태종 5년	1405년	5월 8일			원단	기우
태종 5년	1405년	7월 7일	섭행(하륜)		원단	기우
태종 6년	1406년	정월 10일	섭행(이지)		원단	기곡
태종 6년	1406년	7월 27일	섭행(유창)		원단	우사雩祀
태종 7년	1407년	6월 28일	섭행(성석린)		원단	기우
태종 10년	1410년	6월 25일	섭행(황희)	호천상제	원단	기우
태종 12년	1412년	4월 7일			원단	우사
태종 16년	1416년	6월 7일	섭행(유정현)		원단	우사
태종 18년	1418년	7월 1일	섭행(박은)		원단	기우
태종 1년	1418년	8월 1일	섭행(정탁)		원단	보사제[8]

----
8 기우제를 지낸 뒤 비가 오면 그 뒤 3일 안에 수퇘지를 잡아 천신天神의 은혜에 감사드리던 제사.

세종조 초기의 천제 논의

세종대에 들어서도 원구제에 대한 관심은 지속되었다. 그것은 예에 어긋난 것으로 인식되었지만, 비정기적 형태의 기우제는 그치지 않았다. 세종 초기에는 하늘 제사가 오히려 적극 실행되었다.

세종대의 천제 주장의 중심에는 역시 변계량이 있었다. 세종 1년 (1419) 6월 7일(경진), 가뭄이 심하자, 선왕인 태종에게 하늘에 제사를 올릴 것을 청하였던 변계량은 세종에게도 다시 원단圓壇에서 하늘에 제사지낼 것을 건의하였다. 어떤 이야기가 오고갔는지,『세종실록』을 열어 그 대화를 들어보자.

> 세종: "참람한 예는 행함이 불가하다.(僭禮不可行也.)"
>
> 변계량: "제후가 하늘에 제사하는 것이 불가한 것은 예禮에 그러하옵고, 성인의 가르치심으로도 또한 불가하다 하였습니다. … 그러나 저의 소견으로서는 제사하는 것이 낫겠사오니, 전조 2천 년 동안 계속해서 하늘에 제사하였으니 이제 와서 폐함이 불가하나이다. 하물며 본국은 지방이 수천 리로서 옛날의 백리 제후의 나라에 비할 수 없으니, 하늘에 제사한들 무슨 혐의가 있겠습니까.(諸侯不可祭天, 禮固然矣, 聖人垂訓, 亦以爲不可. … 然以臣所見, 莫如祭之. 前朝二千年相承祀天, 今不可廢也. 況本國地方數千里, 不比古者百里諸侯之國, 於祀天乎何嫌之有.)"(『세종실록』세종 1년(1419) 6월 7일)

이번에도 변계량은 천제가 우리 민족의 독자적인 의례로 지난 수 천 년 간 이어졌으며, 우리나라는 중국의 제후국과는 다르다는 점을 강조하였다. 그의 말인 즉, 제후가 하늘에 제사하는 것이 불가한 것은 예禮이지만, 전조 2천 년 동안 계속해서 하늘에 제사하였으니 이제 와서 폐함이 불가하며, 하물며 본국은 지방이 수 천리로 옛날의 백리 제후의 나라에 비할 수 없으니, 하늘에 제사한들 문제가 없다는 것이다.

세종: "제후가 하늘에 제사함이 옳지 않음은 예禮에 있어 마땅한 것이니, 어찌 감히 지방이 수천 리가 된다 해서 천자의 예를 분수없이 행하리오.(諸侯之不可祀天, 在禮固然. 豈可以地方數千里, 遂僭天子之禮乎.)"

변계량: "하늘에 제사하는 것이 비록 제후의 예가 아니라 하오나, 신은 행하는 것이 옳을까 하옵니다. … 평상시에 늘 제사함은 불가하다 하겠으나, 일의 경우에 따라 행사함이 오히려 옳을까 하오니, 이제 막심한 한재를 당하여 행함이 또한 무방하오니, 하늘에 제사함이 무슨 혐의가 되겠습니까.(臣以謂, 祭天雖非諸侯之禮, 行之爲可. … 常祭則不可也, 因事而行, 猶爲可也. 今當大旱, 亦無所妨, 祭之何嫌乎.)"(『세종실록』세종 1년 (1419) 6월 7일)

변계량의 주장은 막심한 한재를 당하고 있는 위기 상황에서는, 비정기적으로, 하늘에 제사하여 비를 빌어도 된다는 것이다. 이는 변계량이 선왕인 태종과 나눈 대화 내용에서 크게 벗어나지 않는 논리이다.

이에 임금은 그렇게 여기고, 하늘에 제사할 날짜를 택하게 하였다. 다음날인 6월 8일(신사), 우의정 이원李原을 원단으로 보내 비를 빌게 하였다. 그러나 다음날(임오) 원단 등에서의 제사를 정지시켰다.

세종 2년(1420) 5월 3일(경오), 박은·정탁에게 명하여 재계하고 원구단에 비를 빌게 하였다.

세종대왕(1397~1450, 재위 1418~1450)
조선 제4대 왕, 이름은 도祹, 자는 원정元正으로, 태종의 셋째 아들이다.

실록에 의하면 세종 7년(1425) 7월 4일, 임금이 원유관遠遊冠·강사포
絳紗袍를 갖추고 원단 기우제에 쓸 향과 축문을 친히 전하였다. 그러나
이때의 구체적인 천제 내용은 알 수 없다.

세종 8년(1426) 5월 4일(정유), 원단에서 비오기를 빌었다.

세종 9년(1427) 6월 14일, 왕이 원단 기우제에 쓸 향과 축문을 직접
전하였다. 섭행이었음을 알 수 있다.

세종대 초기의 천제는 주로 기우를 목적으로 하였고, 주로 섭행으로
만 치러진 것 같다. 이는 가뭄으로 천제가 불가피한 상황에서 명과의
관계를 의식하여 천제를 변칙적으로 행한 것으로 볼 수 있다. 그런데
세종 20년 이후에는 이마저 폐지되었다.

사라진 원구제

세종 10년부터 세종 20년까지는 원구 천제를 행하였다는 기록이 보
이지 않는다. 종묘와 사직의 기우가 중심을 이룬다. 오비이락인가? 그
렇게나 천제를 옹호하였던 변계량이 죽었기(세종 12년, 1430) 때문이었
을까?

세종대에 사라진 천제 관련 내용이 다시 나타난 것은 1439년(세종
21년)이다. 판승문원사判承文院事 정척鄭陟이 원단 기우제를 지내자는
상소문을 올렸다.

"근년 이래로 가뭄이 재앙이 되어 금년 여름에 이르러 여러 날 비가
내리지 않아서 곡식이 상하므로, 성상께서 근심하는 마음이 열렬하시
어 반찬[膳]을 감하시고 술[酒]을 정지하시고, 원통한 것을 살피고 죄
를 용서하시고, 북교에 망제望祭로 기도하시고, 종사宗社에 미치기까
지 신神마다 거행하시지 않음이 없은 연후에야 비가 흡족하였었는데,
지금 7월을 당하여 또 한재가 있어 성상께서 더욱 깊이 두려워하십

니다. 만일 앞으로 10일 동안 비가 내리지 않으면, 늦은 곡식은 이삭이 패지 못하여 거듭 흉년이 들 것입니다. 그윽이 생각하옵건대, 성탕成湯이 친히 상림桑林에 빌어서 하늘이 큰비를 내렸고, 성왕成王이 한번 교외에 나가매 하늘이 바람을 돌이켰으니, 감응의 빠름이 영향과 같습니다. 엎드려 바라옵건대, 예조에 명하여 나라에 대계大戒하게 하고, 친히 옥련玉輦을 타시고 나가 원단 밑에 머무르시어, 희생과 예주醴酒를 정精하게 준비하시고 정성껏 하늘에 고하여 단비를 비소서.(近年以來, 旱乾爲災, 至于今夏, 累日不雨, 嘉穀用傷, 聖上憂心烈烈, 減膳徹酒, 省冤宥罪, 望祈北郊, 以及宗社, 靡神不擧, 然後雨澤乃洽. 今當七月, 又有旱災, 聖上益深畏懼. 儻若十日不雨, 則晩穀未穗, 而歲將荐飢. 竊謂成湯親禱桑林, 而天乃大雨; 成王一出于郊, 而天乃反風, 感應之速如影響. 伏望命禮曹, 大戒於國, 親御玉輦, 出舍圓壇之下, 精備牲醴, 披誠告天, 以祈甘澍.)"(『세종실록』 세종 21년(1439) 7월 5일)

그러나 세종은 허락하지 않았다.

세종 25년(1443) 7월 10일(계해), 가뭄이 들자 비가 오도록 빌기 위해 하늘에 제사지내는 문제를 두고 왕과 신하들 간에 논의가 있었다.

세종은 신하들에게, 태종은 고려의 원단제를 혁파하였고 변계량은 원단 기우제 실행을 주장하여 마침내 소기의 목적을 이루었는데 어떤 것이 옳은지, 그리고 평시에 하늘에 제사지내지 않다가 어떤 일이 벌어지자 급하게 하늘에 제사지내도 되는지를 물었다. 더불어 만일 천제를 올리는 것이 옳다면 친사라도 하겠다며 의견을 물었다. 당시 하늘 제사에 대한 의견은 이렇게 나뉘어졌다. 이승손·강석덕·유의손·황수신은 원단 친제를 지지하는 입장을, 황희·김종서·이숙치·허후 등은 천제를 올리는 것은 가능하지만 임금의 친제는 반대하는 견해를, 그리고 신개·하연·권제 등은 원단 천제를 반대하는 입장이었다. 특히 하연은 위급한 때를 당하자 제사를 올려 하늘의 도움을 청하는 것은 염치없는 행동이라며 위기상황에서 하늘에 제사를 올리는 것을 반대하였다. 세종도 천제 반대 입장을 취하였다.

이틀 뒤인 7월 12일(을축), 예조에서 하늘에 제사하여 비오기를 빌 것을 청하였으나 세종은 원단에서 제사 드리는 것은 반대하고, 동방 청룡 기우제東方靑龍祈雨祭를 지내게 하였다.

원단에서의 제사를 청하는 의견은 다음 해인 세종 26년(1444년) 7월 20일(정묘)에 더욱 뚜렷하게 나타난다.

예조: "지금 가뭄이 너무 심하여 모든 기도祈禱할 만한 신에게는 제사를 거행하지 않은 데가 없건만, 지금까지 비가 오지 아니합니다. 신 등은 거듭거듭 생각하여 보니, 천자는 천지에 제사하고, 제후는 산천에 제사하는 법이 비록 각기 그 분수가 있다고 하지만, 사람은 천지의 기氣를 받아 태어났으므로 사람이 궁지窮地에 빠지면 근본을 생각하게 되고, 일이 절박한 바 있으면 반드시 하늘에 호소하는 것입니다. 또 권변權變을 써서 바른 것을 얻는다면, 이것도 또한 예禮이오니 이에 권변의 법을 쫓아 하늘에 제사하고 비를 빌어서 가뭄의 재앙을 구제하는 것이 어떻겠습니까.(今旱氣太甚, 凡所祈禱, 靡神不擧, 至今不雨. 臣等反覆思之, 天子祭天地, 諸侯祭山川, 雖各有其分, 然人受天地之氣以生, 故人窮反本, 事有迫切, 必號於天. 且變而得中, 是亦禮也. 姑從權典, 祭天禱雨, 以救旱乾之災何如.)"

세종: "그와 같은 참람한 예가 되는 일을 나는 하지 않겠다. 감히 하늘에 제사하자는 논의를 가지고 와서 아뢰는 자를 승정원은 계달啓達하지 말라.(如此僭禮之事, 予不爲之矣. 敢以祭天之議來啓者, 承政院, 毋得啓達.)"(『세종실록』세종 26년(1444) 7월 20일)

이른바 예조가 가뭄을 이유로 천제를 올릴 것을 간청하였으나 세종은 완강하게 거부하였다.

세종이 원단 천제를 허용하다가 이렇게 거부하는 입장으로 바뀐 배경은 무엇일까? 세종은 변계량의 건의에서 보여주는 바와 같이 천제를 우리 민족의 독자적 의례로 간주하고 천제를 올리고 싶었으나, 유교적 질서가 확립되고, 조선 건국 이후 명과의 관계가 뚜렷이 자리잡아가면서, 더 이상 천제를 그런 식으로 인식하고 실행할 수 없다고 판단한 것으로 보인다. 원단에서 하늘에 대한 제사가 제후국으로서는 실행할 의례가 아니라는 인식을 반영한 것이다. 이 무렵에 이르러 세종의 오례 사전 체계가 어느 정도 확립된 것으로 보인다.

수년 후인 세종 31년 7월 4일(임오)에는 원단과 소격전에 기우할 것인지의 여부에 대한 논의가 있었다. 이 때 원단에서 하늘에 제를 지낼 것을 주장하는 의견이 있었다. 바로 영의정 황희黃喜였다.

> 황희: "가뭄의 재앙이 금년에 더욱 심하므로, 국가에서 비를 비는데 신神마다 제사 드리지 않은 것이 없사온데, 오직 원단圓壇에서 하늘에 제사드리지 아니하였사오니, 만일 사전祀典에 기록하여 항상 행하게 하면 참례僭禮라고 이르는 것이 가하지만, 사정이 긴박하여 행한다면 어찌 불가함이 있겠습니까. … 청하옵건대, 원단에 기도하소서.(旱乾之災, 今年尤甚, 國家禱雨, 靡神不擧, 唯圓壇祭天不行. 若載祀典而常行, 則謂之僭禮可也, 以其迫而行之, 則何不可之有. … 請禱于圓壇.)"
>
> 세종: "비록 원단에 제사를 드린다 하더라도 비가 꼭 온다고 할 수 없는 것인데, 만일 행하고서 비가 꼭 온다면야 어찌 참례하였다는 이름만 얻게 되고 일에는 무익無益한 것이다. 다만 소격전昭格殿이 비록 이단異端의 일이기는 하나 역시 하늘에 제사 드리는 것이니, 동궁으로 하여금 친히 기도하게 함이 어떻겠는가. (雖祭圓壇, 得雨不可必也. 若行而

必雨, 則何計僭禮之失乎. 若不得雨, 則徒得僭禮之名, 無益於事, 但昭格殿雖是異端之事, 亦是祀天, 令東宮親禱何如.)"(『세종실록』세종 31년(1449) 7월 4일)

세종은 세종 21년(1439)부터 천제를 지내자는 의견을 모두 거부하였다. 원구제를 사실상 행하지 못하게 하였다. 그것은 조선에서 원구제의 폐지나 마찬가지다.

세종 때 이렇게 원구 천제가 폐지된 결정적인 배경은 세종 초부터 이루어진 의례 정비를 통해 유교의 예의 이해가 깊어지면서 조선은 더 이상 천자의 예인 원구 천제를 행해서는 안된다는 의식이 형성되었기 때문으로 볼 수 있다. 그리하여『세종실록』의「오례」(1451년)에는 원구가 대사에서 아예 사라졌다.

『세종실록』에 나타난 원구 천제 실제

	연도	시기	주체	대상	장소	목적
세종 1년	1419년	6월 신사(8일)	섭행(이원)		원단	기우
세종 2년	1420년	5월 3일(경오)	섭행(박은·정탁)		원단	기우
세종 7년	1425년	7월 신미(4일)	섭행			기우
세종 8년	1426년	5월 정유(4일)	섭행	호천상제	원단	기우
세종 9년	1427년	6월 신미(14일)	섭행	호천상제	원단	기곡

세종대에 하늘에 대한 제사에서 제사 대상은, 비록 호천상제를 빼고 청제靑帝만을 치제하자는 주장도 있었으나, 제문(세종 7년 7월 5일, 세종 8년 5월 4일)에서 알 수 있듯이, 호천상제가 중심이었다.

천제의 정기적 전형이 정월 기곡제와 동지 대제라면, 이때는 정기적 천제가 실행되지 않았다. 섭행으로 치러진 천제의 대부분은 기우를 중심으로 하는 비정기적 행사였다. 농사와 관련한 기우제였으므로 그 시기도 5월 무렵에 집중되었다.

세종대에는 하늘에 대한 제사를 비롯한 온갖 의례에 대한 정비가 시작되었다. 그 중 특히 원단제와 관련한 여러 가지 사항, 이를테면 원단제사에서 사용할 각종 제기祭器나 음악 등에 대한 정비가 있었다. 그러나 가장 특징적인 것은 세종대에 하늘에 대한 제사는 비록 섭행으로나마 실행되었으나 지속적으로 행해지지는 못했다는 점이다. 세종대에는 초기에 신하들을 보내 치제致祭하게 하였으나 그 후기에는 실행을 위한 청은 있었으나 실행했다는 기록은 거의 보이지 않는다. 오히려 세종 25년의 경우 세종에 의한 원구제 반대가 특징적이다. 이는 세종대에 의례에 대한 정비 과정에서 천제의 실행을 제후국으로서는 행할 바가 아닌, 즉 예의 참월이라는 인식 때문에 금지 및 폐지로 가닥을 잡은 것으로 볼 수 있다.

조선 왕조에서 사전 체계가 공식적으로 확립된 것은 이러한 세종 때라고 볼 수 있다. 오례가 그것을 말해준다.『세종실록』에 실린 오례 체계 중 길례를 보면 당시 제사에서 사직과 종묘만 가장 큰 제사인 대사로 분류하고, 그 어디에도 천제, 상제에게 제를 올리는 원구 의례에 대한 규정은 없다. 곧 세종대에 이르러 천제는 유교 이념에 따라 조선에서는 지낼 수 없는 의례로 공식적으로 규정된 것이다. 이로써 고려 왕조에서 대사의 범주에 속하였던 원구 제사는, 비록 논란을 거듭하며 변형된 형태로 몇 차례 실행되기는 하였으나, 세종대에 이르러 제후는 하늘에 제사할 수 없다는 유교적 제례 관념에 입각하여 제후국의 예의 명분을 따르기로 함에 따라 사전에서 공식적으로 폐지되었다. 물론 이 때에는 고려시대부터 시행해 오던 불교나 도교식의 각종

의례도 혁파된다.

조선 초기 원구 천제를 둘러싼 핵심적 대립 논리를 비교해보자. 먼저 천제를 폐지하기를 주장하는 사람들의 논리는 이런 것이다. 가장 근본적인 이유는 유교경전의 천자제천지례天子祭天之禮라는 가르침에 근거한다. 즉 천제는 천자의 예라는 것이다. 천제가 천자 및 천자국의 예이기 때문에 천자가 아닌 제후 및 제후국가는 천제를 행해서는 안 된다는 것이다. 누구에게나 신분이나 지위에 맞는 예가 있는데, 이런 분수를 넘는 것은 참례이기 때문이란다.

흔히 거론하는 또 한 가지 논리는『논어』「팔일」에 근거하여, 예가 아니면 하늘도 흠향하지 않는다는 것이다. 즉 예가 아니면 아무리 천제를 올려도 하늘이 감응하지 않는다는 것이다. 그러므로 하늘에 제사를 올릴 위치에 있지 않은 자가 하늘에 비를 기우제를 지내도 만물을 주재하는 상제·하늘은 비를 내려주지 않는다는 것이다.

천제 반대론자들이 흔히 유교 경전에 근거한다면 천제 실행을 주장하는 사람들의 논리는 다양하고, 동방 조선의 탈 중국적 인식이 강하다. 그 가장 대표적인 주장은, 동방 조선이 수천 년의 역사를 가진 나라로 오래전부터 고유의 천제를 행한 전통이 있으므로 조선에서도 천제를 올리는 것이 마땅하다는 것이다.

이와 더불어 조선은 중국으로부터 분봉 받은 제후국이 아니라, 하늘로부터 천명을 받은 천자국이라는 점을 근거로 천제를 폐지해서는 안 되며, 천제를 올리는 것은 정당하다는 주장도 있다.

또한 제후국일지라도 불가피한 상황에서는 천제를 올릴 수 있다는 주장도 있다. 이는 이를테면 비가 오지 않아 곡식이 다 타들어가고 농사가 되지 않는 상황에서는 비록 예에 어긋나지만 제후국일지라도 천제를 올리는 것이 문제가 되지 않는다는 것이다. 사람이 죽어갈 판인데 그 따위 예 타령만 하고 있을 수는 없다는 매우 현실적인 논거이다.

비록 상반된 두 입장이 여러 차례 논의되었지만, 궁극적으로 조선 세종에 이르러서는 원구 천제가 폐지되고 말았다. 유교사상으로 사회화된 사람들의 그놈의 형식주의에 매몰되어 상제를 향한 천제는 사라지게 되었다.

12. 천자의 예를 실천한 세조의 원구제

세조의 원구제 부활

세종 21년 이후 원단 천제는 사실상 폐지되었다. 그러던 원단제가 다시 거행되는 등, 세조대에 들어 원단제에 큰 변화가 일어났다. 세조는 원단에서의 하늘 제사를 다시 원구제圓丘祭로 개칭하고 천제를 적극 실행하였다.

조선왕조실록에 나타난 천제 중 관련 자료가 다소 자세하게 기록되고 가장 크게 행해진 천제의 하나가 세조대의 천제이다. 물론 태조대부터 기곡과 기우를 목적으로 한 원구 천제가 이루어지기도 하였으나, 그것은 기우제가 중심이었고 비정기적이었으며 왕이 직접 행한 것이 아니었다. 그런데 세조의 원구 천제는 그 형식, 시기, 목적이 이전의 왕들과는 다르다. 그것은 친사로, 정기적으로, 기우가 아닌 기곡을 목적으로 한 것이었다.[9] 그것은 천자天子·천자국天子國의 예禮로 치러졌다.

세조가 천제를 처음 직접 올린 것은 세조 3년(1457년) 1월 15일이다. 그러나 그 배경에는 세조 1년(1455) 7월 5일, 집현전 직제학 양성지梁誠之가 올린 상소 내용, 즉 우리나라가 중국과는 다른 나라이므로 중국의 것을 모두 따를 필요가 없으며 우리의 옛 풍속을 따라도 좋다는 의견과 무관하지 않다.

----
9 세조는 명례明禮를 근거로 천자의 예를 행하였다.

그는 또 아래의 내용을 담은 상소를 세조 2년 3월 28일에 다시 올렸다.

"우리 동방은 해동海東에 웅거雄據하여 삼국으로부터 고려에 이르기까지 교천郊天과 향제饗帝(先王께 合祭하는 것)를 하지 않음이 없었습니다. 이제 진실로 그 옛 것을 다 따르지 못하더라도 요遼·금金의 고사故事를 조금 모방하여 3월 3일과 9월 9일은 친히 교외郊外에 거둥하시어 대사례大射禮를 행하고, 해마다 상례로 삼게 하소서. 이와 같이 하면 거의 우리의 무위武威를 크게 떨치고 사기도 또한 증가하여 스스로 일국 일대一國一代의 풍속을 이루게 될 것입니다.(我東方雄據海東, 自三國至于前朝, 郊天饗帝, 無不爲之. 今固不能悉遵其舊, 稍倣遼·金故事, 於三月三日·九月九日親幸郊外, 行大射禮, 歲以爲常. 如是則庶幾張皇我武, 士氣亦增, 而自成一國一代之風俗矣.)"(『세조실록』세조 2년(1456) 3월 28일)

이는 하늘에 대한 제사는 천자만이 가능하지만, 우리 동방에서는 예로부터 하늘에 대한 제사를 지내왔으므로 3월 3일과 9월 9일에는 천제를 상례로 하여 나라와 왕의 위상을 강화하자는 것이다. 천자국 체제를 확립하자는 것이다. 이러한 양성지의 주장은 세조로 하여금 원구제를 다시 적극 실행해도 된다는 논리를 제공한 것으로 보인다.[10]

세조가 천제를 적극 실천한 것은 또 자신의 정치적 지배 과정을 정당화하고 궁극적으로는 왕권을 강화하려는 목적과 무관하지 않은 듯하다. 김종서 등을 죽이고 자신의 동생마저 유배 보내며 어린 힘없는 단종의 자리를 빼앗아 왕좌에 오른 수양. 그는 비록 왕이 되었으나 이후 단종을 멀리 영월로 유배 보내고, 왕위 찬탈에 반발하는 신하들을 제거하는 일련의 사건[사육신 사건]을 통해 도덕적으로뿐만 아니라 정치적으로도 큰 비난을 받을 처지에 직면하였다. 세조가 원구단에서

----
10 김철웅, 「양성지의 사전개혁론」, 『문화사학』 21, 2004, 809-811쪽.

우주의 주재자이자 통치자인 상제에게 직접 제를 올린 것은 천제·상제를 통해 자신의 권위를 강화하고, 힘 있는 왕이 되고, 왕권의 절대성을 강화하기 위한 노력의 일환이라는 것이다.

이러한 일련의 요인들은 세조로 하여금 원구제를 복원하게 하는 상승 요인으로 작용할 여지가 있었다. 그래서였을까? 1455년 윤 6월 11일 날 왕위에 오른 세조는 약 1년 반 만에 원구단 천제를 친사로 치르게 된다.

세조 3년(1457) 1월에 올린 그의 첫 친사 원구제를 위한 준비는 한 달 전부터 시작되었다. 그 첫 일이 세조 2년(1456) 12월 11일(병오), 예조로부터『상정고금례』에 나타난 고려 때 '원구단' 제도에 대한 보고를 받은 일이었다. 그 보고에 의하면, 원구단은 주위가 6장丈 3척尺이고, 높이는 5척이며, 12폐陛, 3유壝가 있고 유마다 25보步이고, 주원周垣이 사문四門이고, 요단燎壇이 신단神壇 남쪽에 있는데 넓이가 1장이고 높이가 1장 2척이다. 호戶가 정방正方 6척尺인데 위는 터놓고 남쪽으로 나간다. 이는『고려사』,「지」에서 보이는 고려의 원구 제도와 거의 같다. 세조는 그대로 복원하되 다만 주위의 담에 사문四門은 설치하지 말게 하였다.

1월 6일, 세조는 하늘에 제사지낼 때 여러 신위판神位版에 쓰기를, '호천상제지위昊天上帝之位…'라고 쓰라는 예조의 건의를 받아들였다.

다음날, 세조는 중국의 전례에 따라 정월 15일에 제사를 지내기로 결정하였다. 정월 보름날 천제를 올리기로 결정한 점은 매우 의미가 크다. 왜냐하면 조선에서 이전에 기우를 목적으로 천제가 실행된 적은 있으나, 정월 보름의 천제는 어떤 왕에 의해서도 실행되지 않았기 때문이다. 더욱이 세조는 중국 조정을 따라서 같은 날짜로 결정하였기 때문이다. 중국에서 정월 보름의 천제는 천제의 전형으로 기우 목적보다 정치적 성격이 강하다. 그러므로 정월 보름의 천제 결정은 조선을 중국과 새로운 관계로 보려는 세조의 의지가 반영된 것으로 보인다.

같은 날, 예조의 말에 따라 이런 축문을 쓰기로 결정하였다.

"'경태景泰 8년 세차 정축歲次丁丑 정월 병인삭正月丙寅朔 15일 경진庚辰에 조선국朝鮮國 사왕嗣王 신臣은 감히 호천 상제昊天上帝와 후토 황지기后土皇地祇에게 소고昭告합니다. 절후가 맹춘孟春이어서 삼양三陽[봄]이 교태交泰하니, 삼가 신료들을 거느리고 옥백玉帛·희생犧牲·자량粢粱과 여러 가지 제품祭品으로써 삼가 대사 환구大祀圜丘에 제사하면서 이 요예燎瘞[11]를 갖추어 황증조고皇曾祖考 태조 강헌 대왕을 신에 배향하니, 흠향하기를 바랍니다.(維景泰八年歲次丁丑正月丙寅朔十五日庚辰, 朝鮮國嗣王臣, 敢昭告于昊天上帝·后土皇地祇. 時維孟春, 三陽交泰, 敬率臣寮, 以玉帛犧齊粱盛庶品, 恭祀于大祀圜丘. 備玆燎瘞, 皇曾祖太祖康獻大王配神, 尙饗.)"(『세조실록』 세조 3년(1457) 1월 7일)

이는 "세차 모갑자 정월歲次某甲子正月에 사천자嗣天子 신臣은 감히 호천 상제와 후토 황지기에게 소고합니다. …"라고 한 『제사직장諸司職掌』[12]에 의거하여, 조선 국왕을 한 단계 낮추어 호칭하는 것이었다.

세조는 다음날에는 원구서圜丘署를 설치하게도 하였고, 제사지낼 때 바치는 음식과 제물에 대하여도 말하였다. 특히 천제 6일 전에는 의식을 미리 익히라고 명하고, 원구에 나아가 제를 준비하던 사람들에게 술과 음식을 내렸다. 또한 제를 지낸 뒤에는 연회를 베풀어 경축하기를 명하기도 하였으며, 제사 후 3일 동안은 여러 도에 사연賜宴을 내리기로 결정하기도 하였다.

----

11 하늘에 제사지내는 요제燎祭와 땅에 제사를 지내는 예제瘞祭를 말한다.
12 중국 명·청시대에 편찬된 행정법규의 집성集成.

호천상제에게 올린 7번의 천제

세조 3년(1457) 1월 15일(경진). 마침내 세조는 서울 남쪽에 설치된 원단에서 하늘, 호천상제에게 제사를 올렸다. 세종이 혁파하였다가 이때에 와서 다시 회복되었다. 이것은 기우제가 아니라, 기년제의 상례常禮로, 조선조 최초의 정월 원단 친사 기곡제였다. 지금까지 천자의 예라 하여 배제하였던 호천상제에게 세조는 친히 제를 올린 것이다.

당시 세조는 면복冕服을 갖추고 원구단에 올라 제사를 지내기를 의식대로 하였다. 호천상제위昊天上帝位·황지기위皇地祇位 및 태조위太祖位에 친히 삼헌三獻을 행하였다.[13] 지금까지 천자의 예라 하여 배제하였던 호천상제에게 세조는 친히 제를 올린 것이다. 당시 친사의親祀儀 준비 과정과 당일 절차는 아래와 같이 요약할 수 있다.

세조 3년(1457) 1월 15일 원구친사의 절차[14]

재계齋戒 (제사에 앞서 관련자들이 몸을 깨끗하게 하고 근신하는 과정)	제사지내기 전 8일에 예조에서 재계하기를 청하면, 왕은 별전에서 4일 동안 산재散齋하고, 3일 동안 치재致齋한다. 제사 전 7일에 사관祀官·집사관執事官 및 배사陪祀하는 종친과 문무 백관들의 서계誓戒를 받는다.
진설陳設 (의례가 거행되는 장소를 조성하고 필요한 물건들을 배치 및 설치하는 과정)	제사 3일 전에 왕의 대차大次 설치. 제사 이틀 전에 단 위 아래 청소 및 요단에 섶 쌓기, 찬만饌幔 설치, 헌현軒懸의 설치. 제사 하루 전에 신좌神座·전하의 판위 등 설치. 제삿날 행사하기 전에 제기와 제찬을 담은 찬구와 제주를 담은 그릇의 설치.

----

13 당시 대명, 풍운뢰우 등 여타의 신위도 모셨는데, 이들 신위는 세자와 영의정이 삼헌하였다.

14 아래 내용은 『세조실록』 세조 3년(1457) 1월 15일 자료를 요약한 것이다. 그 전체 번역문과 원문은 이 책 끝의 부록 2와 2-1을 참조하라. 제사때 사용한 각종 제기류 그림은 246~251쪽을 참조하라.

출궁出宮 (왕이 의례를 행하기 위해 어가御駕를 타고 궁궐을 나와 재궁으로 가는 과정)	당일 초엄이 울리면 대가노부와 군사 및 여연與輦과 어마御馬를 진열시키고, 이엄二嚴을 알리면, 종친과 백관들이 조복朝服을 갖추고 시립하는 자리로 나아간다. 삼엄三嚴 후 왕이 원유관遠遊冠과 강사포絳紗袍를 갖추고 나오면 연輦을 타고 어가가 이동한다.
성생기省牲器 (의례 때 사용할 희생과 이를 담는 그릇을 살피는 절차)	희생이 살쪘는지, 찬구가 정결한지를 살핀 후, 희생을 잡아 삶는다. 이후 왕이 들어오고, 섭[槷]을 태우고, 모혈毛血을 묻는다.
전폐奠幣 (상제의 신위에 옥폐를 올리는 의식)	왕이 호천상제의 신위 앞으로 나아가 옥폐를 올리고 부복俯伏하였다가 일어나 제자리로 돌아간다.
진찬進饌 (찬을 올리는 의식)	왕이 찬을 올림. 왕의 초헌례와 축문 낭독, 아헌관과 종헌관의 아헌례과 종헌례에 이어 음복을 하고 제자리로 돌아간다.
철변두徹籩豆 (변두를 거두는 과정)	제사를 마치고 제사에 쓴 변두를 거둔다. 왕에게 예가 끝났음을 알리면 왕은 대차로 돌아간다.
망예望瘞 (제사에 앞서 관련자들이 몸을 깨끗하게 하고 근신하는 과정)	제사가 끝난 뒤 제사에 쓴 폐백, 축판과 제물을 불태우고 묻는다.
환궁還宮 (원구 의례를 마치고 궁으로 돌아가는 과정)	원구 의례를 마치고 왕이 신료들로부터 재배를 받고, 올 때처럼 궁으로 돌아간다.

마지막 원구 천제

세조 10년(1464) 1월 15일(무진), 원구에 친히 제사하였는데, 새로 만든 음악을 사용하였다. 12월 8일(정해), 임금이 명하여 내년(1465) 정월의 원구제를 정지시켰다. 그것은 병 때문인 것으로 추측된다. 이후부터 원구제는 중지되고, 그가 죽은 세조 14년(1468) 9월 8일(갑자)때까지는 정월 원구제, 천제에 대한 기록이 실록에 나타나지 않는다. 더 이상 천제가 실행되지 않은 듯하다. 그러므로 세조 10년 정월 무진에 올린 천제는, 세조대 마지막 천제였다.

『세조실록』에 나타난 원구 천제 실제

	연도	시기	주체	대상	장소	목적
세조 3년	1457년	1월 15일	친사	호천상제	원구	기곡
세조 4년	1458년	1월 15일	친사	호천상제	원구	기곡
세조 5년	1459년	1월 13일	친사	호천상제	원구	기곡
세조 6년	1460년	1월 15일	친사	호천상제	원구	기곡
세조 7년	1461년	1월 15일	친사	호천상제	원구	기곡
세조 8년	1462년	1월 15일	친사	호천상제	원구	기곡
세조 10년	1464년	1월 15일	친사	호천상제	원구	기곡

세조에 이르러 원구제는 다시 복구되었다. 그는 정치적 목적으로 원구제를 복구하였는데, 그 시기도 정월 15일로 고정하고 정기적으로 친제를 행하는 등, 전형적인 원구제 방식을 회복하였다. 태종이나 세종대의 기우제적 운영방식과는 모습을 달리하였다.

그러나 세조 10년에 다시 행해지지 않았고, 이후 『국조오례의』에서 원구제가 제도적으로 사라졌다. 세조대에 실행한 원구제에는 몇 가지 특징이 있다. 먼저 원구에서 지내는 제사에서 기우의 성격을 찾기 어렵다는 특징이 보인다. 그 이전의 왕들이 기우를 목적으로 제를 올리게 한 것이 대부분이었는데, 세조대의 경우 민생을 위한다는 명목으로 흔히 행해지던 기우를 목적으로 천제가 전혀 이루어지지 않았다.

대부분 기곡을 목적으로 한 것이었다.

세조대에는 원구단에 호천상제의 신위를 모시는 특징을 보인다. 여타의 다양한 신위도 배위되었으나 그 중심은 호천상제의 신위이다. 세조는 천자만이 제를 올릴 수 있다는 호천상제를 치제의 대상으로 삼아 천자의 예를 행한 것이다.

또 앞에서 살펴보았듯이, 세조 때에는 7차례에 걸쳐 천제를 올렸는데, 그 모두가 친행으로 치러졌다. 세조대의 천제는 왕이 제사의 주관자로 직접 상제에게 제를 올리는 친제親祭를 특징으로 하는 것이다. 심지어 왕이 병으로 친제를 할 수 없을 때도 천제를 올리지 않으면 안올렸지 섭행을 행하지는 않았다. 태종과 세종대에 주로 섭행이 이루어졌다면, 세조대에는 철저하게 친제가 중심이었던 것이다.

대부분의 천제는 정기적으로 행해졌다. 정월 보름에 이루어졌다. 수차례 행해진 원구제는, 비록 다른 날 거행한 사례도 있으나, 대부분 정월 보름에 정기적인 제사로 치러졌다. 천제 날짜의 정례화는 물론, 세조대에는 천제를 담당하는 관청으로 원구서를 설치하고 관원을 배치하기도 하였다. 그만큼 천제에 큰 의미를 부여하고 천자의 예를 행하고자 하였다.

그런데 이런 의문이 완전히 해소되지는 않았다. 왜 세조는 천제를 강화 또는 복원시켰을까? 원구제가 다시 시행된 배경은 무엇일까? 양성지의 건의 외에 다른 설득력 있는 논리는 없을까?

우리는 그 하나의 배경으로 민족 자존의식이라는 맥락으로 볼 필요도 있다. 즉 조선 역시 천자국이며, 명과는 독립된 나라임을 밝히려는 의지의 반영이라는 것이다. 조선에서는 세종부터 망궐례望闕禮를 많이 행하였다. 그런데 세조 때에는 사대의 상징이었던 망궐례 빈도가 이전의 세종이나 이후의 성종부터 인조시대에 비해 현저하게 줄었다.

세조의 천제 강행은 망궐례를 행하지 않은 것과 같은 맥락으로 볼 수 있을 것 같다.

세조가 이전의 태종이나 세종과는 달리 천제를 천자의 예로 적극 실행한 배경은 정치적 맥락에서 접근될 수도 있다. 쿠데타(계유정란)라는 비합법적 방법을 통해 비록 정권을 잡았지만, 사육신 사건으로 왕으로서 세조의 권위는 땅에 떨어졌다. 그리하여 생각해낸 것이 원구제일 수 있다. 세조는 원구에서 천자례를 자신의 권위와 지배의 정당성을 확보하기 위해 폐지되었던 하늘에 대한 제사를 다시 행한 것으로 볼 수 있다. 세조는 천자의 예를 다시 살려 하늘을 통해 왕권의 정당성·존엄성을 확보하고자한 것이다.

13. 의례의 재편과 원구제 대안

『국조오례의』와 원구제 부활 시도

세조대에 활발하게 치러지던 천제는 그의 지배 후반기부터 갑자기 사라졌다. 천제가 중단된 것은 세조의 뒤를 이은 단명의 예종(1468~1469), 그리고 성종대에도 마찬가지다.

성종대의 천제에 대한 기록은 거의 없다. 비록 왕의 친제가 많이 있었으나 그것은 천제가 아니었다. 그것은 사직제, 선농제와 같은 지제地祭이거나 인제人祭였다. 그렇다고 천제를 둘러싼 논의가 없었던 것은 아니다.

성종 13년(1482) 7월 17일(갑신), 행부호군 임숙任淑이 가뭄이 심하므로 중신重臣을 보내 하늘·상제에 제사지내기를 상소하였다. 즉 신神이란 신은 기도하지 않은 것이 없으며, 재해를 구제하고 백성을 사랑하는 도리에 지극한 정성을 쓰지 않은 것이 없으나, 오직 비를 내리게 하는 하늘에게만 감히 제사하지 못하였으니 하늘에 제례를 올릴 것을 말하였다. 그러면서 '천자만 천지에 제사지내고, 제후는 하늘에 제사지내지 못한다는 명분에 사로잡힐 필요가 없으며, 태종조에는 변계량의 청으로 하늘에 제사를 올린 예가 있으므로, 중신을 보내 하늘에 제를 올리자는 것이었다.

다음날 영돈녕領敦寧 이상과 의정부·예조에 명하여 임숙의 이런 상소를 의논하게 한 결과, 명분이 지극히 중하니 천자의 예를 참람하게 쓸 수 없고, 변계량의 의논은 비례非禮에 빠진 것을 알지 못한 것이니,

『국조오례의國朝五禮儀』
조선 전기 신숙주申叔舟·정척鄭陟 등이 왕명을 받아 오례, 즉 길례吉禮·가례嘉禮·빈례賓禮·군례軍禮·흉례凶禮에 대해 그 예법과 절차 등을 그림을 곁들여 편찬한 책이다.

족히 본받을 만한 것이 못된다는 결론이 내려져, 결국 천제가 행해지지 못했다.

성종대의 원구제에 대한 인식은 『국조오례의』가 잘 반영하고 있다. 왜냐하면 여기에서는 원구단 천제를 아예 찾을 수 없기 때문이다. 『국조오례의』는 세종대의 「오례」를 바탕으로 오례에 대해 규정한 예전禮典이다. 성종 5년(1474)에 완성되었다. 여기에는 국가의 기본예식인 다섯 가지 의례에 대한 규정이 담겨있는데, 중국에서 흔히 길례 중 대사로 분류되던 원구제가, 『국조오례의』 길례에서는 사라졌다.

『국조오례의』의 길례吉禮는 사직과 종묘 등을 대사로 규정하고 있으나 원구제는 공식적으로 배제하였다. 원구제는 『국조오례의』 편찬 때 참례로 인식되어 등재되지 못한 것으로 보인다. 『국조오례의』에서 조차 천자의 예라하면서 원구제는 빠지고, 16세기 이후에는 음사로 간주되어 배격의 대상이 되어 그 흔적조차 사라진 것이다.

원구 천제의 대안, 남단 친제

중종대에 들어서도 원구 천제는 실행되지 못했다. 중종 때 사람들의 의식은 어떠하였을까? 중종 11년(1516) 2월 26일 조강朝講에서 오고 간 이런 말에 잘 나타나 있다.

영사 김응기가 이렇게 아뢰었다. "국가에 크게 관계되는 일은 없는 것
같으나 소격서의 마리산摩尼山 제사 같은 것은 다 하늘에 제사지내는
것이니, 이는 심한 참례입니다.(國家大關事, 則似無矣. 然如昭格署摩尼山之
祭, 皆是祭天, 此甚僭禮.)"

헌납獻納 조한필曺漢弼은 이렇게 아뢰었다. "소격서의 일은 참례일 뿐
이 아니라 이것은 좌도左道이므로 해서는 안 되며, 국가의 묘호廟號를
태종·세종이라 일컫는 것도 다 참례입니다. 참례에 관계되는 것이 있
으면 다 고쳐야 합니다.(昭格署非徒僭禮, 乃是左道, 所不可爲. 國家廟號, 稱
太宗·世宗云者, 皆是僭禮也.)"(『중종실록』 중종 11년(1516) 2월 26일)

그야말로 사대의식으로 가득하였다.

그러나 눈여겨볼 만한 일이 1537년(중종 32년) 4월에 일어났다. 중종
이 주로 종묘에서 행해지던 왕의 친제를 풍운뢰우신이 모셔진 남단에
서, 그것도 친제로 행하겠다는 것이었다. 예조가 풍운뢰우단에서 친
제를 행한 사례가 없으므로 풍운뢰우단에서의 제사를 어떤 제단의 예
를 따르는 것이 좋은지 묻자 중종은 선농단의 예대로 하라고 하였다.
결국 중종은 남교라는 교외에서 친히 비를 비는 제사를 올렸다. 그러
나 그것은 상제에게 올리는 것도 아니었고, 선농단의 예에 따른 제사
였다. 중종은 하늘에 제사를 드리고 싶었지만 명의 간섭과 명분론 때
문에 호천상제에게 원구단에서 올리는 제사 대신, 남교에 큰 의미를
부여하고 친제를 올린 것이다. 제후국 조선은 천자례인 하늘 제사를
올릴 수 있는 처지가 아니었다.

원구제 부활을 위한 움직임

원구제를 다시 행하려는 움직임도 있었다. 광해군 8년(1616)이었다.
이는 광해군이 조호祖號를 받고자 하는 의욕과 무관하지 않다. 『광해

군 일기』에 의하면, 그 해 8월 2일(경자), 광해군은 세조가 정난靖難[사육신 사건]을 한 일로 몸소 남교에 제사를 올린 뒤 존호를 받았으므로, 실록을 상고하여 세조조의 고사대로 잘 살펴 원구제를 거행하는 문제를 거론하였다.

8월 17일에는 원구제와 관련하여 많은 지시를 하였다. 세조조에 정월 15일에 교사를 친행하였으니, 다음달 15일에 친히 제사를 행하는 것이 무방하겠는지, 원구에 전殿을 짓는 일은 아무쪼록 옛 전례에 의거하여 참작하여 잘 짓도록 하며, 교사를 지낼 날짜가 촉박하므로 모든 의절을 서둘러 의논하여 정하라고 예관에게 명하였다. 나아가 세조조의 교사 때에 이미 옥폐玉幣를 사용했다고 하는데 이것이 무슨 옥폐인지, 원구단을 어디에 설치할 것인지, 세조조에 원구제 후에 각도의 방백들에게 크게 술잔치를 명하였다고 하는데 지금도 시행할 수 있는지 등을 상세히 의논하여 보고하라고 명하였다. 광해군은 존호를 받기 위해 세조가 존호를 받을 때 원구제와 관련한 제반 사항을 알아보게 한 것이다.

그러나 8월 19일(정사)부터 광해군은 천제를 반대하는 여러 목소리를 접하기 시작했다. 『광해군일기』내용을 보자. 먼저 양사에서 이렇게 주장하였다.

"교郊는 하늘을 제사하는 것으로서 오직 천자만이 시행할 수가 있는 것이요 제후가 제사지낼 수 있는 바가 아닙니다. 지금 남교南郊의 친제를 날을 정하여 시행하려는 참이어서 백관과 유사들이 모두들 분주히 이바지하기에 겨를이 없으니, 매우 성대한 거조입니다.

다만 생각건대, 이 거조는 비례非禮에 가깝고 오늘날 반드시 거행해야 하는 일이 아닙니다. 예전에 세조조에서 우연히 한 번 거행하기는 하였으나 그 이전에 전례가 없었고 이후에도 계속한 바가 없었습니다.

이는 한때의 독단에 불과한 것으로서 참으로 후손이 따라 행할 바가 아닙니다. 그 당시에 정난靖難의 거조가 있었으나 오늘날의 난을 평정한 일에 견주어 보면, 명위名位의 명정明正함이 다르고 때와 형세의 차이가 있어 상황이 전혀 다릅니다. 어찌 이것을 끌어다 전례를 삼아 기어이 남교에 제사를 지낸 뒤 휘호를 받으려 하십니까.

더구나 중국에서는 우리나라를 내복內服과 같이 보고 성상께서 상국을 섬기는 것도 정성과 예절이 모두 극진하니, 천자를 핍박하는 참람한 예를 행하여 천자에 견주려고 했다는 비방을 불러오는 것은 옳지 않습니다. 중국에 어찌 정응태丁應泰가 없겠으며 우리나라에 어찌 이운상李雲祥이 없겠습니까. 한 번 예의에 실수를 하면 온갖 해가 뒤따르게 될 것이니 두려워하지 않을 수가 있겠습니까. 현재의 물력이 탕갈된 것은 논할 겨를도 없습니다. 남교 친제의 명을 속히 정지시키소서.(郊者祭天, 惟天子得以行之, 非諸侯所得以祀之也. 今者南郊親祭, 卜日將行, 百官有司, 莫不奔走共職之不暇, 甚盛擧也. 第念此擧, 近於非禮, 非今日必行之事也. 昔在世祖朝, 雖偶一行之, 而前無所法, 後無所繼. 是不過一時之獨斷, 固非後嗣之遵行也. 其時雖有靖難之擧, 比之於今日戡難, 則名位之明正, 時勢之不同, 萬萬相懸, 豈可以此, 援以爲例, 必親祀南郊, 而受徽號哉. 況中朝視我國猶內服, 聖上之事上國, 誠禮俱足, 不宜行僭僭之禮, 而來疑似之謗也. 中朝豈無丁應泰; 我國豈無李雲祥乎. 一禮之失, 萬害隨之, 可不懼哉. 當今物力之蕩竭, 有不暇論也. 請亟停南郊親祀之命.)(『광해군일기』광해 8년(1616) 8월 19일)

사헌부, 사간원에서 하늘에 제사지내는 것을 반대하였다. 양사가 남교에 친제를 지내는 데에 대한 명을 속히 정지시킬 것을 청하였다. 그러나 왕은 "이미 하유하였으므로 번거롭게 하지 말라"는 반응을 보였다.

홍문관도 반대의 글을 올렸다.

"예라는 것은 그것으로 위와 아래를 분별하는 것입니다. 위가 아래를 침해하지 못하고 아래가 위를 침범하지 못하여 위와 아래가 분명한 구분이 있어서 감히 넘을 수가 없는 뒤라야 그것을 예라고 할 수가 있는 것입니다.

교제郊祭는 예 가운데에서도 큰 것입니다. 오직 천자라야 행할 수가 있기 때문에 노魯나라의 교체郊禘를 공자가 비난하였습니다. 성인의 가르침은 지극히 엄한 것입니다. 이번에 남교에 친히 제사를 지내려는 것은 이미 제후가 행할 수 있는 예가 아닌데, 원구단을 쌓으려 하고 날을 이미 잡았으니 신들은 이에 의혹스러움이 없을 수가 없습니다.

비록 조종조祖宗朝의 고사가 있기는 하나 이는 어쩌다 한번 시행했던 것에 불과한 것입니다. 그 이전에는 그런 일이 없었고 그 이후에도 그것을 본받아 시행한 일이 없었습니다. 그런데도 그것을 끌어다가 전례를 삼는다면 어찌 아주 미안한 일이 아니겠습니까.…

오늘날 국난을 다스린 공을 선조에 난리를 평정한 일에 견주어, 반드시 본받아 행하고자 하시어 비례非禮인 남교의 제사를 지내시니, 신들은 성상의 뜻이 어디에 있는지 실로 알지 못하겠습니다. 더구나 지금 천자께서 우리나라를 대우하시는 것이 중국 국내와 같게 하시고 성상께서 천자를 섬기는 것도 끊임없는 지극한 정성으로 하고 있습니다. 제후의 법도를 정성껏 봉행하여 예식에 허물이 없습니다. 작은 예도 감히 법도를 넘어서는 안 되는데 중대한 예를 어찌 천자를 핍박하면서 시행할 수가 있단 말입니까. 이로움이 없을 뿐만 아니라 해로움만 있을 것입니다. …

예에 어긋나는 제사는 큰 경사에 이로움이 없고 외람되이 천자의 일을 하는 것은 장래에 해로움이 있을 것입니다. 삼가 바라건대 전하께서는 흔쾌히 공론을 따르시어 남교에 친히 제사를 지내겠다는 명을 속히 중지하소서.(夫禮, 所以辨上下也. 上不得侵乎下; 下不得犯乎上, 上下有截, 不敢違越, 然後方可謂之禮矣. 郊祭, 禮之大者也. 惟天子得以行之, 故魯之郊禘, 孔子非之, 聖人之訓, 至嚴且切. 今此親祀南郊, 旣非諸侯之禮, 圓壇將築, 吉日已涓, 臣等於此, 不能無惑焉. 雖有祖宗朝古事, 此不過一時偶然之擧耳. 前此而無聞; 後此而無繼, 援以爲例, 豈非未安之甚乎. … 以今日戡亂之功, 比先祖靖難之事, 而必欲遵而行之, 以祀非禮之郊, 臣等實未知聖意之所在也. 況今天子之待我國, 有同內服, 聖上之事天子, 至誠無間. 恪謹侯度, 式禮罔愆. 禮之小者, 猶不敢踰; 禮之大者, 其可偭而行之乎. 非徒無益, 又有害者. … 非禮之祭, 無益於大慶; 僭上之擧, 有害於將來. 伏願殿下, 快從公論, 亟寢南郊親祀之命.)"(『광해군일기』 광해 8년(1616) 8월 20일)

이 내용은 한마디로 남교에서 천제를 올리는 교제는 천자만이 행할 수 있는 의례이고, 제후가 감히 남교 친제를 행하는 것은 예를 거스르는 것이므로 천제를 거행해서는 안 된다는 것이다. 즉 지난날 세조가 천제를 올린 것은 어쩌다 한번 시행한 우연한 일이고 그 이전과 이후에는 행한 일이 없으며, 나아가 지금은 천자가 조선을 중국 국내와 같이 대하고 있고 임금도 천자를 지극 정성으로 섬기고 있는데, 제후의 법도를 깨는 것은 해로움만 있을 것이기 때문에, 남교 친제를 중지하라는 것이다. 이에 대해 광해군은 "나의 생각은 이미 양사에 하유하였다"며 거부하였다.

8월 23일(신유)에는 한찬남 역시 교사를 반대하는 의사를 표명하였다. 주장의 내용인 즉, 원구단 친제는 굳이 할 필요가 없으며, 이전의 것을 모방하여 시행해도 옛 의절에 맞지 않는 것이 많을 것이고, 특히 친제가 임금의 건강을 해칠지 모르므로 천제를 행하지 말자는 것이다.

8월 25일에는 양사가 다시 이런 반대 의사를 올렸다.

"사람이 예를 모르고 일에 옛것을 상고할 수 없다면 비록 가벼이 의논할 수가 없겠습니다만, 교사郊祀가 비례非禮라는 것은 실로 이전의 성인이신 공자께서 확정지은 의논입니다. 당시에 그것을 바로잡지 못한 것은, 어찌 당시의 수치가 아니겠으며 후세에서 경계로 삼아야 할 바가 아니겠습니까.

근년 이래로 중국과 우리나라는 의리로 보아 한 집안과 같아서 사신들이 잇달아 오고가 안팎의 간격이 없으니, 우리나라의 크고 작은 일에 대해서 중국에서 모를 리가 만무합니다. 옛 말에 이르기를, '남들이 못 들도록 하려면 말하지 않는 것만 한 것이 없고 남들이 모르도록 하려면 행하지 않는 것만 한 것이 없다'고 하였습니다. 천자를 참람하게 핍박하는 이러한 제사를, 어찌 감히 이미 시행한 규례가 있다고 핑계대고 행하여, 참소하는 적들의 구실거리를 만들어서야 되겠습니까. 더구나 오늘날의 성상께서는 흉악한 역적들을 소탕하여 나라를 다시 재건하였으니 난리를 평정한 공로는 전대보다 훨씬 우뚝합니다. 그래서 장차 보좌輔佐한 신료들과 함께 천지와 산하에 맹서하고 북단北壇에서 희생과 폐백을 사용하여 제사를 지내려고 하니, 이것은 참으로 그 성공을 고하려는 뜻입니다. 어찌 굳이 남교南郊에 제사를 지내야 할 일이겠습니까. 남교에 몸소 제사하겠다는 명을 속히 거두소서.(人非知禮, 事未稽古, 雖不可輕議, 而至於郊祀之非禮, 則實前聖已定之論. 當時之不能捄正者, 豈非當時之所恥, 而後世之可戒乎. 近年以來, 中朝·我國, 義同一家, 使价相望, 內外無間, 我國大小之事, 中朝萬無不知之理. 古語曰: '欲人勿聞, 莫若不言; 欲人勿知, 莫若不爲.' 如此僭偪之祀, 何敢諉之於已行之規, 而來讒賊之口乎. 況今聖明, 掃蕩兇逆, 再造邦家, 戡定之功, 復出前代. 將與輔佐臣僚, 盟天地·誓山河, 用牲幣於北壇者, 此實告厥成功之意也. 何必有祀南郊然後, 爲可也? 請亟收南郊親祀之命.)"(『광해군일기』 광해 8년(1616) 8월 25일)

남교 친제 반대는 26일과 27일, 양사와 옥당에 의해서도 계속 이어졌으나 광해군은 자신의 뜻을 굽히지 않았다.

그러나 반대가 계속되자 광해군의 심경에도 변화가 일어났다. 8월 28일(병인), 광해군은 "날씨도 점점 추워지고 나도 건강이 좋지 않으니 이러한 때에 추위를 무릅쓰고 교외에 나아가 제사를 행하기는 어렵겠다.(日候漸寒, 予亦氣不平. 此時冒寒出郊行祭難便.)"(『광해군일기』 광해 8년(1616) 8월 25일)며 천제의 의지를 접고 만다. 이유 같지 않은 이유로 신하들에 의해 의지가 꺾이고 말았다. 이것은 명분론·사대론으로 무장한 신하들의 완벽한 한판 승리였다.

원구단에서 남단으로

인조대에 들어오면 이전에 나타났던 원단·원구의 개념이 보이지 않고 남교의 단을 의미하는 남단이라는 개념이 지배적이다. 인조는 이 남단에서 실제로 수차례의 기우제를 지내기도 하였다.

조선시대 한양의 남교에는 풍운뢰우단이, 북교에는 여단厲壇[15]이 설치되어 있었다. 남단인 풍운뢰우단은 중사中祀의 제단으로, 중앙에 풍운뢰우의 신위를 모시고 좌우에 국내 산천과 성황의 신위를 부사附祀했다. 매년 2월과 8월에 정 1품 관리를 비롯한 삼헌관이 파견되어 제례를 거행했고, 기우제와 보사제를 지내는 경우도 있었다.

남단과 북단은 국왕의 친제 대상은 아니었지만 가뭄이 들면 기우제를 지내는 제단이라는 공통점이 있었다. 그런데 효종대 이후가 되면 국왕이 남단이나 북단을 직접 방문하여 기우제를 거행하는 경우가 나타났다.

----
15 여단은 성황신과 무사귀신의 신위를 모시고 매년 세 차례(청명, 7월 15일, 10월 1일) 한성부 당상관이 헌관으로 가서 제례를 거행했다. 그런데 가뭄이 들어 북교에서 기우제를 지낼 때에는 제단에 악해독과 명산대천의 신위를 놓고 거행했다.

조선 후기에 여러 왕들이 남단에서 친제로 행하였던 기우제는 상제에게 올리는 제가 아니라 천신인 풍운뢰우신에게 비는 기우제였다. 남단은 곧 풍우뢰우단인 것이다. 그런데 이 남단이 무엇인가? 왕이 남교에서 올리던 기우제는 원구단에서 상제에게 기우제를 지내지 못하자 그 대안으로 나온 것이다. 원구단이 남단으로 고쳐 일컫게 된 것이다. 그러므로 조선후기에 남단은 원구단의 기능적 다른 이름으로 볼 수 있다.

풍운뢰우신은 기본적으로 상제를 모시는 하위 신들이다. 상제에게 천제를 올릴 수 없었던 조선에서는 풍운뢰우신이 천신의 범주에 속한다는 이유로 이들에게 제사를 올리고, 이를 통해 특히 상제가 주제하는 기우의 기능을 충족시키고자 하였다.

사실 고려시대 제사체계에도 풍사, 우사, 뢰신은 포함되어 있었지만 이들이 제사에서 그리 중시되지는 않았다. 그러나 조선의 개국과 더불어 풍운뢰우신을 보는 시각이 달라졌다. 태종 11년 5월 8일에 가뭄[旱氣]을 만나게 되면 산천단에서 산천은 물론 풍운뢰우, 성황의 신에도 아울러 제사하자는 건의에 따라 풍운뢰우신이 중시되더니, 태종 13년(1413) 4월에는 풍운뢰우제가 중사로 그 위격이 높아졌다.

세종대에 이르러 풍운뢰우제를 천신제로 간주하고 그동안 풍운뢰우제를 둘러싼 잘못된 점을 바로 잡으려는 움직임이 나타났다. 나아가 중종대에는 풍운뢰우단에서 왕이 친히 기우제를 지내기도 하였다. 풍운뢰우제가 왕이 친제 할 만큼 그 비중이 커진 것이다.

그러나 조선 후기에 들어 이런 풍운뢰우제에 대한 비판이 일어났다. 주자 예학에 대한 이해가 심화되면서 제후는 제천할 수 없다는 유교 의례 원칙이 더욱 강조되면서 천신제인 풍운뢰우제도 지낼 수 없다는 인식이 나타난 것이다. 이를테면 숙종 때(1684년, 숙종 10년) 가뭄으로

역대 국가 제사의 변화

	신라 『삼국사기』[1]	고려 『고려사』	태종 『태종실록』 태종13년(1413) 4월 13일
대사	삼산三山 : 내력, 골화, 혈례.	원구, 방택, 종묘, 사직, 태묘. 경령전, 제릉.	사직, 종묘.
중사	오악五嶽 : 토함산, 지리산, 계룡산, 태백산, 부악(공산). 사진四鎭 : 온말근, 해치야리, 가야갑악, 웅곡악. 사해四海 : 아등변, 형변, 미릉변, 비례산. 사독四瀆 : 토지하, 황산하, 웅천하, 한산하. 기타 속리악, 추심, 상조음거서, 오서악, 북형산성, 청해진.	적전(선농), 선잠, 문선왕묘.	선농, 선잠, 문선왕, 풍운뢰우(산천, 성황 附), 주현州縣의 문선왕.
소사	24소所의 산·악·성.	풍사, 우사, 운사, 뇌신, 영성, 마조馬祖, 선목, 마사, 마보馬步, 사한司寒, 제주현 문선왕묘 등.	영성靈星, 사한司寒, 마조馬祖, 선목先牧, 마보馬步, 마사馬社, 영제禜祭, 칠사七祀.
기타		잡사.	

---

1 신라에서는 대사大祀의 상위上位에 이미 신궁神宮, 오묘五廟, 사직단社稷壇, 선농先農 등의 농업 관계신에 대한 제사가 따로 들어있으므로, 신라의 대사大祀는 중국의 제도와 비교하여 볼 때 천지신天地神과 종묘宗廟에 대한 제사가 들어있지 않고 삼산三山만이 들어있다는 것이 큰 특징이다.(정구복 외, 『역주 삼국사기』4 주석편 (하), 한국정신문화연구원, 18쪽) 이러한 신라의 대, 중, 소사는 유교적 의례에 입각한 분류가 아니라 신라 고유의 산천신에 대한 제례를 구분한 것이다. 삼국사기에는 산천에 대한 제례만을 이렇게 대·중·소사에 넣고, 기타 잡사로 구분하

세종 『세종실록』「오례」 길례서례, 변사	성종 『국조오례의』「길례」	고종 『고종실록』 고종 33년(1896) 8월 14일
사직, 종묘.	사직, 종묘, 영녕전.	원구단, 종묘, 영녕전, 사직, 대보단.
풍운뢰우 (산천, 성황 附), 악·해·독, 선농, 선잠, 우사, 문선왕(공자), 조선단군, 후조선시조 기자, 고려시조.	풍운뢰우, 악·해·독, 선농, 선잠, 우사, 문선왕(공자), 역대 시조.	경모궁, 문묘, 미성, 기성, 선농, 선잠, 우사, 관왕묘.
영성, 명산대천, 사한司寒, 마조馬祖, 선목先牧, 마사馬社, 마보馬步, 칠사七祀[2], 영제禜祭.[3]	영성靈星, 노인성, 마조馬祖, 명산대천, 사한, 선목, 마사, 마보, 마제, 영제, 포제酺祭, 칠사, 독제纛祭, 여제厲祭.	삼각산, 목멱산, 한강, 사한, 중류, 계성사, 사현사, 선무사, 독제, 여제, 성황제, 마조, 기우, 영제, 기설.
	기고祈告, 속제俗祭, 주현州縣.	

고 4성문제, 부정제, 4천상제, 일월제, 5성제, 기우제, 4대도제 등을 덧붙이고 있다.(출처 : 국사편찬위원회 한국사데이터베이스 http://db.history.go.kr)
2 봄에 사명司命과 호戶, 여름에 조竈, 가을에 문門과 여厲, 겨울에 행行, 계하季夏의 토왕土旺에 중류中霤에 지내는 제사.
3 기청제祈晴祭. 입추 뒤까지 장마가 질 때에 날이 개기를 비는 제사.

천신에 대한 제사가 거론되었을 때, 소론계 우상 남구만南九萬은 사직의 기곡제만으로 충분하며, 천신에 대한 제사는 참람할 뿐만 아니라 위位를 모실 장소가 없다며 반대하였다.[16]

이런 풍운뢰우제에 다시 생명을 불어넣은 것은 18세기 후반에 정조였다. 정조대는 풍운뢰우신을 제사하는 남단의 정비를 통해 천제의례를 실행하는 특징을 보인다. 특히 정조는 조선은 단군 때부터 제천례를 거행했고, 남단[풍운뢰우단]을 원구단으로 인식하였다. 그는 원구단 제천례가 천자의 예이므로 혐의를 피하기 위해 남단으로 바꾼 것이라고 보고, 남단 제례에 정성을 다한다면 원구단이든 남단이든 마찬가지라고 했다.[17] 그만큼 남단을 원구단처럼 의미 있는 것으로 보았다는 것이다. 정조는 풍운뢰우제를 통해 사라진 천제를 복구하려는 듯하였다.

그러나 정조의 가장 특징적인 면은 천제 전통을 유교에서 찾는 것이 아니라, 우리의 상고 역사, 단군조선 때부터 행하였던 신교 전통에서 찾는다는 점이다. 그리하여 정조는 꼭 중국과 같은 천자국이 아니라도 경우에 따라서는 제천할 수 있다는 입장을 보인다. 즉 조선은 유교문화가 도입되기 이전의 고유 문화전통을 갖고 있는데, 단군조선의 제천전통을 갖고 있다. 단군조선은 중국의 제후국이 아니므로 단군조선의 제천의례는 참람한 예가 아니라는 것이다.[18] 정조는 천제를 우리의 고유 전통으로 보기도 했다.

----

16 정경희, 「한국의 천제 전통에서 바라본 정조대 천제 기능의 회복」, 『조선시대사학보』 34, 2005, 177쪽.
17 한형주 외, 『조선의 국가제사』, 한국학중앙연구원, 2009, 92-97쪽.
18 정경희, 「한국의 천제 전통에서 바라본 정조대 천제 기능의 회복」, 189쪽.

제5부

고종황제, 대한제국, 그리고
천자의 나라

14. 갑오개혁기 원구단 건립 논의

갑오개혁기 사전체계의 개혁

갑오년(1894), 을미년(1895), 병신년(1896), 그리고 정유년(1897). 아마 우리 역사에서 가장 역동적인 시기였을 것이다. 동학농민전쟁, 을미사변, 아관파천, 대한제국의 탄생 등 몇 가지 굵직한 사건만 들어도 알 수 있다.

이 시기는 정치적 변화뿐만 아니라 다양한 근대를 지향한 사회개혁도 자의적 타의적으로 시도되었다. 동학농민군의 폐정개혁안을 중심으로 집강소가 각종 개혁안을 실천한 것은 그 하나이다. 이 시기 이와 더불어 또 하나의 개혁 시도는 일본의 조선 간섭을 통한 강제적 개혁이다.

동학농민전쟁에서 전주화약이 맺어지자 동학군은 자진 해산하였다. 이에 정부는 동학을 계기로 이 땅에 들어온 청나라와 일본에게 군대의 철수를 요구하였다. 그러나 일본은 조선에서 내란 발생을 예방하기 위한 내정 개혁을 요구하며 응하지 않았다. 일본은 오히려 이 기회를 조선에서 청을 물리치고 자신들이 주도권을 잡을 기회로 계산하였다. 그리하여 내정개혁안을 제시하고 시행을 강요하였고, 정부는 내정개혁을 담당할 교정청을 설치하였다. 그러던 중 일본은 병력을 동원하여 경복궁을 점령하고(1894. 6, 갑오변란), 반일적인 왕후세력을 밀어내고 대원군을 불러들여 섭정을 맡게 한 가운데 제1차 김홍집 친일 내각을 수립(1894년 7월 15일)하였다. 김홍집 내각은 군국기무처를 설치하여 개혁을 시작하였는데, 이것이 제1차 갑오경장(갑오개혁)이다.

1차 개혁은 정치와 경제 개혁이 중심이다. 궁중의 잡다한 부서들을 궁내부 산하에 통합하고 그 기능을 축소시켰다. 6조를 내무, 탁지 등 8아문으로 개편하였다. 이는 왕실과 국정을 분리하여 왕실관련 업무를 궁내부로 통합하고 국정을 8아문이 전담함으로써 왕권을 제한하려는 것이었다. 또 과거제를 폐지하고 지방 행정제도도 8도를 13도로 개편하였다. 특히 종전에 사용하던 청의 연호 대신 조선 건국을 기준으로 독자적인 연호를 사용한 것이 눈에 띈다.

경제적 측면에서는 국가 재정을 탁지아문에서 관리하게 하고, 은 본위 화폐제도를 실시하고, 현물로 내던 모든 세금을 화폐로 내도록 하고, 도량형도 통일하였다. 물론 신분제 폐지, 과부의 재가 허용 등 사회개혁도 행하였다.

입지가 강화된 일본은 처음에 배후에서 갑오개혁을 지원하다가 청일전쟁에서 우위를 확보하자 자신감에서였는지 조선에 대해 직접 간여를 시작하였다. 일본은 1차 개혁에 반대하는 대원군을 축출하고 고종에 압력을 가해 군국기무처를 해체한 후 김홍집 박영효 내각을 수립시켜 더욱 친일적인 개혁을 추진하였다. 1894년 11월 21일부터 다음 해 7월 4일까지 추진된 이 개혁을 제2차 개혁이라 한다.

2차 김홍집 박영효 친일 내각은 고종으로 하여금 청국에 대한 사대관계 청산, 종친과 외척의 정치 관여 금지, 정부 조직과 제도 정비를 주요 내용으로 하는 '홍범 14조'를 발표하게 하였다. 그러나 이 또한 많은 내용이 대원군과 민씨의 정치 개입을 차단하거나 일본의 지배를 효율적으로 할 수 있는 길을 여는 과정일 뿐이었다.

이러한 1·2차 개혁은 한편으로는 혁신적인 근대적 개혁이라는 의미도 부여할 수 있다. 그러나 자세히 보면 반쪽 개혁, 나아가 일본의 의도가 숨어 있음을 알 수 있다. 왜냐하면 가장 중요한 토지 개혁이 전혀 이루어지지 않았고, 일제의 경제 침략, 내정 개입의 효율성, 청의 종주권 부정, 왕권의 약화, 조선의 주권 침해 등의 일환으로 시도된 부분이 많기 때문이다.

그런데 우리의 관심사인 천제·원구제를 둘러싼 논의가 다시 시작된 것은 갑오개혁 때부터이다. 민씨 정권을 몰아내기 위해 친일 개혁 세력과 대원군이 연합하여 행한 갑오개혁은 정치 개혁과 더불어 국가에서 지내는 제사에 대한 개혁도 포함하는데, 특히 제2차 개혁기인 1894년 12월부터 사전체계에 대한 개혁이 시작되었다.

고종 31년(1894) 12월 16일(무오), 고종은 "크고 작은 제사를 참작하고 토의 결정하여 올리라"는 조칙을 내렸다. 이에 따라 1895년 1월 14일에 사전 개혁안이 확정되었다.[1]

원구 천자례 복원 시도

당시 김홍집 박영효 내각에서 올린 개혁안은 근대적 의식과 중국과의 정치적 단절에 기초하여 우사雩祀·기우祈雨나 대보단·선무사 등 국가 제사의 전반적 축소를 골자로 한다. 그런데 가장 특징적인 점은, 고려 성종 때 대사로 분류되어 천자례로 행해지다가 조선 개국 후 늘 논란의 중심에 있다가 제도적으로는 폐지된 천자례로서의 원구제를 복원시켜 대사로 규정한 점이다. 당시 개혁안은 원구제를 복원하면서 원구 제사 날과 대상으로 동지에 풍운뢰우위와 산천위를 배위로 천지에 제사지내고, 정월 상신에 기곡제사를 지내는 것으로 규정하였다.

----
1 임금에게 올린 사전 개혁안 내용은 이욱, 「대한제국기 환구제에 관한 연구」, 『종교연구』30, 2003, 184쪽을 참조하였다.

사실 고려시대나 조선시대에 거행된 천제는 대부분 정월의 기곡제나 맹하孟夏의 우제雩祭가 중심이었다. 원구단이 사라진 후에도 이들 의례는 사직에서의 기곡제나 우사단의 우사로 변형된 채 유지되었다. 그러나 천제 중 가장 전형적이고 중요한 천제인 동지 교사례는 없었다. 그런데 당시 개혁안에는 원구제를 복원시키면서 동지 교사례를 부활시킨 것이다.

이러한 원구제의 복원은 당시 개혁안의 기본 방향인 청나라와 단절을 보다 적극적으로 보여주는 것이다. 구체적으로는 '홍무 14조'에 명시된 청과의 단절을 통한 자주 독립의 의지를 의례적 차원에서 확립한 것이다. 원구제를 대사로 규정하고 음악으로 팔일무八佾舞 사용을 명시함으로써 제후국이 아니라 하늘로부터 천명을 받은 황제의 나라, 천자국임을 밝힌 것이다. 더 이상 청의 제후국이 아니라 독립된 자주 국가임을 알린 것이다.[2]

이로써 고려 성종대에 처음으로 제도화된 이래 조선시대 의례 체계, 즉 『오례』나 『국조오례의』 길례의 대사大祀에서 완전히 사라졌던, 그리고 조선시대 초기부터 천자례라 하여 행할 수 없었던 원구제가 제도적으로 복구되어 실행할 수 있는 길이 열렸다.

그러나 이는 일본의 입장을 반영한 친일정권이 주체가 되어 추진한 것이다. 친일정권은 국정운영에서 왕을 배제시키면서도 조선의 청나라로부터의 독립을 상징적으로 보여주기 위해 원구단을 부활시키고 외형적으로 왕권의 위상을 높이는 조치를 취하였다. 이는 조선을 주권국으로 간주함으로써 청나라의 조선 간섭을 배제하여 일본이 독점적으로 조선에 영향력을 행사하기 위한 꼼수이다. 원구제의 주체는 천자인데 천자가 배제된 원구제가 실행되기는 어려웠다.

----

2 이욱, 「대한제국기 환구제에 관한 연구」, 186쪽.

당시 일본의 협박과 강요 속에서 추진된 개혁으로 입지가 좁아진 고종과 권력에서 밀려난 왕후는 일본을 견제할 대안 세력으로 러시아를 선택했다. 마침 일본이 1895년 4~5월에 삼국(러시아, 프랑스, 독일) 간섭으로 청으로부터 빼앗은 요동반도를 내놓게 되자, 일본을 견제할 수 있는 좋은 기회가 생겼다. 왕비 민씨가 러시아와 자주 접하자 심상치 않은 기미를 감지한 박영효는 민씨의 재등장과 조선의 친러화를 막기 위해 왕궁 호위병을 자신의 측근으로 교체하려 하였다(국왕과 왕비 암살 음모 혐의). 그러나 이러한 시도가 고종의 의심을 사게 되자 2차 개혁(1894. 12~895.5)을 추진하던 박영효는 일본으로 다시 망명(윤5월 15일)하였다.

이를 기회로 고종은 다시 국정의 중심에 서게 되었다. 고종과 왕후는 이 해 8월에 김홍집을 포함하여 러시아와 미국에 가까운 인물을 등용하여 새로운 내각을 수립하고 반일정책을 추진하였다. 이것이 3차 김홍집 내각(1895. 8~1895.10)이다.

그들이 제1·2차 개혁 무효화를 선언함으로써 갑오개혁은 잠시 중단되었다. 그러나 흐지부지되던 원구단 복원문제는 1895년 윤5월 20일(경신), 고종이 원구단을 건축하도록 명하면서 활기를 찾았다. 당시 내각에 제출된 〈환구건축청의서〉[3]는 이런 내용을 담고 있다. 1. 남문 밖의 남단으로 환구를 만든다. 2. 단의 주위를 돌로 쌓고 그 직경과 높이는 편의에 따른다. 3. 단원壇垣은 폐지하고 수목을 환식還植한다. 4. 홍살문을 세우는 구례는 따르지 않는다.

여기서 특징적인 점은 원구단을 새로 만드는 것이 아니라 기존의 남단을 개조하여 사용한다는 점이다. 남단이 무엇이던가? 목면산 남쪽에 풍운뢰우, 산천, 성황의 신을 모신 단이 아니던가. 이것은 조선 전

----
3 이욱, 「대한제국기 환구제에 관한 연구」, 187쪽 재인용.

기 원구제가 폐지된 후 남교에 있는 유일한 단이고, 천신인 풍운뢰우를 제사하기 때문에 원구단의 대안으로 여겨지던 것이었다. 특히 정조는 남단을 원구단으로 간주하면서 다른 중사中祀보다 격을 높이고자 하였다. 고종이 환구단을 따로 세우지 않고 남단을 수리하여 환구단으로 사용하고자 했던 것은 조선후기의 이런 의식을 반영한 것이다.[4] 고종이 남단을 개축하여 환구단을 만들려고 한 것은 그 동안 국정에서 배제된 국왕이 개혁의 중심에 서기 위한 노력의 상징이라고 할 수 있다.

을미사변과 아관파천

친일내각의 실각에 초조하고 불안해진 일본은 극단적인 국면전환을 위해 친러 외교를 주도하던 왕후를 제거하기 위한 음모를 꾸몄다. 그리고 마침내 1895년 8월 20일(양력 10월 8일), 새벽에 군과 자객을 동원하여 경복궁을 습격하여 실행에 옮겼다. 고종과 왕비가 러시아와 연결하여 일본을 견제하려는 움직임을 보이자 일본이 왕비시해라는 극단적인 방법을 동원한 것이다. 이것이 을미사변이다. 고종의 환구제 복원 노력은 을미사변에 의해 수포로 돌아가게 된다.

이로 인해 고종은 다시 국정에서 배제되고, 일본은 김홍집과 유길준 등이 참여한 김홍집의 제4차 친일내각(1895. 10~1896. 2)을 다시 수립하였다. 김홍집 내각은 고종으로 하여금 궁내부의 국정 관여를 배제하고 내각에 전권을 위임한다는 조칙을 반포케 한다. 그리고는 태양력 사용, 새 연호 사용(건양), 군제 개편, 소학교 설립, 단발령 등 제3차 개혁[을미개혁]을 단행하였다.

을미사변 후 고종은 사실상 감시를 받으며 경복궁에 갇혀 있었다.

---

4 이욱, 「대한제국기 환구제에 관한 연구」, 187-188쪽.

왕후를 잃은 고종은 이제 다음 차례가 자신임을 예감하였다. 그리하여 고종은 미국 공사관으로 피신할 계획을 세웠다. 고종의 밀명을 받은 사람들이 경복궁의 춘생문으로 진입하였으나 궁궐 수비대에게 패하는 바람에 계획은 수포로 돌아갔다. 이것이 소위 춘생문사건(1895. 10. 12)이다.

이 사건 이후 친일 내각과 일본은 고종에 대한 감시를 강화하였다. 그런데 또 기회가 왔다. 왕실 경비병들이 의병 진압에 동원되어 지방으로 파견되어 감에 따라 탈출 기회가 생겼다. 1896년 2월 11일 새벽, 이완용 이범진 등 친러파는 러시아 수군 107명을 동원하여 고종과 왕세자를 궁녀가 타는 가마에 태워 러시아 공사관으로 피신시켰다. 아관파천俄館播遷을 단행한 것이다. 이를 계기로 친일내각이 무너지고, 친일관료들은 체포·살해·망명·유배되었다. 그리하여 김홍집 유길준이 주도하던 제3차 개혁(1895. 7. 7~1896. 2. 11)도 중단되었다. 그 대신 친러 내각이 구성되었다.

단발령 등이 엄청난 저항을 야기하자, 아관파천 직후인 2월 18일에 고종은 '강제로 시행하지 말고 각자 편한 대로 하게 하라'는 조칙을 발표하였다. 나아가 고종은 러시아 공사관에 있으면서 1896년 7월 24일에는 이런 조령을 내렸다.

"국가에 있어 사전祀典은 더없이 엄하고 더없이 공경스러운 것인데 그때 내각의 역신逆臣이 명령을 집행함에 있어서 제멋대로 줄인 것부터가 이미 더없이 통탄스럽다. 더구나 새 역서와 옛 역서에는 원래 날짜가 차이나니 조심스럽고 신중히 하는 도리로 보아 더더욱 미안하다. 이제부터 종묘와 전궁殿宮, 각 능원陵園에 지내는 제사는 일체 옛 법대로 하며 일체 대사, 중사, 소사의 날짜는 모두 옛 역서의 날짜대로 하라. 원구단, 사직단, 여러 산천과 제묘諸廟의 향사享祀는 궁내부 대신과 장례원 경으로 하여금 현재의 형편을 참작하고 예법을 상고하여 바로잡게 하며 또한 장례원으로 하여금 전적으로 주관하여 거행하게 하라.(有國祀典, 莫嚴莫敬. 而伊時內閣之逆臣執命, 恣意裁減, 已極痛迫. 況又新舊曆日字, 原有差互, 其在誠愼之道, 尤爲未安. 自今太廟·殿·宮·各陵·園祭享, 一遵舊式, 凡大中小祀月日, 竝用舊曆. 圜丘·社稷·諸山川·諸廟享祀, 其令宮內大臣掌禮卿, 參酌時宜, 考禮釐正, 亦令掌禮院專管擧行.)"(『고종실록』 고종 33년(1896) 7월 24일)

그러자 8월 14일, 궁내부에서 대사·중사·소사에 관한 별지를 개록하여 상주하였는데, 그 중 대사와 중사만 보면 이렇다.

대사 : 원구단, 종묘, 영녕전, 사직단, 대보단.

중사 : 경모궁景慕宮, 문묘文廟, 미성尾星, 기성箕星, 선농, 선잠, 우사雩祀, 관왕묘.

이것은 한마디로 갑오개혁에 의해 폐지된 제사를 복원시킨 것이다. 고종은 러시아공사관에서 1년간 머물렀다. 그리고 1897년 2월 20일, 고종은 경운궁으로 돌아왔다.

15. 칭제건원稱帝建元

황제로 즉위하소서

이럴 즈음 외세는 팽팽한 대립을 보였는데, 이 틈을 이용해 조선은 다소 자주권을 행사할 수 있었다. 이 때 독립협회는 물론 집권 수구당과 재야의 전통 유림들까지 종래의 청나라와 일본, 러시아의 주권 침해를 배제하기 위해 한목소리를 냈다. 자주국가의 정통과 명분을 찾아야한다는 것이었다.

그러자 고종도 국왕의 권력을 강화하고, 독립된 자주 국가를 건설하기 위한 준비 작업에 들어갔다. 갑오개혁기의 원구제 복원이 국왕이 배제된 형식적인 명분이었다면, 아관파천 이후 고종의 환구단 관련 행보는 청과의 단절이라는 외교적 상징뿐 아니라 천자국의 위상을 회복시키려는 노력도 담고 있다.

그런 가운데 이제는 고종의 황제 즉위를 주청하는 목소리도 여기저기서 나기 시작했다. 이러한 움직임은 1897년 5월부터 시작되었다. 그 첫째가 고종 34년(1897) 5월 1일에 전 승지 이최영 등이 올린 상소이다. 그 내용은 고종이 조서와 칙서로 이미 황제 제도를 시행하고 있고, 삼천리 강토와 10만 군대를 거느린 대국이므로, 황제의 자리에 오를 수 있는 모든 조건을 갖추고 있으나 칭호만 그렇지 못하니 걸맞게 해야 한다는 것이다. 즉 실질적으로는 황제이므로, 그에 맞게 황제라는 말을 쓰는 것이 정당하다는 것이다.

약 1주일 뒤(5월 9일)에는 재야 유생인 권달섭權達燮이 상소를 올렸는데, 그는 황제국에서 쓰는 연호나 조서 및 칙서를 지금 사용하고 있다는 현실적 이유와 자주독립국은 황제라는 칭호 사용 여부를 스스로 결정할 문제라며 칭제를 주청한 것이다.

5월 16일에는 중추원 의관議官 임상준任商準이 동방의 역사 전통과 고종의 덕 및 공적을 거론하며 황제 즉위를 주청하는 상소를 올렸다.

열흘 뒤인 5월 26일, 네 번째 상소가 올라왔다. 이번에는 유학幼學 강무형姜懋馨이 복희와 황제 이래로 5천여 년 간 정통으로 물려받은 예악문물이 우리나라에 있기 때문에 존호를 갖는 것이 맞으며, 민비 장례식을 앞두고 슬픔으로 가득한 이 때 존호를 추상하는 것이 신민臣民들의 소원이라고 밝혔다.

수차례의 상소에도 불구하고 고종은 황제로 즉위하겠다는 말을 하지 않았다. 불가하다고 하였다.

『고종실록』에는 없으나『대한계년사』를 보면 전 장연 군수 정교鄭喬도 5월에 상소를 올렸다. 비록 고종에게 전해지지 못했다고 하나, 정교의 상소는 우리나라에서는 단군 이래 군과 왕을 칭하였고, 삼국과 고려시대에도 때때로 연호를 세워 황제의 예를 따른 일이 많았다는 주장과 더불어, 칭제를 반대하는 여러 논리를 반박하는 내용을 담고 있다.

새 연호年號, '광무光武'

황제 즉위 상소에 고무된 것이었을까? 아니면 고종의 치밀한 계산된 행동이었을까? 칭제 상소를 계속 거부하면서 고종은 6월 3일에 국가전례를 정비하기 위해, 역사[史]와 제도[禮]를 연구하는 기관인 사례소史禮所를 설치하였다. 그것은 장차 황제국에 걸맞은 국가 전례典禮를 정비하기 위한 기구이다.

이해 8월 10일에는 원구단의 제기, 악기 조성 때에 감동監董한 궁내부 대신 이하에게 차등을 두어 시상하였다. 고종은 이 때 벌써 원구단 관련 어떤 일을 암중 시키고 있었던 것 같다.

고종은 8월 12일에, 을미년(1895) 11월 15일에 내린 조령과 조칙(건원建元이라는 연호를 세우고 단발령을 내린 것)을 모두 취소하고, 새 연호를 세우라고 하였다. 그리고 8월 13일, 연호年號를 세우는 것을 널리 상고하여 의정議定하라고 명하였다.

이에 따라 8월 14일에 '광무光武', '경덕慶德' 두 가지 연호 중 광무로 정해졌다. 그리고 8월 15일에는 아래와 같이 연호를 정하는 큰 행사를 거행할 것을 명하였다. 그리하여 8월 16일에는 '광무'라는 새 연호를 세운 것을 알리는 고유제告由祭를 원구단 등에서 지냈다. 이 때 범죄자 가운데 모반, 살인, 강도, 절도, 통간通奸, 재물을 탈취한 죄 외에 나이 70살 이상, 15살 이하 및 폐질인廢疾人은 일체 특별히 석방하고 모든 미결수未決囚는 판결을 기다려 일체 일등一等을 감해 주었다.

새 환구단 건립에 대한 본격적 논의는 1897년 9월 21일(양력), 장례원 경掌禮院卿 김규홍金奎弘이 건의를 하면서부터였다. 즉 그전에는 남쪽 교외에서 단지 풍운뢰우의 신들에게만 제사지냈는데 법도에 맞지 않으니, 앞으로 고쳐야 하는데, 각종 신패를 만들어야 하고, 제사에 쓰는 희생, 변두 등의 여러 가지 의식에 관한 글들은 역대의 의례를 널리 상고하여 일정한 규례를 만들어야 한다는 것이었다.

며칠 후(9월 25일), 원구단의 여러 의식 절차를 상고하여 비준을 받은 다음 집행하도록 명에 따라 의견을 수렴한 결과를 의정 심순택이 이렇게 보고하였는데, 고종은 원구단의 여러 의식 절차를 상고하여 비준을 받은 다음 집행하라는 명을 내렸다.

새로운 연호도 정해지고, 원구단에 대한 의견이 공론화됨에 따라, 5

월에 이어, 황제라는 칭호를 쓰고 황제로 즉위하기를 청하는 상소와 주청이 다시 급증하였다. 칭제 및 황제 등극에 대한 논의가 다시 불붙은 것은 고종 34년(1897) 9월 25일(양력), 농상공부 협판協辦 권재형이, 황제라고 칭하는 것이 만국공법상 문제될 것이 없다는 논리의 상소문으로부터였다.

다음날(26일)에는 외부 협판 유기환이 황제를 칭할 것을 주청하는 이런 상소를 올렸다. 우리나라가 명나라를 계승했으므로 그 정통을 이어 황제를 칭하는 것이 옳다는 주장이다. 여기에는 조선=중화 사상이 담겨 있다.

유학幼學 심노문沈魯文도 이날 상소하여, 황제라고 칭호를 높일 것을 청하였고, 9월 28일에는 전 시독前侍讀 김두병金斗秉 역시 그러한 상소를 올렸다.

9월 29일에는 김재현 등 716명이 황제로 칭할 것을 연명으로 상소하였다. 그들은 우리가 이미 연호 등 자주국의 바탕을 마련했고, 만국과 평등관계에 있고, 공법상으로나 영토로 보나 인구로 보아도 문제며 그 정당성을 피력하였다. 이전 상소문의 종합인 듯 한 내용이다.

"'우리 폐하께서는. … 그 크나큰 공렬은 천고千古에 으뜸가는 것이었습니다. 자주권을 잡고 독립의 기틀을 마련하여 드디어 연호를 세우고 조칙詔勅을 시행하며 모든 제도가 눈부시게 바뀌었으니 이는 참으로 천명이나 인심으로는 할 수 없는 일을 한 것입니다. … 그런데 미처 하지 못한 것으로는 오직 황제의 큰 칭호를 정하지 못한 일입니다. …대체로 복희伏羲와 신농神農은 '황皇'이라고 불렸고 요堯나 순舜은 '제帝'라고 불렸으며 하우夏禹나 성탕成湯, 주 문왕周文王이나 무왕武王은 '왕王'이라고 불렸습니다. 역대의 변천은 비록 다르지만 가장 높인 것은 한결같았습니다. 진 나라와 한 나라 이후로 '황'과 '제'를 합쳐

'황제'로 불렸으며 '왕'의 지위는 드디어 오작五爵의 위에 놓이게 되었습니다.

… 우리나라는 지역 경계가 중국과 잇닿아 있고 나라가 나누어지고 통합된 것이 일정하지 않았습니다. 그러나 신라, 고구려, 백제 세 나라는 각각 그 땅의 주인으로 다같이 왕의 칭호가 있었으며 심지어 송양松讓, 가야, 예맥濊貊, 어진女眞, 담라耽羅 등의 작은 나라들도 각기 왕으로 불렸습니다. 고려 때 통합하여 다만 묘호廟號만 썼으며 본조本朝에서는 옛 관습을 그대로 물려받았습니다. 이것은 당 나라와 송 나라 이후 그 나라들이 멀리서 존호를 견제하였기 때문입니다.

오직 우리 폐하께서는 성덕聖德이 날로 새로워져 문교文敎가 멀리 미치고 머나먼 외국들과 외교 관계를 맺어 만국萬國과 같은 반열에 놓이게 되었는데도 오히려 옛 칭호를 그대로 쓰고 있으니 실로 천심天心을 받들고 백성들의 표준이 되는 도리가 아닙니다.

적이 살펴보건대, 구라파와 아메리카의 여러 나라들은 모두 다 평등하게 왕래하고 높고 낮음의 구분이 없는데 아시아의 풍속은 그렇지 않으므로 그 칭호를 보고 혹 불평등하게 대우한다면 교류함에 있어서 지장을 가져오지 않을 수 없습니다. 이것은 참으로 충신忠臣과 의사義士들이 밤낮으로 분개하는 것입니다.

이제 빨리 황제의 칭호를 올려 여러 나라에 공포한다면 시기하고 의심하는 것이 날로 없어지고 우의友誼가 더욱 돈독해져 앞으로 길이 천하 만대에 할 말이 있을 것입니다.

우리나라의 강토는 한 나라와 당 나라의 옛 땅에 붙어있고 의관과 문물은 다 송 나라나 명나라의 옛 제도를 따르고 있으니, 그 계통을 잇고 그 칭호를 그대로 쓴들 안 될 것이 없습니다. 이것은 바로 독일이나 오스트리아가 다 같이 로마의 계통을 이은 것과 마찬가지입니다.

독립과 자주는 이미 여러 나라가 공인하였으니 당당한 존호에 거하는 것은 응당 실행해야 할 큰 법도인데 폐하께서는 무엇을 꺼려서 하지 않는 것입니까?

신 등이 《공법公法》을 가져다 상고하여 보니, 거기에 쓰여 있기를, '나라의 임금이 반드시 황제의 칭호를 가져야만 칭제稱帝하는 나라들과 평등하게 외교권을 행사할 수 있는 것은 아니다'라고 하였는데 신들은 이 말이 황제를 칭해서는 안 된다고 하는 말은 아니라고 생각합니다.

… 또 그 공법의 주석註釋에 '러시아의 임금이 칭호를 고쳐 황제로 하였는데 각 나라들에서 좋아하지 않다가 20년을 지나서야 인정하였다'라고 하였습니다. 신 등이 이에서 보건대 우리가 우리나라의 일을 행하고 우리가 우리나라의 예를 쓰는 것은 우리 스스로 행할 수 있다고 생각합니다. …

또 논의하는 자들이 말하기를, "'왕'이나 '군君'이라고 하는 것은 한 나라 임금의 칭호이며 '황제'라는 것은 여러 나라를 통틀어 관할하는 임금의 칭호이므로 넓은 영토와 많은 백성들을 가지고 여러 나라를 통합하지 못하였다면 황제라고 불러서는 안 된다'고 합니다. 그러나 우리나라는 삼한의 땅을 통합하여 영토는 사천 리를 뻗어있고 인구는 2천만을 밑돌지 않으니 폐하의 신민臣民된 사람치고 누군들 우리 폐하가 지존의 자리에 있기를 바라지 않겠으며 지존의 칭호를 받기를 바라지 않겠습니까. 옛 것을 인용하여 오늘에 증명하고 여정輿情을 참작하고 형세를 헤아려 보아도 실로 시행하지 않을 수 없습니다.(我陛下 …其弘功盛烈, 卓冠千古. 握自主之權, 定獨立之基, 遂乃建年號而行詔勅, 凡所制作, 煥然改觀. 此誠天命人心之莫之爲而爲者也. … 但所未遑而不擧者, 惟皇帝之大號是已. … 夫羲‧農稱皇, 堯‧舜稱帝, 禹‧湯‧文‧武, 稱王. 歷代之沿革, 雖不同, 其爲至尊, 則一也. 秦‧漢以降, 合皇與帝, 而以皇帝稱之. 王位則遂列於五爵之上

矣. … 我邦地界, 毗連中土, 分合無定. 然新羅·高句麗·百濟三國, 各主其地, 均有 王號. 至若松讓·伽倻·穢貊·女眞·耽羅等膝小之國, 亦各稱王. 麗朝統合, 只用廟 號, 本朝受禪, 舊貫斯仍. 寔由唐·宋以下遙相控制故也. 惟我陛下聖德日新, 文教 遠被, 梯航交聘, 萬國同列, 而猶復襲用舊號, 則實非所以對揚天心·標準斯民之道 也. 竊觀歐美諸國, 率皆平行往來, 無分軒輊. 而亞俗不然, 視其位號, 偶或不等, 則 在交際, 不免有所妨礙. 此誠忠臣義士夙宵憤慨者也. 今若早進大號, 聲明萬國, 則 猜嫌日銷, 友誼益敦, 其將永有辭於天下萬世矣. 我邦疆土, 係是漢·唐古地, 衣冠 文物, 悉遵宋·明遺制, 接其統, 而襲其號, 無所不可. 正如德·奧之均接羅馬之統也. 獨立·自主, 旣經萬國公認, 居正履尊, 寔係應行大典, 陛下何憚而不爲乎? 臣等取 考其公法書, 有曰: '國主非必有帝號, 方與稱帝之國平行.' 臣等以爲此說非曰不可. … 又其公法疏註曰: '俄君改稱皇帝, 各國不悅, 越二十餘年, 方認之.' 臣等以爲觀 於此則我行我事我用我禮, 均可自由行之. …且論者曰: '王者·君者, 有一國之稱, 而皇帝者, 統轄衆邦之稱. 不有拓土廣民統合各邦, 則不當稱之'云. 然我邦統合三 韓, 陸地疆土, 延互四千里, 人口不下二千萬, 在今日爲陛下臣民者, 孰不望我陛下 處至尊之位而膺至尊之號哉. 援古證今, 酌情度勢, 寔所不容不行之者也.)"(『고종 실록』 고종 34년(1897) 9월 29일)

다음날(30일)에는 관학 유생館學儒生인 진사 이수병李秀丙 등도 역시 황제로 칭할 것을 주청하였다. 신하들의 계속되는 주청에도 불구하고 고종은 칭제를 허락하지 않았다.

환구단[5]을 세우다

고종은 칭제를 거부하면서도 다른 한편으로는 환구단을 세우는 준 비를 착착 진행하고 있었다. 장례원 경 김규홍金奎弘 등이, 며칠 전 고

---

5 앞에서는 圜丘를 대부분 원구로 통일하였다. 단 고종황제 때에는 圜丘를 흔히 환구라고 하였 으므로 그에 따른다.

종의 명에 따라 원구단을 설치할 터를 살폈는데, 10월 1일에 남서南署 회현방會賢坊 소공동小公洞(亥坐巳向 ^{해 좌 사 향})이 길지이며, 다음날부터 일을 시작하자고 보고하였다.

원구단이 만들어질 장소는 소공동 언덕인데, 그곳은 지금의 조선호텔 일대이다. 그런데 이곳은 원래 태종의 둘째 딸 경정공주와 부마 조대림의 집이 있었기 때문에 '작은 공주댁', '소공주댁'이라 불렀다. 뒷날 선조 16년(1583)에는 이 집을 화려하게 보수하여 셋째 아들 의안군의 별궁이 되었던 곳이다. 1592년 임진왜란이 일어나자 한성을 점령한 일본군 총사령관 우키다 히데이에宇喜多秀家가 주둔하였으며, 이듬해 이를 쫓아낸 명나라 장수 이여송의 거처하기도 하였다. 이를 계기로 이후 영은문을 거쳐 한양으로 들어온 명나라 사신을 이곳에서 접대하게 됨에 따라 남별궁南別宮이라 칭하게 되었다. 중국의 영향력을 상징하던 남별궁 자리에 원구단을 만드는 것은 사대관계를 청산하고 조선(대한제국)이 자주독립국임을 드러내려는 의지를 함축한 것으로 보인다.

여기서 특징적인 것은 환구단을 성 밖 남쪽 교외(남교)에 쌓은 것이 아니라 도성 내에 만들었다는 점이다. 왜 였을까? 이와 관련하여『대한예전』「단묘도설壇廟圖說」은 이렇게 밝히고 있다.

"역대 전례를 살펴보면 환구단은 모두 남교에 있었다. 그러나 본조本朝는 황성[도성] 내 회현방 경운궁의 동쪽에 두었으니, 그 예법은 취하였지만 그 발자취에 구애받지 않았다. 그리하여 '교'라고 하지 않고 '환구'라고 하였으니, 시대를 쫓아 마땅한 것을 제정하려는 뜻이다."[6]

즉 환구단을 교외에 건립하던 전통적인 방식을 따르지 않고 황성 내

---

6 이욱,「대한제국기 환구제에 관한 연구」, 193-194쪽 재인용.

에 궁궐 앞에 세운 것을 예법의 의미만을 취하고 역사상의 규범에 구애받지 않았음을 밝히고 있다.

그렇다면 당시 환구단은 어떤 모습일까? 초기 환구단의 구체적 모습은 이렇다.

"이전 남별궁 터전에 단을 모았는데 이름은 환구단圜丘壇이라고도 하고 황단皇壇이라고도 하는데, 역군과 장색匠色(공인을 말한다) 천여 명이 한 달이 못되어 이 단을 거의 다 건축하였는데, 단이 3층이다. 맨 밑층은 장광이 영 척으로 일백사십사 척 가량인데 둥글게 돌로 쌓아 석자 길이 높이를 쌓았고, 제 이층은 장광이 칠십이 척인데 밑층과 같이 석자 높이를 쌓았고, 맨 위층은 장광이 삼십육 척인데 석자 높이를 돌로 둥글게 싸서 올렸고, 바닥에는 모두 벽돌을 깔고 맨 밑층 가로는 둥글게 석축을 모으고 돌과 벽돌로 담을 쌓았으며 동서남북으로 홍살문을 하여 세웠는데 남문은 문이 셋이다."(〈독립신문〉, 1897, 10, 12)

환구단 일대 원경
원경에 북한산 보현봉과 백악산이 왼쪽으로 치우쳐있고, 중앙부에 황궁우와 그 오른쪽에 환구단이 있다. 특히 서향으로 정면 세 칸, 측면 두 칸 크기의 맞배지붕 형태를 한 환구단 전체의 정문이 보인다.(출처: 홍순민 외, 『서울 풍광』, 청년사, 2009, 79쪽)

9월 말에 시작하여 1,000여명의 인원을 동원한 결과, 불과 10일만에 완공된 환구단은 하늘을 상징하는 3층의 원단이며, 땅을 상징하는 사각형의 담장이 이를 둘러싸고 있다.

　10월 1일, 이날에는 의정부 의정 심순택沈舜澤과 특진관 조병세趙秉世 등이 백관들을 거느리고 정청庭請하여 황제로 칭할 것도 아뢰었다. 그들은 고종이 황제의 지위에 오르는 것은 우리가 타국의 간섭을 받지 않는 자주권을 지닌 나라임을 선포하기 위함임을 말하고 있다. 그 근거를 각국이 서로 대등한 권리를 지닌다는 근대적 평등권을 명문화한, 만국공법에서 찾는다. 사실 당시 세계 열강들은 조선을 잡아먹기 위해 혈안이 되어 있었다. 그런 상황에서 국제법에 의거하여 독자적으로 칭제건원하며 상제에게 천제를 올리는 것은, 비록 그 실효성에 있어서는 의문이 들지만, 적어도 명목상이나마 조선이 스스로 자주 국가임을 만방에 알릴 수 있었다.

환구단 전경
이중으로 둘러싼 담장이 있고, 왼쪽 가장자리 중간에 환구단 정문 일부가 보인다. 좌우에 홍살문이 보이고, 중앙에 화강암 난간을 두른 3층의 원형 단과 그것을 덮은 지붕이 보인다. 왼쪽에 원구단에서 황궁우로 통하는 홍예문 삼문과 그 안에 있는 황궁우도 보인다.

이에 고종은 "어제 연석筵席에서 이미 짐의 뜻을 다 말하였는데, 또 이렇게 서로 이끌고 와서 호소하니, 실로 이해할 수 없다. 이것은 반드시 애써 따를 수 있는 일이 아닌데 줄곧 번거롭게 청하니, 그것이 온당한 것인지 모르겠다.(昨筵, 已悉朕意, 又此相率庭籲, 實未可曉也. 此是必不可勉從之事, 而一直煩請, 未知其穩當矣.)"(『고종실록』 고종 34년(1897) 10월 1일)하였다.

다음날, 심순택 등이 정청하여 두 번, 세 번 아뢰었다. 계속하여 다섯 번째 아뢰니 고종은 "이처럼 서로 버티니 어쩔 수 있겠는가.(如是相持, 得不如何乎.)"(『고종실록』 고종 34년(1897) 10월 2일)하였다.

이날, 전 승지 김선주, 유학幼學 곽선곤, 전 지사前知事 정재승 등도 상소를 올려 황제로 높여 부를 것을 청하였으나 고종은 역시 거부하였다.

10월 3일, 심순택과 조병세 등이 백관을 거느리고 다시 정청하여 아뢰었다.

그러자 고종이 이렇게 답하였다.

"짐이 덕이 없다 보니 보위에 오른 지 34년간 어려운 일을 많이 만나다 못해 마침내 만고에 없는 변까지 있게 되었다. 또한 정사가 뜻대로 되지 않아 눈에 보이는 것이 모두 근심스러운 일이니 매번 생각할 때마다 부끄러워 등에 땀이 흐른다. 그런데 지금 막중한 대호大號를 걸맞지 않은 나에게 올리려고 관리들은 상소를 갖추어 청하고 대신들은 연석筵席에 나와서 청하며 온 나라의 모든 군사들과 백성들은 복합伏閤하여 청하여 상하가 서로 버티어 그칠 날이 없다. 온 나라의 같은 심정을 끝내 저버릴 수 없어서 곰곰이 이에 마지못해 애써 따르겠다. 이것은 중대한 일이니 마땅히 예의禮儀를 참작하여 행하도록 하라.(以朕否德, 臨御三十四載, 遭時多艱, 竟有萬古所未有之變. 且治不徯志, 憂虞溢目, 每自思惟, 愧汗浹背. 今以莫大之典, 擬諸不稱之地, 縉紳具牘而請, 大臣登筵而請, 六

軍萬民伏閤而請, 上下相持, 歇泊無期. 大同之情, 不可終孤, 積費商量, 玆不得已勉
從. 此大事, 宜其斟酌禮儀而行也.)"(『고종실록』고종 34년(1897) 10월 3일)

5월부터 이때까지 약 5개월 동안, 실로 수많은 상소를 접한 끝에, 고종은 10월 3일, 마침내 칭제를 허락하였다. 고종의 승낙 배경에는 유교의 정통의식이나 만국공법, 나아가 명분상 전국민적 지지 등의 요인이 크게 작용한 것으로 보인다.

이날 고종은 관료들과 황제 국가의 제도에 대해 논의하면서 음력 9월 17일(양력 10월 12일)을 책봉일로 잡았다. 즉위 날짜가 결정되었으니 이제 남은 것은 의례 일정에 따라 하나하나 준비 및 실천하는 일만 남았다. 책문冊文과 보인寶印, 고유제 준비도 그 하나이다.

황제국 상징 도장

그 중 가장 중요한 것의 하나는 황제 즉위에 필요한 보책寶冊[도장과 책봉문]이다. 왕에서 황제로 바뀌었으므로 황제에 걸맞은 도장을 새로 만드는 일은 무엇보다 중요하다. 도장은 '새璽', '보寶', '인印', '장章' 등으로도 쓰이는데, 동아시아에서는 과거에 사대질서에 따라 황제·천자를 상징하는 도장을 '새'·'보', 신하·제후들이 쓰는 도장을 '인'이나 '장'이라고 했다. 이런 경향은 특히 진시황이 중원을 통일하고 전국새傳國璽(혹은 受命璽)를 제작하면서부터였다. 이후 측천무후가 '새'의 발음이 '사死'와 비슷하다는 점을 꼬집어 '보'로 고치고 난 후, 송·원 이래로 명·청대까지 '새'와 '보'가 제왕 인장의 명칭으로 같이 사용되었고, 두 글자가 합쳐 사용되기도 하였다.[7]

국새란 국권의 상징으로, 국가 문서에 사용하던 도장을 말한다. 조

---

7 성인근,『고종황제 비밀 국새』, 소와당, 2010, 12-14쪽.

선시대의 경우 국새는 대부분 명·청의 황제들에 의해 책봉과 더불어 받았다. 그러므로 국새에 '새'나 '보'자를 거의 사용할 수 없었다. 도장 내용은 "조선국왕지인朝鮮國王之印"에서와 같이, 대부분 "인"이라고 하였다. 뿐만이 아니다. 국새는 손잡이 장식[紐]도 차이가 있었다. 천자를 상징하는 황제는 '용' 손잡이를 사용하였고, 제후(임금)는 '거북이' 손잡이를 사용하였다.

그런데 고종이 황제로 즉위하고 대한제국이 선포되면서 국새에 큰 변화가 일어났다. 고종은 황제로 즉위하기 이전에는 조선 왕의 신분에서 각종 도장을 만들어 사용하였지만, 대한제국을 수립하면서 황제의 나라에 걸맞게 인장을 제작케 하였다. 이 일을 고종은 10월 4일부터 추진하였다.[8] 황제 즉위에 필요한 보책을 만들기 위해 보책조성소를 설치한 것이다. 이 때 만들어진 황제의 국새가 "대한국새大韓國璽", "황제지새皇帝之璽", "황제지보皇帝之寶"(3과), "칙명지보勅命之寶"(2과), "제고지보制誥之寶", "시명지보施命之寶" 등 총 9과이다. 기록에는 보이지 않으나 2008년 국립고궁박물관에서 재미교포로부터 구입한 "황제어새皇帝御璽"와 같은 비밀 국새도 있었다. "대한국새"로 보면 고종은 국호가 정해진 10월 11일 이전에 벌써 국호로 대한을 결정해놓은 듯하다.

이 때 제작된 9과 옥새를 분석해보면 고종의 의지를 읽을 수 있다. 9가지 도장의 내용(보문)이 "인"에서 모두 황제의 도장을 지칭하는 "새"(2가지)나 "보"(7가지)로 바뀌었다. 손잡이 장식도 바뀌었는데 "황제지보"만 거북 모양이고 나머지는 모두 황제를 상징하는 용 모양의 손잡이로 제작되었다.

이러한 큰 변화는 조선이 청과 더 이상 사대관계가 아니며, 조선이

---

8 가장 늦게 제작된 것은 시명지보로 1898년 윤 3월 20일에 이르러 완료되었다.

중화의 계승자, 천자의 나라, 황제국, 천자국의 황통을 회복하였음을 상징한다. 고종은 조선이 천자국의 종주, 자주독립국가임을 만방에 선포한 것이다.

10월 9일(양력), 고종은 상제를 공경할 것에 대해 백관과 집사들에게 이렇게 명하였다.

"오직 상제上帝가 날마다 여기를 내려 보고 있으니 마땅히 정성스러운 마음을 가지고 대해야 하며 털끝만큼이라도 정성스럽지 못한 뜻이 있어서는 안 된다. '상제가 내려와 그대를 보고 있으니, 그대는 딴

고종황제의 비밀국새 황제어새皇帝御璽
손잡이는 거북 형태이고 인면印面에는 '皇帝御璽'가 새겨져있다. 다른 어새에 비해 크기가 작은데, 비밀 외교 활동을 펴며 이태리 군주, 러시아 황제, 독일 황제 등에게 보낸 친서에 사용하였으나 대한제국 황실 공용公用의 보인寶印과 부신符信을 수록한 『보인부신총신寶印符信總數』에 실리지 않은 것으로 보아 고종황제의 비밀국새로 보인다. 2008년 국립고궁박물관에서 재미교포로부터 구입하였다.

제고지보制誥之寶
1897년 대한제국을 선포하면서 제작한 국새 가운데 칙임관(문관의 품계 중 3품에서 6품에 해당) 임명에 사용한 국새이다. 황제국을 상징하는 용을 손잡이로 달았다.(국립전주박물관 소장)

칙명지보勅命之寶
1897년 대한제국을 선포하면서 제작한 국새 가운데 황제의 명령인 조칙에 사용한 국새이다. 황제국을 상징하는 용을 손잡이로 한다. (국립중앙박물관 소장)

마음을 먹어서는 안 된다.'고 한 것은 바로 이를 두고 한 말이다. 사람들은 다만 하늘이 아득히 멀고 귀신이 은미하다는 것만 알 뿐이지 구석구석 훤히 살펴보고 있다는 것은 알지 못한다. 대체로 정성이 있으면 감응이 있고 정성이 없으며 감응이 없으니, 제계하고 깨끗이 하며 의복을 성대히 하여 제사 받들기를, 마치 하늘이 위에서 굽어보고 있는 듯이 하여야 한다. 이것이 옛날의 성스럽고 밝은 제왕들은 하늘을 공경한 까닭으로 그 내용이 문헌에 상세히 실려 있다. 하늘과 사람은 원래 두 가지가 아니니, 성인은 바로 말을 하는 하늘이며 성인의 말은 곧 하늘의 말이다. 공경은 한결같은 것을 위주로 하며 한결같으면 정성스럽고 정성스러우면 하늘을 감동시킬 수 있다. 지금 대사大祀를 당하여 백관과 집사들은 각자 마땅히 삼가야 할 것이다.(惟皇上帝, 日監在茲, 當誠心而對越, 不可有一毫不誠底意. '上帝臨汝, 無貳爾心'者, 政謂此耳. 人只見穹蒼杳冥·鬼神幽隱, 而不知屋漏暗室, 無微不燭. 夫有誠則有物, 不誠則無物. 齊明盛服, 洋洋乎如在其上矣. 古昔聖帝明王, 所以敬天者, 諄諄然載在方冊. 天人本無二致, 聖人乃能言之天也, 聖人之言, 卽天之言也, 敬主於一, 一則誠, 誠則可以格于上天矣. 今當大祀百官執事, 各宜慎之.)"(『고종실록』고종 34년(1897) 10월 9일)

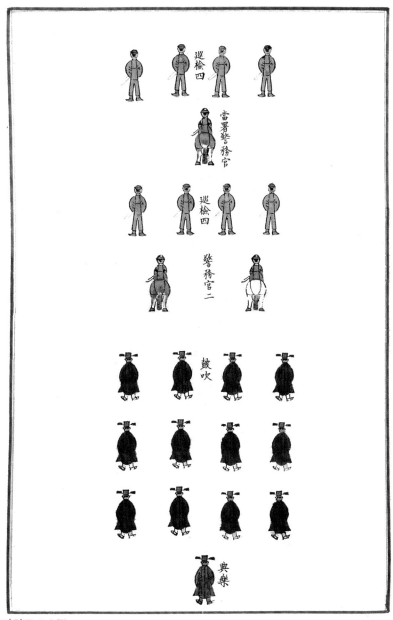

반차도班次圖

『대례의궤』에는 네 종류의 반차도가 실려 있는데, 이는 그 중 대례시 황제의 옥보玉寶를 궁에서 내와 환구단으로 운반하는 행렬도이다. 참가 인원은 모두 100명으로, 순검과 경무관이 앞에서 선도하고, 그 뒤를 고취鼓吹, 향정香亭, 용정龍亭과 황제의 옥보를 실은 요여腰輿가 따르고 있다.

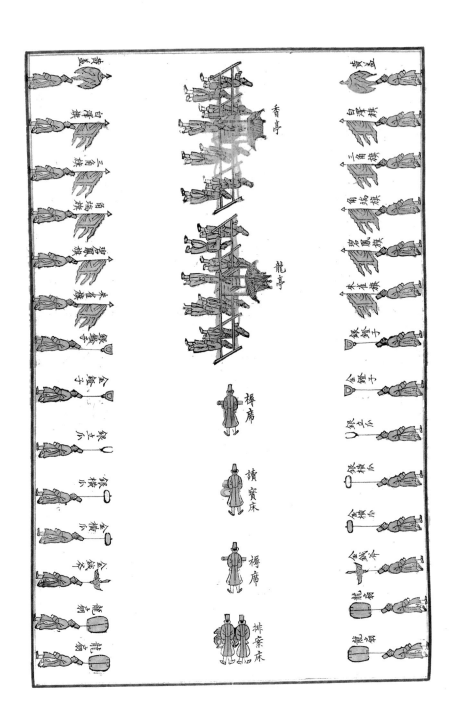

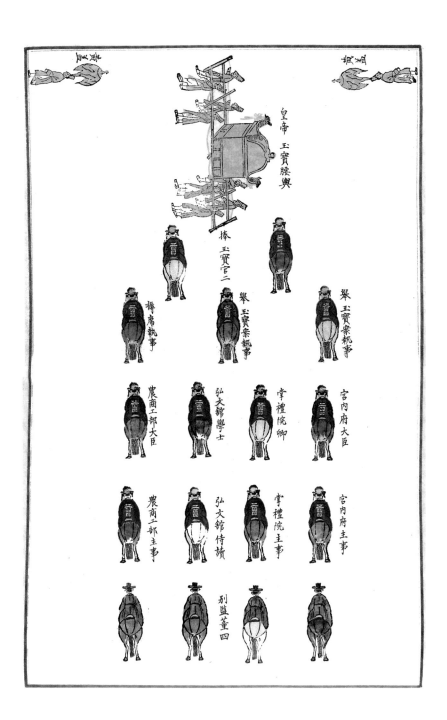

16. 환구단 천제와 황제 즉위

새 국호, '대한大韓'

10월 11일 오후, 고종은 환구단에서 등극하기 전에 천지에 제사를 올릴 때 쓸 희생犧牲과 제기祭器 등을 돌아보았다. 당시 고종이 경운궁을 출발하여 환구단으로 갈 때 모습을 보자.

"십일일 오후 두 시 반, 경운궁에서 시작하여 환구단까지 길가 좌우로 각 대대 군사들이 질서정연하게 배치되었다. 순검들도 몇 백 명이 틈틈이 벌려 서서 황국의 위엄을 나타냈다. 좌우로 휘장을 쳐 잡인 왕래를 금하였고 옛적에 쓰던 의장등물을 고쳐 황색으로 만들어 호위하게 하였다. 시위대 군사들이 어가를 호위하고 지나갈 때에는 위엄이 웅장했다. 총 끝에 꽂힌 창들이 석양에 빛을 반사하여 빛났다. 육군 소장들은 금수로 장식한 모자와 복장을 하였고, 허리에는 금줄로 연결된 은빛의 군도를 찼다. 옛 풍속으로 조선 군복을 입은 관원들도 있었으며 금관 조복金冠朝服한 관인들도 많이 있었다. 어가 앞에는 대황제의 태극국기가 먼저 지나갔고, 대황제는 황룡포에 면류관을 쓰고 금으로 채색한 연을 탔다. 그 뒤에 황태자가 홍룡포를 입고 면류관을 쓴 채 붉은 연을 타고 지나갔다. 어가가 환구에 이르자 제향에 쓸 각색 물건을 둘러보고. 오후 네 시쯤 환어하였다."(《독립신문》, 1897. 10. 14)

고종은 당시 감성監省을 마치고 환구단에서 신하들과 의논하는 가운데, 중요한 한 가지를 결정하였다. 대화 내용을 들어보자.

고종: "정사를 모두 새롭게 시작하는 지금에 모든 예禮가 다 새로워졌으니 원구단에 첫 제사를 지내는 지금부터 마땅히 국호國號를 정하여 써야 한다. 대신들의 의견은 어떠한가?(今於一初之政, 百禮俱新, 自今肇禋圓丘之時, 宜用定有天下之號也. 大臣之意何如?)"

심순택: "우리나라는 기자가 쓴 조선이란 이름을 그대로 칭호로 삼았는데 애당초 타당치 못합니다. 지금 나라는 오래되었으나 천명이 새로워졌으니 천하의 호[국호]를 정하는 것이 전칙典則에 합당합니다.(國家, 因箕子舊封朝鮮之名, 仍以爲號, 未始爲切當. 今於邦舊命新之日, 定有天下之號, 應合典則矣.)"

조병세: "천명이 새로워지고 온갖 제도도 다 새로워졌으니, 국호도 역시 새로 정해야 할 것입니다. 지금부터 억만 년 무궁할 터전이 실로 여기에 달려 있습니다.(天命維新, 百度皆新, 有天下之號, 亦宜新定. 自今伊始, 萬億年卜世祈永之本, 實在於此矣.)"

고종: "우리나라는 삼한三韓의 땅이다. 국초에 천명을 받고 하나의 나라로 통합되었다. 지금 국호를 '대한大韓'이라고 정한다고 해서 안 될 것이 없다. 또한 매번 각 국의 문서를 보면 조선이라고 하지 않고 한韓이라 하였다. 이는 아마 미리 징표를 보이고 오늘이 있기를 기다린 것이니, 세상에 공표하지 않아도 세상이 모두 다 '대한'이라는 칭호를 알고 있을 것이다.(我邦乃三韓之地, 而國初受命, 統合爲一. 今定有天下之號曰'大韓', 未爲不可. 且每嘗見各國文字, 不曰'朝鮮', 而曰韓者, 抑有符驗於前, 而有竢於今日, 無待聲明於天下, 而天下皆知大韓之號矣.)"

심순택: "삼대三代 이후부터 국호는 예전 것을 답습한 경우가 아직 없었습니다. 그런데 조선은 바로 기자가 옛날에 봉해졌을 때의 칭호이니, 당당한 황제의 나라로서 그 칭호를 그대로 쓰는 것은 옳지 않습니다. 또한 '대한'이라는 칭호는 황제의 계통을 이은 나라들을 상고해

보건대 옛것을 답습한 것이 아닙니다. 성상의 분부가 매우 지당하니, 감히 보탤 말이 없습니다.(自三代以來, 有天下之號, 未有承襲于前者矣. 而朝鮮乃箕子舊封之號也, 堂堂帝國, 不宜因仍其號矣. 且大韓之號, 稽之帝統之國, 無襲舊者矣. 聖旨切當, 無敢贊辭矣.)"

조병세: "각 나라의 사람들이 조선을 한이라고 부르는 것은 그 상서로운 조짐이 옛날부터 싹터서 바로 천명이 새로워진 오늘날을 기다렸던 것입니다. 또한 '한' 자의 변이 '조朝'자의 변과 기이하게도 들어맞으니 우연이 아닙니다. 이것은 만년토록 태평 시대를 열게 될 조짐입니다. 신은 흠앙하여 칭송하는 마음을 금할 수 없습니다.(各國人之以朝鮮稱韓者, 其祥已兆於平昔, 而政待天命維新之日矣. 且韓字扁旁, 因朝字扁旁, 亦奇合而不偶矣. 此萬世開太平之應也. 臣不勝欽仰攢頌矣.)"

고종: "국호가 이미 정해졌으니, 원구단에 행할 고유제告由祭의 제문과 반조문頒詔文에 모두 '대한'으로 쓰도록 하라.(有天下之號旣定, 圜丘壇告由祭文及頒詔文. 竝以大韓, 書之可也.)"(『고종실록』 고종 34년(1897) 10월 11일)

이는 조선이라는 이름은 기자가 옛날에 봉해졌을 때의 칭호이므로 버리고 당당한 황제의 나라로 새 국호가 있어야 하는데, 우리나라는 곧 삼한三韓의 땅인데, 국초에 천명을 받고 하나의 나라로 통합되었으니 '대한大韓'으로 함이 마땅하다는 것이다.

'대한'은 어떤 의미를 함축하고 있을까? '한'은 '하나[一]'의 의미를 지닌다. 하나란 수량적으로 보면 하나이다. 그러나 '한'은 또한 '무궁無窮', '큰[大]'이라는 뜻도 함축한다. '한'은 절대수의 개념을 가진 것이어서 포월적인 전체를 나타내기도 한다.

「천부경」에 이런 말이 있다.

"하나는 천지만물이 비롯된 근본이지만, 무에서 비롯된 하나이어라.

이 하나가 하늘과 땅과 사람, 즉 삼극으로 나뉘어 작용해도 그 근본은 다함이 없어라. 하늘은 창조운동의 뿌리로서 첫째가 되고, 땅은 생성운동 근원되어 둘째가 되고, 사람은 천지의 꿈 이루어서 셋째가 되니,(一始無始一. 析三極, 無盡本. 天一一, 地一二, 人一三.)"[9]

'하나'는 천·지·인 삼재를 존재하게 하는 뿌리인 것이다. 그러므로 '한'에는 '천天', '하늘'의 의미도 있다.

'한'에 '천天', '하늘'의 의미가 있다면, 여기에 인격적 존칭인 '님'을 붙인 '한님'은 곧 '하늘님'을 말한다. 결국 '한'은 하나이면서 전체인 영원한 초월자, 곧 하늘님이다. 하늘님은 만물의 존재 근거며, 우주 만물은 그로부터 나왔다.[10]

'한'은 '광명'도 상징한다. 광명은 우주 만물의 실상이요 본성이다. 우리 조상들은 하늘에서 내려오는 환하고 빛나는 광명을 '환桓', 땅의 광명을 '단壇', 그리고 천지의 광명을 실현하는 주체를 '한韓'이라 했다. '한'의 뿌리는 바로 신교 삼신의 광명정신이다.[11]

『태백일사』「소도경전본훈」은 "한韓이 역사의 통치자인 황皇(임금)이라는 뜻이 있으며, 이 황은 크다는 뜻이고, 크다는 것은 하나[一]라는 뜻이다.(韓卽皇也. 皇卽大也, 大卽一也.)"라고 밝힌다. 즉 한韓 = 황皇 = 태太 = 일一이라는 것이다.

우리가 '한민족'이라고 말할 때 '한'에는 이러한 여러 가지 의미가 모두 함축되어 있다. '대한' 역시 마찬가지이다. '대한'의 '한'에는 '하늘님, '광명'이라는 의미 모두가 들어있다. 이런 맥락에서 보면 '대한 사람', '한민족'은 하늘님, 상제님의 백성, 천지 역사의 주체로서 하늘

----
9 안경전 역주, 『환단고기』, 상생출판, 2012, 1035쪽.
10 유동식, 『풍류도와 한국의 종교사상』, 연세대학교출판부, 1997, 63-64쪽.
11 안경전, 『개벽 실제상황』, 대원출판, 2005, 196쪽.

땅 역사의 끝매듭과 새로운 시작을 이루어야 하는 천명을 받은 민족이다.[12]

고종이 대한이라고 한 것에는 우리의 지난날 역사의 영광을 회복하려는 고종의 의지가 담긴 것으로 볼 수도 있다. 앞에서 우리는 고조선의 왕검이 천하의 땅을 요동과 만주지역에 걸쳐 있던 진한, 요서 지역의 번한, 한반도의 마한이라는 삼한으로 나누어 다스렸음을 지적하였다. 고종은 이렇게 넓고 웅대하였던 우리의 옛 고조선 삼한을 크게 하나로 통일한다[三韓一統]는 의미로 국호를 대한이라고 하였다.

상제에게 올린 고유제告由祭

10월 12일(음력으로는 9월 17일)에 행한 황제 즉위식은, 먼저 환구단에서 천지에 고유제를 지내고, 그 다음에 황금색 의자에 앉아 황제의 옷을 입고, 황제의 도장을 받는 일로 이어졌다.

고종이 환구단에서 황천상제에게 제사를 올리고 황제의 자리에 오르는 과정은 대한제국이 천자국의 위상을 회복하는 역사적 사건이었다. 이 과정을 대부분의 사람들은 잘 모른다. 그러므로 당시 의례를 기록한『대례의궤大禮儀軌』[13]를 통해, 준비 과정과 그 실제 모습을 그려보는 것도 의의가 있을 것 같다. 그것은 온전한 황제로서 천자로서의 친사가 우리 역사에서 사라졌다가 극적으로 부활된 대사건이기 때문이다.

『대례의궤大禮儀軌』에는 고종이 환구단에 나아가 경계警戒하고, 제사

---

12 안경전,『개벽실제상황』, 2005, 196쪽.
13 대한제국의 성립 과정을 가장 잘 알려주는 직접적인 자료는『대례의궤大禮儀軌』이다. 이는 1897년 9월 칭제稱帝운동이 시작되어 10월 12일 환구단에서 고유제를 지내고, 다음날 고종이 황제에 등극하고, 이어 왕후와 왕태자가 황후, 황태자로 책봉되고, 10월 13일에 대한제국이 선포되는 과정을 담고 있다.

『대례의궤大禮儀軌』
고종이 황제에 즉위하고 대한제국을 선포하는 과정을 기록한 책이다. 이 표지는 서울대학교 규장각에 소장된 어람용『대례의궤』를 1책으로 축소 영인한 책의 표지이다.

하고, 등극하고, 대한제국을 선포하는 등에 대한 23가지의 의례가 기록되어 있다. 여기서는 그 중 고종이 궁을 떠나 환구단으로 가는 모습과 고유제告由祭를 올리고 황제에 등극하는 과정을 중심으로 알아본다.[14]

먼저 고종이 환구 제사 때 궁을 나가는 의식을 보자. 이틀 전에 폐하의 대차大次[15]를 외유外壝[16]동쪽에 설치한다.

행사 당일에 북이 초엄初嚴[17]을 울리면 시종원侍從院이 노부의장鹵簿儀仗[18]을 평상시와 같이 진설한다. 제위諸衛가 각각 부대를 통솔하여 들어와 도열하고, 태복사관太僕司官이 궁 안에서 탈 가마[轎]를 인화문[19]안에, 궁 밖에서 탈 수레[輿]를 합외閤外에 대령한다.

----
14 『대례의궤』번역문은 전통예술원 음악사료강독회,『국역 고종대례의궤』상, 민속원, 2012; 서울대학교 규장각,『대례의궤』, 2001에 의존하였다. 고유제를 올릴 때 사용된 각종 제기류 그림은 246~251쪽을 참조하라.
15 궁궐의 조회나 제례 때 왕이 행사 전에 임시로 머물 수 있도록 만든 시설.
16 유壝는 단壇의 바깥에 흙을 모아 낮게 쌓은 담을 말한다. 유의 내부에 제단을 쌓기 위해 다져놓은 땅인 선墠이 있고, 선의 가운데에 단을 쌓는다. 외유란 제단 둘레에 있는 두 개의 담 가운데 밖에 있는 담을 말한다.
17 엄嚴은 큰 의식이 있어 임금이 행차할 때 사람들에게 정숙하도록 북을 쳐서 알리는 것을 말하는데, 엄이 울리면 신하들은 잡담을 금하고 의관을 바로하며, 임금을 맞을 준비를 한다. 엄은 흔히 세 차례 친다. 그 첫 번째를 초엄이라고 한다.
18 임금이 거동할 때 갖추는 여러 가지 의장.
19 경운궁의 정문.

북이 2엄二嚴을 알리면 종친과 문무백관은 인화문 밖에 나아가 시립侍立하고, 근시近侍와 여러 호위관은 복장을 갖추고 합외에서 기다린다. 좌장례가 합외로 나아가 무릎을 꿇고 중엄을 알린다.

북이 3엄三嚴을 알리면 내·외문을 연다. 좌장례가 무릎을 꿇고 외판外辦을 아뢰면, 폐하는 면복 차림으로 여를 타고 나온다. 이때 산선繖扇[20]과 시위侍衛는 평상시와 같다.

어가가 인화문 안에 이르면 좌장례가 무릎을 꿇고 "여에서 내려 교를 타소서"라고 주청하고, 근시가 규圭를 올리면, 폐하는 여에서 내려 교에 오르고 규를 잡는다. 좌장례가 "출발하소서[進發진발]"라고 하면 어가가 움직인다.

환구 대문 밖에 이르면 좌장례의 주청에 따라 규를 내려놓고 교에서 내려 여를 타고, 좌·우장례의 인도로 동문을 통해 들어간다. 강여소降輿所에 이르면 좌장례의 주청에 따라 폐하가 여에서 내려, 좌·우장례의 인도로 대차로 들어간다.

폐하는 또한 희생犧牲[21]과 제기祭器를 살피고, 정鼎[세발솥]과 확鑊[가마솥]을 살피는 등의 의식도 행한다. 제사 하루 전에 전사관典祀官은 제기위祭器位, 생방牲榜[22], 장생령위掌牲令位, 여러 대축大祝의 자리, 축사祝史를 해당 위치에 설치한다. 주전사主殿司는 폐하성생위陛下省牲位를 내유의 동문 밖에 남향하여 설치한다. 그리고 단사壇司는 관원을 인솔하여 단 위와 아래를 청소한다.

좌장례가 대차 앞으로 나아가 중엄을 아뢰고, 이어 외판外辦[23]을 아

----
20 임금이 행차할 때에 따르는 의장儀仗의 하나. 베로 우산같이 만들었는데, 임금에 앞서서 간다.
21 제물로 바치는 산 짐승.
22 희생犧牲이라고 쓴 방목榜木.
23 의식을 준비할 때 바깥에서의 준비가 끝났음을 알리는 말.

뢰면 폐하가 면복 차림으로 나온다. 이어 장례경의 주청과 인도에 따라 폐하가 환구로 나아간다. 폐하는 단위檀位를 공손히 살피고 제기위로 가서 씻는 것도 살핀다. 이 때 집사자는 멱冪[24]을 들고 청결함을 고한다.

제기 살피는 것을 마치면 장례경의 인도로 성생위로 나아가서 남향하여 선다. 장례경이 희생을 살피라고 주청하고 소속 관원을 인솔하고 희생을 이끌고 동쪽에서 나와 폐하 앞을 지나간다.

이것이 끝나면 장생령은 희생을 이끌고 신주神廚로 가서 전사관에게 준다. 장례경의 인도와 주청에 따라 폐하는 신주에 나아가 정과 확을 살피고 씻는 것을 본다. 이 때 봉상사제조奉常司提調가 정과 확의 뚜껑을 들고 청결함을 고한다. 이후 장례경의 인도로 대차로 간다.

포시哺時[25] 1각에 전사관이 재인宰人[26]을 인솔하고 난도鸞刀[27]로 희생을 베면, 축사는 모혈반毛血槃[28]에 털과 피를 받아서 찬소饌所[29]에 두고 희생을 삶는다.

한편 1일 전에 악현樂懸을 단 아래 남쪽에 설치한다. 그리고 황천상제위皇天上帝位를 단 제1층 북쪽에 설치하는데, 서쪽 가까이에서 남향하게 한다. 기타 대명위大明位[해], 야명위夜明位[달]를 비롯하여 북두칠성위, 오성위, 이십팔수위, 운사위, 우사위, 풍백위를 비롯한 제위諸位를 해당 층, 해당 위치에 설치한다.

정위正位의 작준酌尊은 단 위에 설치하고, 준尊[30]은 단 아래에 설치하

24 덮는 헝겊.
25 신시. 지금의 오후 네 시.
26 도살하는 사람.
27 제사 때 쓸 짐승을 죽이는 데 쓰던 칼로, 칼날의 끝과 등等에 작은 방울이 달렸다.
28 털과 피를 담는 그릇.
29 제찬祭饌을 만드는 곳.
30 물이나 술 등을 담던 기물로, 배가 부르고 입이 넓은 꽃병 모양이다. 그 종류가 여섯 가지[六尊] 있으며, 준樽이라고도 한다. 주준酒尊은 술두루미이다.

며, 옥폐비위玉幣篚位[31]는 그 다음에 설치한다. 기타 각종 신위의 주준과 폐비위, 그리고 변籩[32], 두豆[33], 보簠와 궤簋[34]를 비롯한 각종 제기와 어관세위御盥洗位의 위치나 숫자 등등에 대해서는 생략한다.

제사 당일 인시寅時 5각 전, 전사관과 단사가 들어와 제물을 담아 고인다. 여러 축사가 각각 모혈반을 받들고 준소에 놓고, 또 비단을 비篚[35]에 담고 옥을 얹어 주준소에 놓으며, 축판을 정위 오른쪽에 놓는다. 여러 대축과 축사는 각각 정위위판定位版과 종향위패從享位牌를 받들어 신좌에 모신다.

전삼각前三刻에 모든 향관은 복장을 갖추고 외위外位로 나간다. 집례와 전악, 주사, 알자와 찬인이 맡은 일을 하고 나면 좌장례가 대차로 나아가 중엄을 아뢴다. 찬인의 인도로 전사관 등이 악현 북쪽 배위로 나아가 집례의 "사배"라는 말에 따라, 찬자가 전창하고 모두 사배를 한다. 마치면 관세위에서 손을 씻고 각자의 자리로 간다.

행사 전 일각에 알자와 찬인의 인도하에 진폐찬작관進幣瓚爵官과 분헌관分獻官이 들어와 자리를 잡는다. 단사와 여러 대축과 축사도 차례로 휘장[帕]을 거두어 탁자에 놓고 자리로 돌아간다.··· 이런 등등의 일이 끝나면 좌장례가 외판外辦을 알리고 주청을 올린다. 이에 따라 폐하는 면복을 입고 나와 규를 잡고, 예의사의 인도에 따라 왼쪽 남문을 통해 욕위褥位로 들어가 북향하고 선다. 집례가 "예의사주청행사禮儀使奏請行事"라고 하면, 예의사가 무릎을 꿇고 "유사有司가 행사할 준비를 갖추었으니 행사하소서"하고 폐하에게 아뢴다.

----

31 신위에 올리는 폐백을 담는 광주리.
32 곡물이나 과일 및 건어물을 담기 위해 굽을 높게 하여 대나무로 만든 제기.
33 나물이나 저린 고기 등을 담는 굽이 높은 제기.
34 마른 제수를 담는 제기. 보는 안쪽이 둥글고 밖이 네모진 모양으로 피살[稻]을, 궤는 안이 네모지고 밖이 둥근 모양으로 메기장과 차기장을 담는 용기이다.
35 대광주리.

협률랑協律郎[36]이 휘麾[37]를 들면「중화지곡中和之曲」을 연주한다. 집례가 "번시燔柴"라고 하면 단사가 요단 위에서 소머리를 태운다. 음악은 육성六成을 하고 그친다.

집례가 "사배"라고 말하고, 예의사가 무릎을 꿇고 "국궁鞠躬하였다가 사배하고 일어나 몸을 바로 하소서"라고 주청하면, 폐하는 그렇게 한다.

음악이 그치면 근시近侍가 관세위로 나아가 손을 닦고, 마치면 시위侍位로 돌아간다. 진폐찬작관進幣瓚爵官이 알자의 인도를 받아 관세위로 가서 손을 씻은 후 황천상제준소尊所[38]로 가서 북향하고 선다.

집례가 "행신관례行晨祼禮"라고 하면, 예의사가 폐하를 인도하여 관세위로 가서 북향하여 선다. 예의사가 무릎을 꿇고 "규를 꽂으소서"라고 주청하면, 폐하는 규를 꽂는다. 근시가 무릎을 꿇고 이匜[39]를 들고 물을 따르면, 또 다른 근시는 무릎을 꿇고 반槃[40]에 물을 받고, 폐하는 손을 씻는다. 근시가 무릎을 꿇고 비에서 수건을 꺼내 올리면, 폐하는 손을 닦는다. 마치면, 근시가 무릎을 꿇고 수건을 받아 비에 넣는다.

규를 잡으라는 예의사의 주청에 따라 규를 잡고, 예의사의 인도 하에 폐하는 황천상제준소로 가서 서향하고 선다. 협률랑이 무릎 꿇고 부복하였다가 휘를 들면「숙화지곡肅和之曲」을 연주한다. 집준자가 멱을 들고 진폐찬작관이 울창주鬱鬯酒[41]를 떠서 따르면, 근시가 찬瓚으로 울창주를 받는다. 예의사가 폐하를 인도하여 황지기皇地祇준소에 나아

----
36 의례에서 음악의 진행을 맡은 관리.
37 아악을 연주할 때 협률랑이 음악의 시작과 끝을 지휘하던 누런 바탕의 의전기.
38 준소는 제례를 행할 때 술잔을 놓는 곳을 말한다.
39 손 씻을 물을 담는 그릇, 곧 주전자를 말한다.
40 이匜에 담긴 물을 받는 대야.
41 울금향鬱金香을 넣어 빚은 향기나는 술로, 제사의 강신降神에 씀.

가고, 울창을 떠서 따르는 것을 위와 같이 한다.

마치면, 예의사가 폐하를 인도하여 황천상제신위 앞으로 올라가서 북향하여 서면, 예의사의 주청에 따라 규를 꽂는다. 근시 1인은 향합香盒을 받들고, 1인은 향로를 받들어 무릎 꿇고 바친다. 예의사가 "삼상향三上香"이라고 주청하면, 폐하는 세 번 향을 피워 올린다.

근시가 찬을 진폐찬작관에게 주면, 진폐찬작관이 찬을 받아서 무릎 꿇고 폐하에게 올린다. 찬을 잡고 사지沙池에 부으라는 예의사의 주청에 따라 폐하가 그렇게 한다. 마치면, 찬을 진폐찬작관에게 주고 진폐찬작관은 받아서 대축에게 준다.

근시가 옥백玉帛을 진폐찬작관에게 주면, 진폐찬작관이 이를 받아서 폐하에게 올린다. 옥백을 올리라는 예의사의 주청에 따라 폐하는 옥백을 받아서 신위 앞에 올린다. 예의사의 주청에 따라 폐하는 규를 잡고 부복하였다가 일어나 몸을 바르게 한다. 황지기신위에서도 마찬가지이다. 그리고 예의사의 인도로 자리로 돌아간다.

집례가 "진조進俎"라고 하면, 봉조관捧俎官이 생갑牲匣[42]을 받들고 단 앞으로 나아가고, 진조관이 조俎[43]를 들고 오폐午陛(南陛)에서 올라간다. 협률랑이 휘를 들면 「응화지곡凝和之曲」이 연주된다. 예의사의 인도로 폐하가 황천상제신위 앞으로 간다. 예의사의 주청에 따라 폐하가 무릎을 꿇고 규를 꽂는다. 진조관이 무릎을 꿇고 조를 바친다. 예의사의 주청에 따라 조를 받아서 신위 앞에 올린다. 예의사가 무릎 꿇고 "규를 잡고 부복하였다가 일어나 몸을 바르게 하소서"라고 주청하면 폐하가 그렇게 한다. 황지기신위에서도 마찬가지이다. 그리고 예의사의 인도로 자리로 돌아간다.

----
42 희생을 담는 상자.
43 희생물의 몸체를 올려놓는 제기로, 넓은 도마 모양에 발이 길다.

알자가 진폐찬작관을 인도하여 황천상제준소로 나아가 북향하여 선다. 집례가 "예의사도폐하행초헌례禮儀使導陛下行初獻禮"라고 하면, 예의사가 폐하를 인도하여 황천상제준소로 나아가 서향하고 선다. 협률랑이 휘를 들면「수화지곡壽和之曲」을 연주한다. 집준자가 멱을 들고 진폐찬작관이 예제醴齊[44]를 떠서 따르면, 근시가 작爵에 술을 받는다. 황지기신위에서도 마찬가지이다.

마치면, 예의사가 폐하를 인도하여 황천상제신위 앞으로 올라가 북향하여 선다. 예의사가 무릎을 꿇고 "무릎을 꿇고 규를 꽂으소서"라고 주청하면, 폐하가 무릎을 꿇고 규를 꽂는다. 근시가 작을 진폐찬작관에게 주면, 진폐찬작관이 작을 받들어 무릎 꿇고 폐하에게 바친다. 예의사가 무릎 꿇고 "작을 받아서 올리소서"라고 주청하면, 폐하가 작을 받아서 신위 앞에 올린다. 예의사가 무릎을 꿇고 "규를 잡고 부복하였다가 일어나 몸을 바르게 하소서"라고 주청하면, 폐하가 규를 잡고 부복하였다가 일어나 몸을 바르게 한다.

예의사가 폐하를 인도하여 황지기신위 앞으로 나아가고, 폐하가 작을 올리는 것을 위의 의식과 같이 한다. 마친 뒤, 예의사의 주청에 따라 폐하가 부복하였다가 일어나 조금 물러나 북향하여 무릎을 꿇는다. 마치면 음악을 그친다.

대축이 신위의 오른쪽으로 나아가 동향하여 무릎 꿇고 축문을 읽는다. 끝나면, 음악을 연주한다. 예의사가 무릎을 꿇고 "부복하였다가 일어나 몸을 바르게 하소서"라고 주청하면, 폐하가 부복하였다가 일어나 몸을 바로 한다. 음악을 그친다. 진폐찬작관이 내려와 자리로 돌아가고, 예의사가 폐하를 인도하여 자리로 돌아간다.

----

44 제사에 쓰는 술은 재료와 숙성 기간 및 걸러내는 차례에 따라 범제泛齊, 예제醴齊, 앙제盎齊, 제제緹齊, 침제沈齊[청주]로 구분할 수 있는데, 범제가 그 중 가장 탁한 술이다. 예醴는 술이 익어 찌꺼기와 즙이 어울린 것이니, 예제는 단술이다.

그 다음에는 이 초헌례와 같은 순서로 아헌례亞獻禮와 종헌례終獻禮가 이어진다. 단지 연주되는 음악과 술의 종류만 다르다. 초헌례에서 「수화지곡壽和之曲」이 연주되고 예제醴齊가 사용되는데 비해, 아헌례와 종헌례에서는 각각 「예화지곡豫和之曲」과 「희화지곡熙和之曲」, 앙제盎齊와 청주, 즉 침제沈齊를 사용한다.

초·아·종헌관이 올라가 있는 상황에서, 집례가 "분헌관행례"라고 하면, 찬인이 각각 분헌관을 인도하여 관세위로 나아간다. '홀笏을 꽂고 손을 씻은 뒤 수건으로 닦으시오'라고 찬찬贊한다.

이를 마치면, 홀을 잡고 준소로 나아간다. 집준자가 멱을 들고 술을 떠서 따르면, 집사자가 작爵에 술을 받는다. 분헌관이 신위 앞으로 나아가 동향하여 무릎을 꿇고, 홀을 꽂으면, '세 번 향을 피워 올리시오'라고 찬한다.

이를 마치면, 집사자가 작을 헌관에게 주고, 헌관이 작을 받아서 올린다. 홀을 잡고 부복하였다가 일어나 몸을 바로 한다. 이를 마치면 인도를 받아 자리로 돌아간다.

초·아·종헌관이 자리로 돌아가면, 진폐찬작관이 음복위飮福位로 올라간다. 대축이 황천상제준소로 가서 작爵으로 상준上尊[45]의 복주福酒[46]를 뜬다. 또 대축은 조俎를 들고 나아가, 황천상제신위 앞의 조육을 덜어낸다.

집례가 "예의사도폐하예음복위禮儀使導陛下詣飮福位"라고 하면, 예의사가 무릎을 꿇고 "음복위로 나아가소서"라고 주청하면, 폐하를 인도하여 음복위로 올라가 북향하여 선다. 대축이 작을 진폐찬작관에게 주면, 진폐찬작관이 작을 받들어 무릎 꿇고 폐하에게 올린다. 예의

----
45 제례 때 상에 올려진 술잔 가운데 가장 높은 위치에 있는 술잔. 제사상의 앞줄에 있는 잔이 상준이다.
46 제례를 끝내고 제관들이 나누어 마시는 제사 술.

사가 무릎을 꿇고 "무릎을 꿇고 규를 꽂으소서"라고 주청하면, 폐하가 무릎을 꿇고 규를 꽂는다. 예의사가 무릎을 꿇고 "작을 받으소서"라고 주청하면, 폐하가 작을 받는다. 마시는 것을 마치면, 진폐찬작관이 빈 작을 받아서 대축에게 주고, 대축은 다시 점坫[47]에 놓는다. 대축이 조를 받들어 서향하여 무릎 꿇고 폐하에게 바친다. 예의사가 무릎을 꿇고 "조를 받으소서"라고 주청하면, 폐하가 조를 받아 근시에게 주고, 근시는 조를 받들고 나가 집사자에게 준다.

진폐찬작관이 내려와 자리로 돌아간다. 예의사가 무릎 꿇고 "규를 잡고 부복하였다가 일어나 몸을 바르게 하소서"라고 주청하면, 폐하가 규를 잡고 부복하였다가 일어나 몸을 바로 한다. 예의사가 폐하를 인도하여 자리로 돌아간다.

집례가 "사배"라고 하고, 예의사의 주청에 따라 폐하는 국궁사배흥평신鞠躬四拜興平身한다.

집례가 "철변두撤籩豆"라고 하면, 「옹화지곡雍和之曲」이 연주되는 가운데 여러 대축이 올라가 변두籩豆를 철거하고, 물리는 것을 마치면 음악을 그친다.

여러 대축이 올라가 각 축문과 폐백을 광주리에 넣고, 전사관은 제찬祭饌과 작의 술을 담고 시단柴壇[48]으로 나아가 로爐 위에 놓는다. 집례가 "망료望燎"라고 말하면, 예의사가 폐하를 인도하여 망료위로 나아간다. 집례가 "가료可燎"라고 말하면, 횃불로 나무에 불을 붙인다. 반 정도 타면, 예의사가 무릎 꿇고 예를 마쳤음을 아뢴다. 이로써 모든 제사가 끝난다.

----

47 작爵을 놓기 위해 네모나게 만든 받침.
48 섶나무를 쌓아 놓고 축문 등을 태우는 요단燎壇을 말한다.

천제에 쓰인 제기류

천제에 쓰인 제기들에 대한 이해를 돕기 위해 『세종실록』「오례」에 나오는 제기류 뿐만 아니라, 『三才圖會』[1]과 『六經圖』[2]에서 찾을 수 있는 중국에서 쓴 제기류를 보기로 제시하였다.

1 『三才圖會』는 중국 명明나라 때에 편찬된 유서類書로, 일종의 백과사전이다. 명나라의 왕기 王圻가 저술하였는데 1607년에 쓴 저자의 자서自序가 있고, 후에 그의 아들 왕사의王思義가 속 집續集을 편찬하였다. 여러 서적의 도보圖譜를 모으고 그 그림에 의하여 천지인天地人의 삼재三 才에 걸쳐 사물을 설명하였다. 천문 · 지리 · 인물 · 시령時令 · 궁실宮室 · 기용器用 · 신체 · 의복 · 인사人事 · 의제儀制 · 진보珍寶 · 문사文史 · 조수鳥獸 · 초목草木의 14부문으로 분류하였다. 여 기서는 상해고적출판사에서 1985년에 출판한 책을 참조하였다.
2 『六經圖』는 『역경』, 『상서』, 『시경』, 『춘추』, 『예기』, 『주례』 등 육경을 그림으로 설명한 책이 다. 여기서는 청 건륭乾隆 8년(1743)에 정지교鄭之僑가 편집한 것을 참조하였다.

6준

사(희)준犧尊

상준象尊

태준太尊 대준大尊

사준山尊 산뢰山罍

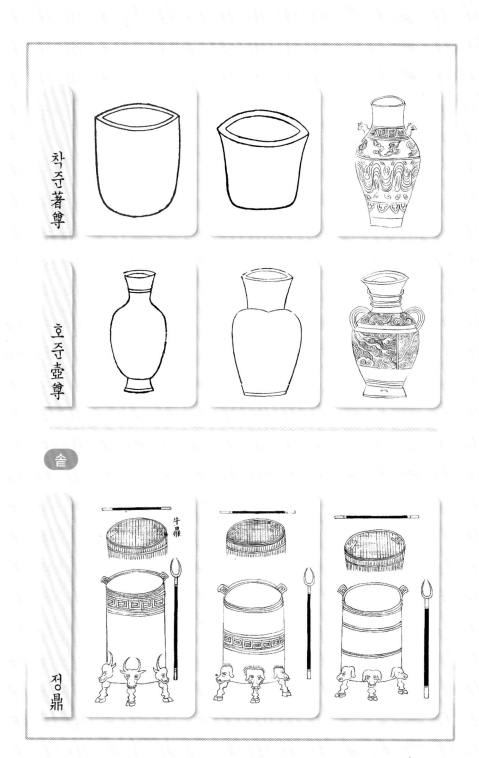

조
俎

등
鐙

난도
鸞刀

이
匜

확
鑊

육肉과 어포魚脯를 삶는 기구器具

변
籩

용작龍勺

점坫

작勺

반盤

세洗

비篚

위의 친사환구의 당일 절차는 다음과 같이 요약할 수 있다.

고종의 친사환구의親祀圜丘儀 절차

황제입장	면복을 입고 입장한다.
국궁 사배 흥 평신 鞠躬四拜興平身	국궁 사배 흥 평신한다.
신관례神祼禮	손을 씻고 상제 신위에 울창주를 올려 상제가 강림하게 한다.
삼상향三上香	상제 신위에 세 번 향을 올린다.
전옥백奠玉帛	상제 신위에 옥백玉帛을 올린다.
진조進俎	조俎를 상제에게 올린다.
초헌례	상제 신위에 첫 번째 술을 올린다.
독축讀祝	대축이 축문을 읽는다.
아헌례	상제 신위에 두 번째 술을 올린다.
종헌례	상제 신위에 마지막 술을 올린다.
음복례	제사를 마치고 음복을 한다.
국궁 사배 흥 평신	황제 이하 모든 의례 참가자들이 국궁사배를 한다.
변두籩豆 철거	제사에 사용된 변두(제기)를 치운다.
망료望燎	제사에 사용된 축문과 폐백 등을 태운다.

고종의 황제 등극

천제가 끝나자 고종이 황제위皇帝位에 등극하는 의식이 진행되었는데,『대례의궤大禮儀軌』에는 그 절차가 이렇게 기록되어 있다.

망료가 끝나면, 의정議政은 백관을 거느리고 망료위로 가서 엎드려 "고제례告祭禮가 끝났으니 황제위에 오르소서"라고 청한다.

신하들이 황제를 부옹扶擁하여 금의金椅[49]에 앉으면, 백관은 먼저 반班을 배열하고, 집사관이 면복안冕服案과 보안寶案[50]을 들고 앞으로 온다. 의정은 곤면袞冕을 들고 엎드려 안상案上에 놓는다. 의정 등은 곤면을 꺼내 황제에게 입힌다.

의정 등이 반열班列로 들어가면, 찬의贊儀가 "배반排班"을 창한다. 반이 정렬되면 사배를 올린다. 그 사이 음악이 연주된다.

찬의가 "반수班首는 앞으로 나오시오"라고 하면 주사主事가 의정을 인도하여 황제 앞으로 간다. 찬의가 "무릎을 꿇고 홀笏을 꽂으시오"라고 하면 의정은 엎드려 홀을 꽂는다. 백관이 모두 무릎을 꿇고, 봉보관捧寶官이 녹櫝[51]을 열고 옥보玉寶를 꺼내 무릎을 꿇고 의정에게 준다. 의정은 보를 받들고 말씀을 올린다. "황제께서는 대위大位에 오르소서. 신 등은 삼가 어보御寶를 올립니다." 비서경祕書卿이 보를 받아 녹안에 넣는다. 찬의가 "자리로 가서 배拜 흥興 평신平身하시오"라고 창한다. 백관들은 그렇게 한다. 찬의가 "자리로 돌아가시오"라고 하면, 주사가 의정을 인도하여 서쪽으로 내려와 자리로 간다.

찬의가 "국궁 배 흥 평신"이라고 하면, 홀을 꽂고 국궁鞠躬 삼무도舞蹈하고, 왼쪽 무릎을 꿇고 머리를 세 번 조아리고[三叩頭], "산호山呼 산호 재산호再山呼(만세 만세 만만세)"를 외치고, 오른 쪽 무릎을 꿇고 홀을 꺼내고, 부복俯伏한 뒤에 일어나 평신하고 국궁 사배하고 일어나 평신한다.

찬의가 "권반捲班"이라고 하면, 백관들은 물러난다. 좌우 장례는 황제를 인도하여 대차로 들어간다.

위의 등극의 절차를 단순화하면 이렇다.

----
49 금으로 장식한 의자.
50 보, 즉 도장을 올려놓는 탁자.
51 보를 담는 상자.

황룡포를 입고 있는 고종 | 강사포에 통천관을 쓴 고종황제 어진(1918년 경) | 황룡포에 익선관을 쓴 고종황제 어진(1918년 이전) (국립중앙박물관 소장)

고종 황제 등극의登極儀 절차

황제가 금의金椅에 앉음	망료가 끝나면 의정議政이 황제위에 오를 것을 주청하면서 황제를 부축하여 금으로 장식한 의자에 앉힌다.
면복冕服을 입힘	면곤冕袞을 꺼내 황제에게 입힌다.
사배	반班이 정렬되면 신하들이 사배를 올린다.
어보御寶를 올림	의정이 황제에게 어보를 올린다.
국궁 삼무도三舞蹈	신하들이 무릎을 꿇고 삼무도를 행한다.
삼고두三叩頭	신하들이 왼쪽 무릎을 꿇고 세 번 머리를 조아린다.
산호山呼를 외침	신하들이 "만세 만세 만만세"를 외친다.
국궁사배	신하들이 오른 쪽 무릎을 꿇고 홀笏을 꺼내고, 부복한 뒤에 일어나 평신하고 국궁 사배하고 일어나 평신한다.
황제가 물러남	황제가 대차로 물러난다.

황제 즉위식을 마친 뒤 고종황제는 경운궁으로 돌아왔다. 그리고 황후와 황태자를 책봉하는 등 여러 후속 의례를 집행하였다. 왕후 민씨를 황후로 책봉하고 왕태자를 황태자로 책봉하였다. 특히 약 2년 뒤에는 직계 4대조(사도세자), 정조, 순조, 문조(순조의 요절한 아들 의종)를 비롯한 태조를 황제로, 그리고 왕비들을 황후로 추존하였다. 이러한 추존은 황제국의 위상을 회복하려는 고종황제의 의지가 반영된 것이었다.

당시 서울 장안은 어떤 모습이었을까?

"12일 오전 두시에 다시 위의威儀를 베푸시고 황단에 임하시어 하느님게 제사하시고, 황제위에 나아가심을 고하시고 오전 4시 반에 환어하셨으며, 동일 정오에 만조백관이 예복을 갖추고 경운궁에 나아가 대황제 폐하께와 황태후 폐하께와 황태자 전하께와 황태비 전하께 크게 하례를 올리니 백관이 즐거워들 하더라. 12일 밤에 장안 사사집과 각 전廛에서 색등불을 밝게 달아 장안 길들이 낮과 같이 밝으며, 가을 달이 또한 밝은 빛을 검정 구름 틈으로 내려 비치더라.

집집마다 태극기를 높이 걸어 인민의 애국지심을 표하며, 각 대대 병정들과 순검들이 규칙 있고 예절 있게 파수하여 분란하고 비상한 일이 없이 하며, 길에 다니는 사람들도 얼굴에 즐거운 빛이 나타나더라. 12일 새벽에 공교히 비가 와서 의복들이 젖고 찬 기운이 성하였으나 국가에 경사로움을 즐거이 하는 마음이 다 중한고로 여간 젖은 옷과 추움을 생각지들 아니하고, 정제하게 사람마다 다 당한 직무를 착실히들 하더라."(〈독립신문〉, 1897. 10. 14)

17. 천자의 나라, 대한제국

대한제국의 선포

1897년(고종 34년) 10월 13일 진시辰時, 고종은 국호를 대한으로 하고, 연호를 광무로 하며, 임금을 황제로 칭하며, 황후와 황태자 책봉 사실을 선포하는 조서를 반포하였다.

"짐은 생각건대, 단군과 기자 이후로 강토가 분리되어 각각 한 지역을 차지하고는 서로 패권을 다투어 오다가 고려 때에 이르러서 마한, 진한, 변한을 통합하였으니, 이것이 '삼한三韓'을 통합한 것이다. 우리 태조가 왕위에 오른 초기에 국토 밖으로 영토를 더욱 넓혀 북쪽으로는 말갈靺鞨의 지경까지 이르러 상아, 가죽, 비단을 얻게 되었고, 남쪽으로는 탐라국耽羅國을 차지하여 귤, 유자, 해산물을 공납貢納으로 받게 되었다. 사천 리 강토에 하나의 통일된 왕업을 세웠으니, 예악禮樂과 법도는 당요唐堯와 우순虞舜을 이어받았고 국토는 공고히 다져져 우리 자손들에게 만대토록 길이 전할 반석같은 터전을 남겨 주었다. 짐이 덕이 없다 보니 어려운 시기를 만났으나 상제가 돌봐주신 덕택으로 위기를 모면하고 안정되었으며 독립의 터전을 세우고 자주의 권리를 행사하게 되었다. 이에 여러 신하들과 백성들, 군사들과 장사꾼들이 한목소리로 대궐에 호소하면서 수십 차례나 상소를 올려 반드시 황제의 칭호를 올리려고 하였는데, 짐이 누차 사양하다가 끝내 사양할 수 없어서 올해 9월 17일 백악산白嶽山의 남쪽에서 천지에 고유제를 지내고 황제의 자리에 올랐다. 국호를 '대한大韓'으로 정하고 이해를 광무光武 원년元年으로 삼으며, 종묘와 사직의 신위판神位版을 태사太社와 태직太稷으로 고쳐 썼다. 왕후 민씨閔氏를 황후皇后로 책봉하고 왕태자를 황태자皇太子로 책봉하였다. 이리하여 밝은 명을 높이 받들어 큰 의식을 비로소 거행하였다. 이에 역대의 고사를 상고하여 특별히 대사령을 행하노라.

1. 조정에서 높은 벼슬과 후한 녹봉으로 신하들을 대우하는 것은 원래 그들이 나라를 위해 충성을 다하도록 하기 위한 것이다. 나라의 안위安危는 전적으로 관리들이 탐오한가 청렴한가 하는 데 달려 있다. 관리들이 간사하고 탐욕스러우면 뇌물이 판을 치게 되어 못나고 간악한 자들이 요행으로 등용되고 공로가 없는 자들이 마구 상을 받으며 이서吏胥들이 문건을 농간하므로 백성들이 해를 입는 등, 정사가 문란해지는 것이 실로 여기에서 시작되는 것이다. 금년 10월 12일 이후부터 서울에 있는 크고 작은 아문衙門과 지방의 관찰사, 부윤, 군수, 진위대 장관들과 이서, 조역皁役으로서 단지 뇌물만을 탐내어 법을 어기고 백성들을 착취하는 자들은 법에 비추어 죄를 다스리되 대사령 이전의 것은 제외한다.

1. 조관朝官으로서 나이 80세 이상과 사서인士庶人으로서 나이가 90세 이상인 사람들은 각각 한 자급씩 가자加資하라.

1. 지방에 나가 주둔하고 있는 군사들은 수고가 많은 만큼 그들의 집안에 대해서는 해부該部에서 후하게 돌봐 주라.

1. 재주를 갖고서도 벼슬하지 않고 숨어 사는 선비로서 현재 쓸 만한 사람과 무예와 지략이 출중하고 담력이 남보다 뛰어난 사람은 대체로 그들이 있는 곳의 해당 관찰사가 사실대로 추천하고 해부該部에서 다시 조사해 보고 불러다가 적절히 뽑아 쓰라.

1. 은혜로운 조서詔書에 '묵은 땅은 세금을 면제해 주고 장마와 가뭄의 피해를 입은 곳은 세금을 면제해주고 백성에게 부과된 일정 세금을 면제해 준다.'는 내용이 있으니, 다시는 시일을 끄는 일이 있어서는 안 된다. 간혹 이미 다 바쳤는데도 지방관이 별개의 항목으로 지출해서 쓰거나 혹은 개인적으로 착복함으로써 백성들이 세금을 내지 않는다는 누명을 쓰게 된 것은 모두 면제하라.

1. 각 처의 주인 없는 묵은 땅은 해당 지방관이 살펴보고 내용을 자세히 밝혀서 보고하면 관찰사가 다시 살펴보고 판단한 다음에 허위 날조한 것이 없으면 즉시 문서를 주어 돈과 곡식을 면제하여 주며, 그 땅은 백성들을 불러다가 개간하도록 하라.

1. 문관, 음관蔭官, 무관으로서 조관은 7품 이하에게 각각 한 품계씩 올려 주라.

1. 사람의 생명은 더없이 중하므로 역대로 모두 죄수를 세 번 심리하고 아뢰는 조목이 있었다. 죄보다 가볍게 잘못 처리한 형관刑官의 죄는 죄보다 무겁게 잘못 판결한 경우보다 가볍다. 대체로 형벌을 다루는 관리들은 제 의견만을 고집하지 말고 뇌물을 받거나 청탁을 따르지 말며 범죄의 실정을 캐내는 데 힘쓰라.

1. 모반, 강도, 살인, 간통, 절도 등 여섯 가지 범죄를 제외하고는 각각 한 등급을 감하라.

1. 각 도의 백성들 가운데 외롭고 가난하며 병든 사람들로서 돌보아줄 사람이 없는 사람들은 해당 지방관이 유의하여 돌보아 주어 살 곳을 잃는 일이 없도록 하라.

1. 큰 산과 큰 강의 묘우廟宇 가운데서 무너진 곳은 해당 지방관이 비용을 계산해서 해부에 보고하고 제때에 수리하며 공경하는 도리를 밝히라.

1. 각 도의 도로와 교량 가운데 파괴된 것이 있으면 해당 지방관이 잘 조사하여 수리함으로써 나그네들이 다니는 데 편리하게 하라.

1. 조서 안의 각 조목들에 대하여 해당 지방의 각 관리들은 요점을 갖추어서 마음을 다하여 행함으로써 되도록 은택이 백성들에게 미치도록 힘써서 백성들을 가엾게 생각하는 짐의 지극한 뜻을 저버리지 말라. 만약 낡은 틀을 그대로 답습하면서 한갓 겉치레로 책임이나 때우고 있는 데도 해당 관찰사가 잘 살펴보지도 않고 되는 대로 보고한다면 내부에서 일체 규찰하여 엄히 처리하라.

아! 애당초 임금이 된 것은 하늘의 도움을 받은 것이고, 황제의 칭호를 선포한 것은 온 나라 백성들의 마음에 부합한 것이다. 낡은 것을 없애고 새로운 것을 도모하며 교화를 시행하여 풍속을 아름답게 하려고 하니, 세상에 선포하여 모두 듣고 알게 하라."[52](『고종실록』 고종 34년

---

52 "朕惟檀·箕以來, 疆土分張, 各據一隅, 互相爭雄, 及高麗時, 呑竝馬韓·辰韓·弁韓, 是謂統合三韓. 及我太祖龍興之初, 輿圖以外, 拓地益廣. 北盡靺鞨之界, 而齒革屢絲出焉, 南收耽羅之國, 而橘柚海錯貢焉. 幅員四千里, 建一統之業. 禮樂法度, 祖述唐·虞, 山河鞏固, 垂裕我子孫萬世磐石之宗. 惟朕否德, 適丁艱會, 上帝眷顧, 轉危回安, 創獨立之基, 行自主之權. 群臣百姓, 軍伍市井, 一辭同聲, 叫閽齊籲, 章數十上, 必欲推尊帝號, 朕揖讓者屢, 無以辭, 於今年九月十七日, 告祭天地于白嶽之陽, 卽皇帝位. 定有天下之號曰 '大韓', 以是年爲光武元年, 改題太社·太稷, 冊王后閔氏爲皇后, 王太子爲皇太子. 惟玆不糧朕命, 肇稱鉅典, 爰稽歷代故事, 另行大赦.

一. 朝廷高爵厚祿, 優養臣僚, 原欲其盡忠爲國. 國之安危, 全係官僚之貪廉. 官若奸貪, 則賄賂肆行, 庸惡倖進, 無功冒賞, 吏胥舞文, 小民被害, 政之紊亂, 實始于此. 自本年十月十二日以後, 在京大小各衙門及外觀察·府尹·郡守·鎭衛隊將官竝吏胥·皂役等, 但有貪賂枉法剝削小民者, 照例治罪, 不在赦前.

一. 朝官年八十以上, 士庶人年九十以上, 各加一資.

一. 出駐兵丁, 多有勞苦. 其家口着, 該部厚加存恤.

一. 懷琦抱璞隱逸之士, 堪爲時用, 及武略出衆, 膽力過人者, 凡所在該觀察據實擧薦, 該部覆核徵聘, 以便擢用.

一. 恩詔有免荒地, 有免水旱災傷, 有免民間額賦, 不可再有拖欠. 或輪納已完, 地方官別貢支用, 或侵入私橐, 以致小民虛受拕欠之名, 悉與豁免.

一. 各處無主荒地, 該地方官察明情報觀察, 再加察勘, 果無虛捏, 卽與題免錢糧, 其地仍招民開墾.

一. 文蔭武朝官七品以下, 各加一階.

一. 人命至重, 歷代皆有三覆奏之條, 而失出之罰, 輕於失入. 凡問刑官員, 毋執己見, 毋循賄囑,

여기에는 우리나라가 삼한을 통일한 4천리의 대국으로서 황제국이 될 만한 국력이 된다는 것, 요순을 계승한 문명국이라는 것, 뭇 백성들의 추대를 받아 황제에 오르게 되었음을 밝히는 내용 등이 담겨있다.

왕조에서 제국으로

왕국의 제국·황제국으로 바뀜, 그것은 왕조가 제국의 모습을 되찾았음이다. 대한제국의 성립은 한국이 전통적으로 자주독립국임을 천명한 것이다. 그것은 정치적으로는 대한제국이 더 이상 청국이나 일본, 러시아 등 외세의 간섭을 허용치 않을 것임을 선포한 것이었다. 동방 조선이 천자국의 종주요 천자국임을 선포한 것이다.

고종황제는 이어 14조의 대사면령도 내렸다. 10월 14일에는 후속 책봉의식과 원구단에 고유제를 지낼 때와 황제의 자리에 올라 조서를 반포할 때 수고한 관리들에게 상을 주었다.

환구단에서의 천제는 고종이 황제 등극을 상제에게 고한 고유제 이후 고종황제 때에 정기적 및 부정기적으로 많이 행해졌다. 특히 고종황제대에는 정기적 환구제인 정월 첫 번째 신일에 행하는 맹춘상신의 기곡제와 동지에 행하는 동지대제가 해마다 시행되었다. 여기에 더하여 원구단에서는 국가나 황실에 큰 행사가 있을 때에는 이를 알리는

務在得情.

一. 謀叛·强盜·殺人·通奸·騙財·竊盜六犯外, 各減一等.

一. 各道民人孤貧殘疾無人養贍者, 該地方官加意撫恤, 毋令失所.

一. 凡嶽瀆廟宇有傾頹者, 該地方官估計價直, 報告該部, 及時修葺, 以昭誠敬.

一. 各道路橋梁有毀壞者, 着地方官査明修理, 以利行旅.

一. 詔內各款, 該地方各官俱要, 實心奉行, 務使恩澤及民, 不負朕憫念元元至意. 如沿習故套. 徒以虛文塞責, 該觀察不能覺察, 參奏着內部, 一併糾參重處. 於戲, 初膺寶籙, 寔荷自天之祐, 渙斯大號, 式孚率土之心. 欲革舊而圖新, 化行而俗美, 布告天下, 咸使聞知."

고유제도 많이 행해졌다.

특징적인 점은 많은 원구제에도 불구하고 황제의 친사가 이루어진 경우는 매우 적다는 점이다. 신하들이 황제의 친행을 반대하는 등의 이유로 인해 거의 이루어지지 않았다. 고종황제가 정기적 비정기적 환구 천제 중 친사한 사례는 1897년 황제 즉위 고유제에 이어 1899년 동지제 등 단지 두 번 뿐이다. 1899년 12월 22일, 고종황제는 태조고황제太祖高皇帝를 추존하여 배천配天하고, 이어 원구단에서 배천대제 겸 동지대제配天大祭兼冬至大祭를 지냈다.

또 한 가지 특징적인 점은 고종황제대에는 원구단에서 기우제 의례를 행하지 않았다는 점이다. 조선 초기에 원구단에서는 주로 기우제가 행해졌다. 제후례를 중심으로 한 결과였다. 황제국·천자국이 됨으로써 고종황제는 천자례의 전형인 동지제, 그리고 기곡제, 나아가 과거 중국에서 황제가 태산에 올라가 황제 즉위를 알렸듯이, 고종황제는 고유제를 중심으로 원구제를 행하였던 것이다.

원구단이 이렇게 전형적인 상제에게 제사를 올리는 기능을 하고 남단에서 모시던 일부 신위가 원구단으로 옮겨짐에 따라, 1897년 12월 27일, 고종황제는 지난날 원구단 기능을 하던 남단의 명칭도 산천단으로 바꾸게 하였다.

고종 37년(1900, 광무 4년) 6월 30일(양력), 원구단 천제, 시제의 제기 등의 비용을 예비금 중에서 지출하게 하였다. 이 해 12월 10일(양력), 의정부 의정 윤용선이 올린 차자箚子에, "원구단 대향大享과 종묘 제1실에 지내는 고유제를 친행하겠다고 한 명을 도로 취소하소서" 하니, 마지못해 허락한다는 비답을 내렸다. 이어 조령詔令을 내리기를, "원구단 대제는 대신을 보내어 섭행하게 하고, 종묘의 고유제에는 참정參政을 보내어 섭행하게 하되, 일체 친제親祭의 규례대로 마련하라" 하였다.

고종 38년(1901, 광무 5년) 12월 12일(양력)에도 "원구단의 대제는 대신을 보내어 섭행하고, 종묘의 고유제는 참정을 보내어 섭행하되, 모두 친제의 규례대로 마련하라"고 하였다.

일제의 환구단 철거

순종대에는 원단에서 비정기적으로 고유제를 자주 지냈으며 대부분이 섭행이었다. 1907년 12월 22일 동지제에도 순종은 원구단에 나아가 전알展謁한 후에 제사에 쓸 희생과 그릇들을 살펴보았으나, 대제는 섭행하도록 하였다.

그런데 고종황제가 일제에 의해 강제로 퇴위당하고 순종이 즉위한 이듬해인 1908년에 이르러 대한제국의 국가 의례는 다시 한 번 크게 재편되었다. 1908년 1월 20일, 순종은 "이제부터 원구단, 종묘, 사직단에 지내는 대제 때에 삼헌관三獻官을 1원員이 아울러 행하며, 그 아래 여러 집사들도 혹 아울러 하게 하거나 혹 인원수를 줄여서 적당히 배치하는 문제를 장례원掌禮院에 통지하여 거행하라고 명하였다.(命從今圓丘·廟·社大祭三獻官, 以一員兼行, 其下諸執事, 或兼行或減數, 量宜排差事, 知委掌禮院擧行.)"(『순종실록』 순종 1년(1908) 1월 20일) 제사 규모를 축소하라는 것이다.

7월 23일(양력)에는 제사제도 개정과 관련하여 이렇게 전하였다.

"모든 제도를 혁신하는 이때를 당하여 어찌 제례에만 옛 제도를 그대로 지키겠는가. 이제 옛 규례를 참고하고 현재의 조건에 알맞게 하여 공경하는 규범을 드러내고 영원히 지켜야 할 표준을 정하게 하는 것이다. 이는 실로 조종祖宗이 끼치신 가르침에 근거한 것이오, 짐이 처음으로 내놓은 의견이 아니다. 그러므로 내각과 궁내부에서는 짐의 뜻을 잘 헤아려 공경히 따라 시행하라. 일체 시행하여야 할 조목은 다음과 같다. 제실帝室에 관계되지 않는 제사는 궁내부에서 제사를 지내는 것을 금지하고 각각 그 소속된 곳에 넘겨 마련하도록 한다. 시의에 맞지 않는 제사는 영영 제사의 거행을 폐지한다. 합사할 만 한 종묘, 사직, 전殿, 궁宮의 신주는 이안移安할 장소를 선택하여 봉안하게 한다. 대제, 별제, 속제俗祭, 삭제朔祭, 망제望祭 가운데에서 중요하지 않은 제사는 생략한다.(今此時運之進步ㅣ 非復昔時之因循故로 以維新으로 定國是ᄒ야 誓告于宗社者則當此百度革新之時ᄒ야 奚但墨守舊規를 獨於祭禮哉아. 今에 參考古式ᄒ고 量適時宜ᄒ야 以表崇敬之軌範ᄒ고 乃定永遠之準規ᄒ노니 是ᄂ 實由乎祖宗所以遺訓而非出於朕所以創意也ㅣ라. 內閣과 宮內府ᄂ 克體朕意ᄒ야 欽遵施行哉어다. 所有應行條目을 開列于左ᄒ노라 帝室에 不關ᄒ 祭祀ᄂ 宮內府에서 祀典擧行흠을 止ᄒ고 各其所屬에 移ᄒ야 磨鍊케흠. 時宜에 不叶ᄒ 祭祀ᄂ 永히 祀典擧行을 廢止케흠. 合祀ᄒ기 可ᄒ 廟社殿宮은 移安흘 處所를 選擇ᄒ야 奉安케흠. 大祭別祭俗祭朔望祭中重要치아니ᄒ 祀典은 省略흠.)"(『순종실록』 순종 1년(1908) 7월 23일)

바뀐 중요 제사제도를 보면, 제례를 크게 궁내부에서 주관할 제실帝室 제사와 내각에서 주관할 국가제사로 구분하고, 시의에 맞지 않은 제사는 대폭 폐지한다는 것이었다. 이는 대한제국 왕실의 힘을 약화시키기 위한 일제 통감부의 간섭에 의한 것으로 보인다. 이는 일제가 1908년 7월 23일 발표한 〈향사이정享祀釐正에 관한 칙령〉(제50호) 내용과 다르지 않다. 일제는 이 칙령으로 환구단 일대의 땅을 국유지로 편입시켰다.

1910년 한일합방과 함께 원구단 제례는 폐지되고, 이후 그 건물과 부지는 조선총독부로 넘어갔다. 1913년, 일제는 황궁우 등 일부 시설만 남겨두고 환구단을 철거하였다. 그 자리에는 건평 580평의 조선총독부 철도호텔이 세워졌다. 그리고 해방 후에는 조선호텔이 들어섰다. 그리하여 원구단과 원구 천제는 이제 역사적 산물로만 남아 있다.

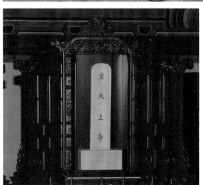

▲황궁우皇穹宇
화강암으로 된 기단 위에 3층 8각 지붕의 황궁우는 환구단의 신위를 보관하는 건물로 1899년 완공되었다.

◀황궁우 내부에 모셔진 황천상제 위폐

석고단石鼓壇   석조 대문
황궁우 옆에 돌로 만든 3대의 북 단으로, 1902년 고
종 즉위 40주년을 기념하여 조성되었다.

다시 찾은 상제문화

천제의 이어짐과 단절

동방 조선 땅에 살던 사람들은 예로부터 상제를 받드는 삶을 살았다. 그런 상제문화는 수행과 천제를 특징으로 한다. 우리네 옛 사람들은 자신에게 내재한 삼신상제의 심성을 유지하기 위하여, 또는 몸속에 삼신하나님의 신성과 우주의 생명인 성·명·정性命精 삼진三眞을 회복하기 위하여 수행의 삶을 살았다. 무병장수의 건강한 삶은 삼진에 달려있기 때문이리라.

또한 환국, 배달, 고조선 이래로 우리민족은 우주 주재자, 최고신, 지고신인 상제에게 보은과 감사의 마음과 더불어 늘 돌보아줄 것을 기원하며 정기적 또는 비정기적으로 제사도 올렸다. 우리 민족은 상고시대부터 상제에게 제를 올렸던, 상제신앙의 종주국, 제사문화의 본고향이다. 이렇게 상제에게 올린 궁극의 제사를 천제라고 하는데, 천제는 상제문화를 대표하는 의례였다. 그 꽃이다.

동방조선에서 천신·하늘·상제에게 제사를 올리고 감사해하며 온 나라 사람들이 어울려 노래하고 춤을 추며 축제로 치르던 천제는 환국시대부터 시작되었다. 배달시대에도, 고조선시대에도 계속되었다. 부여를 비롯한 예, 고구려, 백제 등으로도 이어졌다.

상제문화사적 맥락에서 볼 때 고려시대는 전통적 천제의 맥이 단절되고 유교식의 천제가 제도화됨으로써 상제문화가 질적으로 전환된 시기였다. 그 단초가 유교사상을 전범으로 한 성종대의 사전체계 정비였다. 그리하여 고려시대에는 우리 역사상 처음으로 중국의 유교식 제천의례가 제도화되었다. 원구제가 대사로 범주화되고, 천자의 예로 행해지기도 하였다.

고려의 하늘제사는 기곡과 기우가 목적이었다. 거기에 중국에서 행하였던 천제의 가장 중요한 목적인 동지의 하늘제사는 없었다. 낮이 길어지기 시작하는 시점에서 만물의 시원에 대한 가장 큰 보답을 보여주는 동지에 행하는 원구 천제가 없고 단지 한 해의 농사 일이 잘 되기를 기원하거나 비를 구하기 위해 올리는 제사만을 행하였다는 것은 원구제의 알맹이가 쏙 빠진 꼴에 지나지 않는다.

그러나 고려시대에 기우를 목적으로 한 천제가 유교식으로만 독점적으로 행해진 것은 아니다. 유교식은 물론 도교식 등의 천제도 다양하게 이루어졌다. 고려시대에 유교는 지배종교의 자리를 확보하지 못하였다. 고려시대 종교시장은 국교인 불교를 비롯하여 유교나 도교 등 여러 종교가 기능적 우위를 확보한 가운데 다종교가 공존하는 구조를 보인다. 따라서 천제가 이루어지더라도 다양한 종교적 방식으로 행해졌다. 그 중의 하나가 전통적 천제의 모습이 담긴 팔관회였다.

조선의 건국과 더불어 사정은 달라졌다. 조선시대에는 고려 후기부터 자리 잡기 시작한 신유학이 지배이데올로기가 됨에 따라 모든 다른 종교가 배타시되었다. 특히 유교는 온갖 제사를 사회적 신분에 따라 차별적으로 규정하였다. 유교사회는 일찍이 고대부터 특정한 의례 대상에 걸맞는 의례 주체의 제사 행위를 규정하고 있었다. 이를테면 가장 큰 제사인 하늘에 올리는 제사, 즉 원구 천제는 천자의 나라에서 천자만이 행할 수 있다. 원구 천제는 세상을 대표하는 주체로서 황제가 공식적 제장인 원구에서 행할 수 있는 것이었다. 따라서 제후의 나라에서 국왕이 하늘에 제사를 올리는 것은 그릇된 제사, 즉 참례로 인식되어 금지되었다. 어찌 보면 이는 매우 정치적인 규정이었다.

그리하여 천제를 둘러싼 논쟁은 조선 초기 내내 끝이 없었다. 이런 저런 이유로 혹이나 원단에서 하늘에 빌기도 하였으나 그것은 섭행으로 기우를 목적으로 한 것이 고작이었다. 세종은 기우를 목적으로 한 천제마저 중단하였다. 천자의 예로 행해진 사례는, 세조를 제외하고는, 어떤 왕에게서도 나타나지 않는다. 세조는 정월 원구 기곡제를 직접 수차례 행하였다. 그러나 그도 갑자기 멈추었고, 성종대에 국가 의례를 정비한 『국조오례의』를 통해 원구제는 제도적으로 폐지되었다. 이후 조선의 왕들은 대부분 제후의 예에 충실하였다.

동학으로 이어진 숨은 천제

그러나 하늘에 제사하려는 욕구가 영원히 사라진 것으로 볼 수는 없다. 또한 조선후기 조차도 천제의 공백기로 단정할 수는 없다. 왜냐하면 지배층 내에서 원구제를 부활시키려던 움직임도 있었고, 원구단에 대한 미련을 남단에 투사하여 남교에서 왕이 친행 기우제를 행하는 경향이 끊임없었기 때문이다. 특히 18세기 후반에 정조는 남교에 있던 풍운뢰우단을 정비하고 이를 원구단의 대안으로 간주하며 많은 기우제를 올렸다. 그러나 이 모든 제례에서 원구제 본래의 모습을 찾기는 어렵다. 명실상부한 천제라고 하기에는 부족하다. 그것은 상제에 대한 제천의례가 아니었다. 풍운뢰우와 같은 천신의 범주에 속하는 상제의 하위신에 대한 기원이었다. 천자가 교외에 단을 마련하여 상제에게 직접 올렸던 천제와는 거리가 멀다.

그런데 조선 후기에 들어 천제를 둘러싸고 큰 변화가 일어났다. 제도권 안에서 상제에게 올리는 천제가 불가능한 가운데 민간에서 천제가 은밀하게 행해진 것이다. 바로 동학을 통해서였다.

수운 최제우는 경신년(1860)에 상제로부터 천명을 받고 동학을 창시하였다.[1] 그러나 그의 동학 창시를 위한 구도 과정은 그 이전부터 계속되었다. 이런 저런 일을 하고 세상일을 근심하며 나날을 보내던 그는 을미년(1855) 3월에 아주 특별한 일을 경험하였다. 금강산 유점사에서 왔다는 한 스님으로부터 책 한권을 받고 스님으로부터 그 책과 똑같이 행하라는 말을 들었다. 『최선생문집 도원기서』에 의하면, 수운이 읽어보니 그 책에는 기도祈禱의 가르침이 담겨있었다. 수운은 이듬해에 통도사 천성산에 들어가 3층 단을 쌓고 49일 계획으로 축원하였다. 그러나 49일을 이틀 앞두고 여든에 이른 숙부가 별세하여 불가피하게 중단할 수밖에 없었다. 1857년 여름, 이번에는 천성산에 있던 자연 동굴인 적멸굴에 들어가 49일 동안 정성어린 치성을 마쳤다. 하늘을 향한 두 번의 기도에도 불구하고 수운은 아무 것도 얻은 것이 없었다.

해는 바뀌어 1860년 경신년 4월 초 5일이었다. 이 날은 장조카 맹륜의 생일이었다. 사람을 보내어 오기를 청하니 수운도 거기에 참석했다. 잔칫상을 물릴 무렵, 수운은 몸과 마음이 이상함을 느꼈다. 집으로 돌아온 수운은 아니나 다를까 대청에 오르자 별안간 몸이 떨리고 정신이 혼미해졌다. 무슨 증세인지 종잡을 수 없고 말로써 표현할 수 없었다. 하늘에 대한 그의 간절한 기도 때문이었을까? 수운이 상제의 목소리를 듣고 상제의 가르침을 받는 종교적 신비체험은 이로부터 시작되었다.

"두려워하거나 겁내지 말거라. 세상 사람들이 나를 상제라 하는데 너는 어찌 상제도 모르느냐.(勿懼勿恐. 世人謂我上帝, 汝不知上帝耶.)"(『동경대

---

1 수운의 동학 창시 과정과 소위 상제와의 만남에 관해서는, 강영한「너는 상제를 모르느냐汝不知上帝耶」, 증산도상생문화연구소, 『잃어버린 상제문화를 찾아서-동학-』, 상생출판, 2010, 19-26쪽을 참조하라.

전』「포덕문」)

"나는 바로 상제이다. 너는 상제를 모르느냐.(予是上帝. 汝不知上帝耶.)"
(『최선생문집도원기서』; 「수운행록」)

"너는 내 아들이니 나를 아버지라 불러라.(汝則吾子, 呼我謂父也.)"(「수운
행록」)

경주 용담정 입구에 있는 수운 최제우(1824-1864) 동상과 동학의 경전 『동경대전』

천성산 적멸굴 입구(좌)와 그 내부(우)

「수운행록」, 『최선생문집도원기서』, 『동경대전』에 나오는 이 내용에 의하면 수운이 경신년에 종교적 신비 체험을 통해 만난 존재는 상제였다. 상제는 수운을 자신의 아들이라 하고 수운에게 자신을 아버지라고 부르게 하였다. 수운은 곧 천자였던 것이다. 이런 맥락에서 보면 천자인 수운이 상제에게 제사를 올리는 것은 당연하다.

수운이 하늘에 기도하고 천제를 올린 것은, 비록 유교적 규범에서 보면 음사淫祀고 비례非禮였지만, 제도적으로 사라지고 세조 이후 실행되지 못했던 천제를 복원시켰다는데 의미가 있다. 비록 은밀하게 행해진 천제였지만 수운이 행한 동학의 천제는 전통적 천제의 맥을 이어나간 것으로 평가된다. 그것은 상제를 모시고 상제를 위하는 의례였다. 수운의 천제는 천자인 수운이 상제·하늘에 대해 올리는 의례였기에 여타 산신에게 제사를 올리는 산신제와는 본질적으로 다르다.

동학에서 갈라진 시천교총부(상제교)에서 1915년에 발행한 『영적실기靈蹟實記』[2]에는 당시 수운이 천성산에서 올린 기천祈天, 즉 천제의 모습을 그림으로 전한다. 이 '천성산기천도千聖山祈天圖'을 보면 제단은 원추형의 단이 3층으로 이루어졌다. 각 층의 둘레에는 역시 세 줄의 돌로 둘려 쌓였다.

천성산기천도千聖山祇天圖
(출처: 최종성, 『동학의 테오프락시-초기동학 및 후기동학의 사상과 의례-』, 민속원, 2009, 118쪽)

----

2 『영적실기』는 해월을 따랐던 구암 김연국이 초기 동학의 영험한 이적들을 글과 삽화로 압축하여 출간한 자료이다.

제단의 맨 윗 단에는 작은 상 위에 청수 한 그릇이 올려져 있다. 수운은 제단 앞에 자리를 깔고 무릎을 꿇고 두 손 모아 하늘에 예를 올리고 있다.[3] 천제를 지내고 있는 것이다. 높은 산은 하늘과 땅을 잇는 통로이다. 이 신성한 공간에 제단을 마련하여 하늘에 제사를 올리는 행위는 책의 가르침에 따라 당시에 수운이 행할 수 있는 유일한 길이었다.

동학에서 올린 천제의 더 구체적인 내용은 알 수 없으나 동학에서 천제를 올렸다는 사실은 관변 자료도 뒷받침한다. 즉 선전관宣傳官 정운구鄭雲龜가 올린 서계書啓에 따르면 그들이 입수한 정보에 이런 내용이 있다. "매달 초하루와 보름에 돼지를 잡고 과일을 사서 궁벽한 산 속으로 들어가 제단을 차려놓고 하늘에 제사를 지내면서 글을 외워 신이 내려오게 하는데(每月朔望, 殺猪買果, 入去淨僻山中, 設壇祭天, 誦文降神.)"(『고종실록』 고종 즉위년(1863) 12월 20일) 이는 곧 동학에서는 천제를 정기적으로 행하였음을 말한다.

동학의 천제는 수운 사후 경북 및 강원도 산간지역으로 쫓기며 비밀리에 종교활동을 주도해 나갔던 해월 최시형으로도 이어졌다. 해월은 1877년 3월 10일, 그리고 10월 16일에는 정선 유시헌의 집에서 천제를 지냈다. 그것은 비록 봄과 가을에 정기적으로 행해졌으나, 수운이 산에서 지낸 천제와는 달리, 집 안에서 행해졌다. 수운이 상제에게 올린 제사와 달리, 제사 공간도 바뀐 것이다.

고종황제의 원구 천자례

조선에서 천제다운 천제가 올려지고 천자례가 공식적으로 행해진 것은 고종에 이르러서이다. 우리 역사에서 자취를 감추었던 원구제

---

3 최종성, 『동학의 테오프락시-초기동학 및 후기동학의 사상과 의례-』, 민속원, 2009, 118쪽 참조.

가 그 본래의 모습을 다시 드러낸 것은 19세기 후반, 외세의 손아귀를 벗어나지 못하는 처지에 있던 조선 왕조가 자주국임을 선언함으로부터였다. 고종은 환구단에서 황천상제에게 황제 즉위를 고하는 천제를 지냈다. 이어 황제 즉위식을 올렸다. 고종황제는 대한제국이 황제국, 천자국임을 만방에 선포한 것이다. 우리의 잃어버린 천자국 위상을 천지에 알렸다.

대한제국의 고종 황제가 거행한 환구단 제례는 단군 이래의 전통을 계승하는 동시에, 조선시대의 국왕과 신하들이 고민했던 명분상의 문제를 완전히 해결한 천제였다.[4] 무엇보다도 불안한 시대적 상황에서 새로운 국운을 희망하는 당대의 염원을 담아 새롭게 천지만물의 운행과 생장의 원리에 참여함으로써, 수명受命의 정당성과 권위를 확보하는 원구제의 전형적 모습을 계승한 것이었다.[5]

고종황제의 환구 천제와 황제 즉위, 그리고 대한제국의 탄생. 이 일련의 과정은 천자국이었던 동방 조선의 이 나라가 원시반본의 정신에 따라 그 본래의 위상을 되찾은 인류 정치사적 종교사적 대사건이다. 잊어버린 상제, 잃어버린 상제문화를 다시 찾은 상제문화사적 대사건이다.

증산도 대천제

고종 때 만든 환구단은 일제의 지배로 사라지고 지금은 그 주변 시설이 일부만 남아있다. 천제가 단절된 것은 말할 것도 없다. 그리하여 현대인들은 천제, 상제문화에 매우 낯설다. 심지어는 그것을 미신이니 뭐니 하면서 부정적으로 낙인찍기도 한다.

----

4 한형주 외, 『조선의 국가제사』, 한국학중앙연구원, 2009, 109-111쪽.
5 박례경, 「환구제 형성 과정의 예학적 함의」, 『한국실학연구』16, 2008, 340쪽.

앞에서 밝혔듯이 천제는 동방 조선, 이 땅에서 아주 먼 옛날부터 사람들이 공유하였던 생활문화의 한 부분이었다. 그것은 단지 다른 종교나 사상에 의해 왜곡되거나 단절됨으로써 잊혀지거나 사라졌을 뿐이다. 그리하여 이 시대를 사는 사람들에게는 낯설고 이따금 남의 옷을 입은 것처럼 부자연스럽게 인식될 수도 있다.

사실 인류문화의 근원을 추적하여 올라가 보면 사람들은 신을 받들고 신에 의지하는 모습이 보편적이었음을 알게 된다. 그러한 신, 즉 우주 만물의 주재자인 상제·하늘을 받들고 위하는 전형적 의례가 천제였다. 특히 원구 천제는 지고신이자 우주 만물의 주재자인 상제에게 제왕이 직접 올리는 제사로 그 상징적 의미가 남다르다.

현대는 물질문화가 지배적이고 다양한 종교들이 서로 다른 이름의 신을 받들어, 상제를 신앙하는 모습이 거의 사라지고 잊혀진 시대이다. 그런데 이런 가운데도 지금 천제를 정신문화의 꽃으로 간주하고 되살리는 곳이 있다. 신교의 계승 집단이자 현대 상제문화의 원류인 증산도이다. 앞에서도 밝혔듯이, 『도전』은 동방의 조선을 신교의 종

증산도에서 대천제를 행하는 모습

주국으로 상제와 천지신명을 함께 받들어 온, 인류 제사 문화의 본고향이라고 하였다. 증산도에서는 오랜 역사를 거치며 이어짐과 단절을 되풀이 하면서 동학 및 대한제국으로 까지 이어지던 천제를 되살려 크게 행하고 있다.

증산도에서는 대천제를 어떻게 행하고 있을까?[6] 개회로 시작하여, 천제는 분향 명촉으로 이어진다. 향을 사르는 것은 상제의 성령이 감응하고 삿된 기운의 범접을 막기 위함이고, 촛불을 밝히는 것은 신과 하나되어 널리 세상에 광명을 밝힌다는 의미가 있다.

이어 사배심고四拜心告를 행한다. 사배심고란 양손을 들어 올려 하늘을 받들고 땅을 어루만지는 방식, 소위 반천무지攀天撫地식[7]으로 사배를 드린 후에, 마음속으로 기도를 드리는 것이다. 이 반천무지의 예법의 의의를『도전』은 이렇게 밝힌다.

> "상제님께서 말씀하시기를 "치성 때에는 배례拜禮하되 하늘을 받들고 땅을 어루만지는 반천무지법攀天撫地法으로 행하라. 이는 하늘과 땅과 사람이 합덕合德하는 이치니라."하시니라."(『도전』9:67:1-2)
>
> "하루는 태모님께서 반천무지의 사배에 대해 말씀하시기를 "이것이 천지 절이다." 하시고 "천지를 받들 줄 알아야 하느니라." 하시니라. 이어 태모님께서 "내가 절하는 것을 잘 보라." 하시며 친히 절을 해 보이면서 말씀하시기를 "하늘 기운을 잡아 당겨 내 몸에 싣고, 땅 기운을 잡아 당겨 내 몸에 실어라." 하시니라."(『도전』11:305:1-2)

반천무지 절법은 인간으로 하여금 천지를 모시고 천지에 대해 공경과 정성과 감사의 마음을 올리는 예법이다.

----
6 증산도의 천제 절차에 대해서는 증산도 교육부,『증산도 의례집』, 2010; 증산도 2011년 2012년 대천제 의전을 참조하였다.
7 반천무지의 절법에 대해서는 증산도 교육부,『증산도 의례집』, 33쪽을 참조하라.

이어 맑은 술과 정갈한 음식을 올리는 헌작獻酌이 뒤따르는데, 이는 초헌, 아헌, 종헌으로 이루어졌다. 그리고 초헌과 아헌 사이에는 신명에게 고하는 글인 축문을 봉독[讀祝]한다.

증산도 천제의 특징은 이후 심고문과 상제의 책인 『도전』을 봉독하고, 이어 기도 및 주송, 그리고 천지 복록수 음복이 이루어지는 점이다. 이어 폐장 직전에 감응한 성령에게 사배심고를 올리는 의식인 사신辭神과 집전관에 대한 배례로 이어진다. 촛불과 향을 끄는 폐장으로 천제는 끝난다.

신교문화! 상제문화! 그것은 우리 역사, 우리 문화의 원형이었다. 그 꽃인 천제는 우리문화의 정체성을 잘 드러내준다. 비록 온갖 우여곡절을 거쳤지만 천제는 증산도를 통해 현대사회에서도 그 맥이 유지되고 있다. 그러나 아직까지 천제가 그 본래의 모습을 되찾았다거나 대중성을 확보하였다고 보기는 어렵다. 앞으로 잊어버린, 그리고 잃어버린 우리 정신문화의 원형이 더 드러나고, 이런 문화상품이 지구촌 사람들에게 널리 알려져, 상제문화가 온 천지에서 활짝 꽃피기를 기대해본다.

부록

부록 1. 고려시대 친사親祀 의식[1]

재계齋戒[2]. 제사 이레 전 이른 새벽에 해당 관청에서는 행사집사관行事執事官의 자리를 상서성尙書省 내에 설치하는데, 모두 북향으로 하되 서편을 상석으로 한다. 태위의 자리는 여러 관원들의 북쪽에서 조금 서편에 서향으로 둔다. 감찰어사監察御史[3]의 자리 둘은 여러 관원들의 서쪽에서 조금 남편에 동향으로 둔다. 여러 관원들이 자리에 나서면, 태위가 자리에 나가 서향으로 서문誓文[4]을 낭독한다.

> "정월 모일 첫 신일[上辛]에 원구에 친사親祀하여 풍년을 기원하시니, 각기 직책에 힘쓰도록 하자. 자기 직무를 하지 않으면 나라에 일정한 형벌이 있다."

낭독이 끝나면 모두 재배하고 물러간다. 국왕은 산재散齋[5] 나흘을 별전別殿에서 행하고, 치재致齋[6] 사흘 가운데 이틀은 정전正殿[7]에서 행하고, 하루는 재궁齋宮[8]에서 행한다. 제사에 참여하는 모든 관원들은 나흘간의 산재와 사흘간의

---

1 아래 번역 및 괄호 안 설명은 동아대학교 석당학술원, 『국역 고려사』16, 「지」4, 길례대사, 원구에 의존한 것임을 밝힌다. 원문은 이를 실은 http://terms.naver.com/entry.nhn?cid=3868&docId=1673344&categoryId=3868(2013년 5월 8일 검색)에 따랐다. 천제 때 사용한 각종 제기류의 그림은 246~251쪽을 참조하라.

2 고려사』 원문에는 '제齊'자이나 '재齋'자가 옳다. 재계란 제사를 지내기 전에 마음을 가다듬고 음식과 행동을 삼가하여 부정을 피하는 일을 말함. 치재致齋와 산재散齋가 있음.

3 고려시대 사헌부司憲府에 소속한 종6품의 관료로, 관료들의 규찰과 제사·조회朝會 및 전곡錢穀의 출납 등을 감찰하는 임무를 맡음.

4 행사에 앞서 행사에 참여하는 인원을 모아놓고 행사를 예고하는 글.

5 재계의 하나로, 제례에 참여하는 사람이 제사를 지내기에 앞서 평상시의 업무를 보면서 자기 집에서 근신하는 절차를 말함. 치재致齋 전 며칠 동안 슬픈 일을 묻거나 듣지 않고 즐기는 일을 하지 않는 등 행동과 마음을 근신함.

6 재계의 하나로, 제사를 지내기 전에 재궁齋宮이나 향소享所 등 일정한 장소에 모여서 실행하던 재계의 하나로, 산재 뒤에 함. 이 때 제관이나 집사관은 모두 제사지내는 곳에서 제향의 일만 봄.

7 국왕이 평소 거처하는 궁전으로, 대전大殿을 말함.

8 국왕이 제사를 지내기 위해 재계하는 궁전.

치재를 행한다. 산재는 모두 정침正寢[9]에서 행하고, 치재 가운데 이틀은 본사本司[10]에서 행하고 하루는 제사 지낼 곳에서 행한다. 본사가 없는 자는 상서성尚書省에서 묵는다. 산재 기간에는 평소와 같이 일을 처리하되, 다만 문상問喪이나 병문안을 하지 않고, 음악을 연주하지 않으며, 사형 문서에 서명하지 않고, 형벌을 시행하지 않으며, 불결한 일에 관여하지 않는다. 치재하는 날은 오직 제사 일에만 전심하고 다른 일은 모두 중지한다.

국왕을 가까이 모시는 관원으로 제사에 따라가야 할 자 및 제사에 따라 갈 여러 관원들은 각각 본사에서 하룻밤 청재淸齋[11]한다. 본사가 없는 자는 상서성에서 묵는다. 악공樂工과 문무文舞·무무武舞[12]를 출 자들은 모두 청재하고, 태상사太常司에서 하룻밤을 묵는다. 제사 이틀 전에 태위는 태조의 능 사당[13]에 가서 평상시 고하는 절차대로 사유를 아뢰되, 상제 신의 배위配位로 신주를 모신다는 뜻을 고한다. 제사 전날 제위諸衛[14]는 소속 군사들에게 명하여 미후未後 1각刻[15]에 각기 방위에 해당하는 기물과 복색을 하고 유壝를 지키게 하되, 문마다 두 사람, 모퉁이마다 한 사람 씩 배치한다.

----

9 국왕이 항상 거주하던 방.
10 관원들이 소속한 본디 관청.
11 제례에 참여하는 사람들이 마음을 깨끗이 하여 재계하는 일로, 산재와 치재를 아울러 일컬음.
12 문무는 문덕지무文德之舞·문덕무文德舞라고도 하며, 태묘太廟·문묘文廟 등의 제향 때 추는 춤으로, 영신迎神·전폐奠幣·초헌 때 춘다. 왼손에는 약籥을, 오른손에는 적翟을 들고 추는데, 무생舞生이 문신의 복색으로 추는 춤임. 무무는 무공지무武功之舞라고도 하며, 왼손에 방패를 오른손에 도끼를 각각 들고 춤.
13 제왕의 능침이 있는 곳에 지은 사당.
14 고려시대 좌우위左右衛·신호위神虎衛·흥위위興威衛·금오위金吾衛·천우위千牛衛·감문위監門衛 등 중앙군의 육위六衛조직으로, 국왕의 시종·호위 및 도성의 수비·치안유지 등을 담당함.
15 시각·시간을 말함. 밤낮을 100각으로 하여 춘분·추분에는 밤낮을 각각 50각으로 나누며, 동지에는 낮 40각 밤 60각으로, 하지에는 낮 60각, 밤 40각으로 구분하여 시간을 계산한다. 「시헌력時憲曆」에는 하루의 1/12에 해당하는 1시간(지금의 2시간)을 8로 구분한 것에 해당하는 15분을 말한다. 「시헌력」 이전에는 하루의 1/100에 해당하는 시간으로 14분 24초였다. 미후未後 1각은 미시未時(오후 1시~3시)의 15분경 내로 오후 1시부터 1시 15분경 사이임.

진설陳設. 제사 사흘 전에 상사국尙舍局[16]에서는 바깥 유壝의 동편 문 안쪽 길의 북편에 남향으로 대차大次[17]를 설치하고, 동쪽 층계[卯陛]의 동편에 서향으로 소차小次를 설치한다. 수궁서守宮署[18]에서는 시신侍臣들의 막차幕次[19]를 대차 앞에 설치하되, 문관은 왼편, 무관은 오른편으로 하여 마주 보게 하고, 행사배사관行事陪祠官[20] 및 해당 관청의 막차를 안쪽 유의 동편 문 바깥 길 남편에다 지세에 따라 설치한다. 찬만饌幔[21]은 안쪽 유의 동쪽 문 밖 길 북편에 남향으로 설치한다.

제사 이틀 전에 교사령郊社令[22]은 소속 관원들을 인솔하여 제단의 아래위를 청소하고, 요단에 섶을 쌓고, 요단의 동북편에다 남향으로 권화權火[23]를 설치한다. 장생령掌牲令[24]은 희생물을 갖춘다. 태악령太樂令[25]은 등가登歌[26]의 악기를 단 위에서 조금 남편에 북향으로 펼쳐놓고, 헌가軒架의 악기를 단 남편에 설치한다.

----

16 고려시대 궁궐의 연회나 국왕의 행차 등 때 장막帳幕을 설치하고 어좌御座·음식·물품의 준비를 맡아보던 중앙관서로, 충선왕과 공민왕 때 사설서司設署·상사서尙舍署로 이름을 바꾸기도 함.
17 태차太次라고도 하며, 궁궐의 제례나 조회 때 국왕이 행사 전에 임시로 머물 수 있도록 만든 시설을 말함. 차는 장막[幄]을 의미함.
18 고려시대 적전籍田이나 제례·연회 등 각종 의례 때 장막帳幕·제향祭享·공봉供奉을 맡은 중앙관서로, 정8품의 영令과 정9품의 승丞 각각 2명과 그 아래에 이속직吏屬職이 배치되어 있었음.
19 장막을 쳐서 국왕의 수레나 관료들이 임시로 쉴 수 있도록 만든 시설. 막幕은 지붕이 있는 것임.
20 제사를 지낼 장소에 국왕을 시위하며 따라 갈 관료들을 말함.
21 제사를 지낼 때 휘장을 쳐서 제수를 정갈하게 관리하도록 마련한 곳.
22 원구 등의 제사를 담당하는 관서의 책임자.
23 불을 붙일 때 사용하기 위해 임시로 마련한 횃불.
24 고려시대 제사에 사용하는 희생물의 관리를 담당하던 장생서掌牲署의 책임 관료로, 종8품이었음.
25 고려시대 국가의 의전 음악을 담당하던 대악서大樂署·太樂署의 책임 관료로, 종7품이었음.
26 제례에 사용하는 음악, 또는 금종金鍾과 옥경玉磬을 필두로 하여 노래를 부르는 가공歌工을 포함하여 편성하는 아악雅樂의 악대, 또는 종묘·문묘 등의 제향과 궁궐 뜰에서 연주할 때 섬돌 위에서 연주하던 당상악堂上樂으로, 노래와 금琴·슬瑟 등의 현악기가 중심이 됨. 한편 궁궐 의식음악과 제례음악의 연주 때에는 등가와 함께 섬돌 아래인 당하堂下에 배치되어 연주하는 헌가軒架도 있었는데, 대개 죽관竹管악기의 연주가 주축을 이루는 고법古法이 있었음.

제사 하루 전에 봉례奉禮[27]는 국왕의 자리를 단 아래 동남편에 서향으로, 음복위飮福位[28]를 단 위 남쪽 층계의 서편에 북향으로 설치한다. 아헌관과 종헌관의 음복위는 국왕의 자리 뒤에 설치하고, 아헌관과 종헌관, 사관祀官[29]들의 자리는 왕의 자리 뒤에서 조금 남편에 서향으로, 집사자執事者의 자리는 그 뒤에 설치하되, 등급마다 자리를 달리하여 모두 겹줄로 서향으로 하되 북쪽을 상석으로 한다.

　감찰어사監察御史 두 사람의 자리는 단 아래에 마련하되 한 사람은 동남편에서 서향하여 서게 하고, 한 사람은 서남편에서 동향하여 서게 한다. 봉례의 자리는 악현樂懸[30]의 동북편에, 찬자贊者[31] 두 사람은 그 남쪽에서 조금 물러나서, 모두 서향으로 정한다. 협률랑協律郞[32] 두 사람 중 한 사람은 단 위 악거樂虡[33]의 서북 편에, 한 사람은 헌가의 서북 편에서 모두 동향하여 선다. 태악령의 자리는 헌가의 북편에 정하되 북향하게 한다. 봉례는 또 국왕의 망료위望燎位[34]를 시단柴壇[35]의 북편에 남향으로 설치하고, 봉례와 찬자의 자리는 요단의 동북편에 정하되 서향하게 하고 북쪽을 상석으로 한다.

　제사에 모시고 가는 문무 관리들의 자리는 유의 문 안쪽에서 동서 편 길의 남쪽에다 등급에 따라 자리를 달리하여 겹으로 서게 하되, 문관은 동편에서 서향으로 북쪽을 상석으로 하며, 무관은 서편에서 동향으로 북쪽을 상석으로

----

27 고려시대 제사를 주관하고 국왕의 묘호·시호의 제정을 맡아보던 태상부太常府·전의시典儀寺의 하급 관료로, 정9품의 봉례랑奉禮郞을 말함.
28 제례를 끝내고 나서 제관이 제사에 사용한 술과 제물을 나누어 마시고 먹는 자리.
29 헌관을 따라 제사를 돕던 관료.
30 궁궐의 의식음악과 제례음악을 연주할 때 악기를 배치하는 악현제도. 섬돌 아래인 당하에 위치하는 헌가와 당상에 위치하는 등가登歌가 짝을 이룸.
31 제향이나 의식 때 그 진행절차를 전해 알려주는 임무를 맡은 관료로, 여기서는 봉례奉禮를 도와 의식집행을 보조하던 관리.
32 고려시대 제향·가례嘉禮의식에서 음악의 진행을 맡은 관료.
33 종경鐘磬 등의 악기를 걸어 놓는 틀.
34 요단燎壇에서 축문과 제물을 불에 태우는 것을 바라보는 자리. 요단은 국왕이 종묘·문묘·사직단·산릉 등 친히 제사를 지낸 장소에서 행사의 종결 뒤 축문과 함께 행사에 쓴 물건 가운데 음식물을 제외한 것을 태워버리는 장소.
35 섶나무를 쌓아 놓고 축문 등을 태우는 요단.

한다. 또 사관과 종사관從祀官[36] 여러 관원들의 문외위門外位[37]를 동쪽 유 문 밖에 막차의 설치의식에 따라 설치한다.

생방牲牓[38]은 동쪽 유의 문 밖에다 문을 마주보고 서향으로 설치한다. 창생蒼牲[39] 한 마리는 앞에 세우고, 또 청생靑牲[40] 한 마리는 북편에서 조금 물러나 남쪽으로 머리를 두며, 다음 적생赤牲[41] 한 마리, 황생黃牲[42] 한 마리, 백생白牲[43] 한 마리, 현생玄牲[44] 한 마리의 순서로 매어 둔다. 그리고 창생 한 마리는 남편에서 조금 물러나 북쪽으로 머리를 둔다.

또 장생령의 자리는 희생의 서남편에 설치하고, 서리胥吏가 그 뒤에 모시되, 모두 북향한다. 여러 태축太祝[45]들의 자리는 희생의 동편에서 각기 희생의 뒤를 바라보고 서고, 축사祝史[46]는 각기 그 뒤에 모시고 서서 모두 서향한다. 태상경의 성생위省牲位[47]는 희생의 앞에서 약간 북쪽으로 마련하고, 어사御史의 자리는 태상경의 서편에, 모두 남향으로 설치한다.

태사령太史令[48]은 신위의 위판位版[49]을 설치하고, 교사령은 상제의 신좌神座를 단 위의 북편에 남향으로 설치하고 짚자리를 편다. 배위配位로 모시는 태조의

---

36 헌관을 따라 종사위從祀位에 제사를 받들 제관.

37 제사 지내는 곳의 문 밖에 대기하는 장소.

38 생방牲牓이라고도 하며, 제사에 희생犧牲으로 쓸 짐승들을 잡아 매어두는 우리.

39 상제에게 바칠 희생의 소.

40 동방의 청제에게 바칠 희생의 소.

41 남방의 적제에게 바칠 희생의 소.

42 중앙의 황제에게 바칠 희생의 소.

43 서방의 백제에게 바칠 희생의 소.

44 원생元牲이라고도 하며, 북방의 흑제에게 바칠 희생의 소.

45 대축大祝이라고도 하며, 고려시대 제사를 주관하고 국왕의 묘호·시호의 제정을 맡아보던 봉상시奉常寺의 종7품 하급관료로 1명이 배치되어 있었음. 여기서는 제사를 진행할 때 축문을 대신하여 읽는 임무를 맡은 제관을 말함.

46 태축을 도와 제물을 바치는 일을 보조하는 이속직으로, 희생의 털·피를 담아 보관하고 옮기는 임무, 술잔을 건네주는 일 등을 맡음.

47 제례에 사용되는 희생물을 제물로 적당한지 살펴보는 자리.

48 고려시대 천문·역수曆數·측후測候·각루刻漏(시간 측정) 등의 업무를 맡은 태사국太史局의 종5품 관료.

49 목주木柱·신주神主·영위靈位·위패位牌라고도 하며, 신의 이름이나 죽은 이의 이름 등을 새긴 나무패.

신좌는 동편에서 서향으로 하여 자리에 돗자리[莞]를 편다. 청제靑帝는 동편 층계의 북쪽에, 적제赤帝는 남편 층계의 동쪽에, 황제黃帝는 남쪽 층계의 서쪽에, 백제白帝는 서쪽 층계의 남쪽에, 흑제黑帝는 북쪽 층계의 서쪽에 정하고, 모두 밑에다 짚자리를 폈다가, 깨끗하다고 고하는 일이 끝나면 임시로 철거한다.

상제에게는 보簠와 궤簋[50] 각각 둘을 앞에 차린다. 보에는 벼[稻]와 기장[粱]을 담아 왼편에 두는데 기장을 벼 앞에 놓는다. 궤에는 메기장[黍]과 피[稷]를 담아 오른편에 두되 피를 기장 앞에 놓는다. 변籩[51] 12그릇은 왼편에 석 줄로 차리되, 오른쪽을 상석으로 한다. 첫째 줄에는 소금[形鹽][52]을 담아 맨 앞에 놓고, 말린포[魚鱐]·시루떡[糗餌]·단자[粉資]의 차례로 놓는다. 둘째 줄에는 개암[榛子]을 앞에 놓고 말린 대추[乾棗]·흰떡[白餅]·검정떡[黑餅]의 차례로 놓는다. 셋째 줄에는 마름씨[菱仁]를 앞에 놓고 거시련 밤[芡仁]·밤[栗黃]·사슴고기포[鹿脯] 순서로 놓는다. 두豆[53] 12그릇은 오른편에 석 줄로 차리되 왼쪽을 상석으로 한다. 첫째 줄에는 미나리나물[芹菹]을 담아 앞에 놓고, 죽순나물[筍菹]·회간[脾析]·무나물[菁菹]의 순서로 놓는다. 둘째 줄에는 부추나물[韭菹]을 앞에 놓고 미음[酏食]·식혜[魚醢]·토끼고기 조림[兔醢]의 순서로 놓는다. 셋째 줄에는 돼지다리[豚拍]를 앞에 놓고 사슴고기 조림[鹿醢]·기러기고기 조림[鴈醢]·고기죽[糝食]의 순서로 차린다. 등甄[54] 한 그릇에는 국물[大羹][55]을 담아 변籩과 두豆 사이에 놓는다. 조俎[56] 둘 중 하나에는 희생의 머리를 담은 쟁반[牲首盤]을 얹어 두의 오른편 남쪽에 두고, 하나는 희생의 생고기[牲肉]를 얹

---

50 제사나 연회 때 사용하는 그릇. 보는 안쪽이 둥글고 밖이 네모진 모양으로 피살[稻]을, 궤는 안이 네모지고 밖이 둥근 모양으로 메기장[黍]과 차기장[稷]을 각각 담는 용기임. 대개 구리로 만들며 대나무나 흙으로 만들기도 함.
51 굽이 높게 하여 대나무로 만들어 곡물과 과일 및 육포 등을 담는 제기.
52 제사에 쓰는 소금으로, 범 모양을 본떠서 굳혀 만듦.
53 제사나 의식 때 나물과 저린 고기 등을 담는 나무로 만든 그릇으로, 굽접시 모양임.
54 제사를 지낼 때 국물을 담는 그릇으로, 구워 만든 제기 접시.
55 태갱太羹이라고도 하며, 제사에 사용하던 고깃국으로, 소금이나 조미료를 전혀 첨가하지 않는다. 소·돼지·양고기 등을 삶아서 만든 국물.
56 적대炙臺로, 희생물의 몸체를 놓는 제기이며, 넓은 도마모양에 발이 길다. 제사를 지낼 때 저민 고기와 육고기를 담는 받침대나 그릇으로 사용함.

어 앞에 놓는다. 두 하나에는 희생의 모혈毛血[57]을 담는다. 포작匏爵[58] 3개는 매 잔마다 받침을 둔다. 태준太尊[59] 둘 중 하나에는 명수明水[60]를, 하나에는 범제泛齊[61]를 담는다. 착준著尊[62] 둘 중 하나에는 명수, 하나에는 예제醴齊[63]를 담는다. 사준犧尊[64]둘 중 하나에는 명수, 하나에는 앙제盎齊[65]를 담는다. 산뢰山罍[66] 둘 중 하나에는 현주玄酒[67], 하나에는 청주淸酒[68]를 담는다. 이상의 것들은 단 위 동남쪽 모퉁이에 북향으로 두되 서쪽을 상석으로 한다.

상준象尊[69] 둘 중 하나에는 명수, 하나에는 제제醍齊[70]를 담는다. 호준壺尊[71] 둘 중 하나에는 명수, 하나에는 침제沈齊[72]를 담는다. 산뢰山罍 넷 중 둘에는 현

----

57 제사를 지내면서 희생물을 처음 잡을 때 취하는 털과 피.
58 표주박을 둘로 나누어 만든 술잔으로 1되를 담는다. 한편 2되 담는 사각형 술잔은 고觚, 3되를 담는 뿔 술잔은 치觶, 4되의 뿔 술잔을 각角, 5되의 술잔을 산散이라 함..
59 대준大尊·태준太樽이라고도 하며, 질항아리 모양의 큰 술그릇, 또는 자기로 만든 큰 항아리로 연회나 제례 때 음식을 올려놓는 기물.
60 제례를 지내거나 신령께 빌 때 떠올리는 맑고 깨끗한 물.
61 제사에 사용하는 다섯 종류의 술인 오제五齊 가운데 한 종류로, 찌꺼기가 뜨는 탁주와 비슷함. 오제는 술을 만들 때 재료와 숙성기간 및 걸러내는 차례에 차이가 있음. 범제와 예제醴齊는 탁한 술이고, 앙제盎齊·제제緹齊·침제沈齊는 맑은 술임.
62 착준著樽이라고도 하며, 은·주나라 때 조헌례朝獻禮에 사용되던 술그릇으로, 다리가 없고 바닥이 평평하게 땅에 붙어 있음.
63 제사에 사용하는 다섯 종류의 술인 오제五齊 가운데 한 종류로, 단술을 말함.
64 사준娑尊이라고도 하며, 비취翡翠의 깃을 새긴 술그릇.
65 제사에 사용하는 다섯 종류의 술인 오제 가운데 한 종류로, 백차주白⬚酒와 같다고 하며, 술이 익어서 흰 빛 또는 엷은 푸른빛을 나타내는 술.
66 중국 하후씨夏后氏의 술그릇으로, 윗부분에 산과 구름의 형상을 그려 넣음.
67 명수明水라고도 하며, 맑은 물을 의미.
68 제사에 사용하는 술. 겨울에 빚어 여름에 거르는 술을 말하기도 함.
69 제기의 일종으로, 코끼리의 형상을 배 위에 만들거나 옆면에 코끼리의 그림을 새긴 술그릇.
70 제제緹齊라고도 하며, 제사에 사용하는 다섯 종류의 술인 오제 가운데 한 종류로, 붉은 빛이 돌고 감미가 있는 맑은 약주.
71 호준壺樽이라고도 하며, 제례 때 사용하던 물병 모양의 제기나 항아리 모양의 술그릇으로, 목이 있고 배가 나왔음. 착준著尊·著樽은 양이 내려와서 땅에 붙은 것을 형상화한데 비해, 호준은 음이 빙둘러 만물을 감싼 것을 형상화함.
72 제사에 사용하는 다섯 종류의 술인 오제 가운데 한 종류로, 탁한 찌꺼기를 가라앉고 위에 뜬 맑은 청주.

주현酒, 하나에는 사주事酒[73]를, 하나에는 석주昔酒[74]를 담는다. 이상의 것들은 모두 단 아래 남편 층계의 동쪽에 북향으로 두되 서쪽을 상석으로 한다. 준尊[75]에는 모두 국자[勺^작]와 덮개[冪^멱]를 올리고, 작爵을 놓아 둘 받침[坫^점]을 둔다.

옥과 폐백을 담는 채반[篚^비]은 준 받침[尊坫^{준 점}]있는 곳에 두고, 축을 두는 받침[祝坫^{축 점}]을 신위의 오른편에 둔다. 배위配位 앞의 착준 둘 중 하나에는 명수를, 하나에는 범제를 담는다. 사준 둘 중 하나에는 명수를 담고, 하나에는 예제를 담는다. 상준 둘 중 하나에는 명수를 담고, 하나에는 앙제를 담는다. 산뢰 둘 중 하나에는 현주를 담고, 하나에는 청주를 담는다. 이것들은 단 위의 상제 주준酒尊[76]의 동편에 북향으로 서쪽을 상좌로 하여 둔다. 보·궤·등·조俎·작점爵坫[77]·축점祝坫[78]·폐비幣篚[79] 등의 차림은 상제의 의식과 같이 하되 옥은 없다.

오방제 앞에 각기 태준 둘을 두는데 하나에는 명수를 담고, 하나에는 범제를 담는다. 착준 둘 중 하나에는 명수를 담고, 하나에는 예제를 담는다. 사준 둘 중 하나에는 명수를 담고, 하나에는 앙제를 담는다. 산뢰 하나에는 청주를 담는다. 이들은 각기 신좌神座의 왼편에다 오른쪽을 향해 차린다. 변과 두는 각기 여덟이다. 변籩에는 흰떡·검정떡·시루떡·단자[粉餈^{분 자}]를 감하여 담고, 두豆에는 회간·돼지다리·미음·고기죽을 감하여 담는다. 보와 궤는 각기 하나이다. 보에는 벼와 기장을 담고, 궤에는 메기장과 피를 담는다. 그 외 등에 담는 국

----

73 어떤 일이 있을 때 마시는 술, 어떤 일을 담당한 사람이 마시는 술, 또는 겨울에 빚어 봄에 거르는 술.
74 묵은 술, 겨울에 술을 빚어 사주보다 조금 뒤에 거르는 독한 술, 행사가 아닐 때 마시는 술을 말하기도 함.
75 준樽이라고도 하며, 의례나 제례 때 물이나 술 등을 담던 기물로, 배가 부르고 입이 넓은 꽃병 모양이며, 도기陶器로 만들다가 후에 청동으로 주조함. 그릇의 형태나 담던 내용물 및 사용 용도 등에 따라, 대준大尊·사준犧尊·산준山尊·상준象尊·착준著尊·호준壺尊 등 육준六尊이 있었음.
76 술두루미.
77 잔의 일종인 작爵을 두는 대臺로 잔 받침대를 말함.
78 축판을 얹어놓은 받침.
79 제향 등을 지낼 때 폐백幣帛을 담는 장방형의 대광주리. 비篚는 대나무로 짜서 만든 장방형의 대광주리임.

물이나 희생을 담은 조組나 작점爵坫·폐백과 옥의 차림은 위와 같다.

왕의 세위洗位[80] 두 곳을 남쪽 층계 동남편에 북향으로 설치하되, 손 씻는 곳[盥洗]은 동편, 잔 가시는 곳[爵洗]은 서편에 준비한다. 손 씻는 데는 주전자[匜]를 사용하고 뇌수罍水는 씻는 곳[洗位]의 동편에 두고, 작爵을 올려놓을 채반[爵篚]은 세위의 서남편에 두는데, 사비肆篚[81]에는 수건과 작爵을 담아 둔다. 또한 아헌관과 종헌관의 세위 둘은 왕의 세위에서 동남편에 모두 북향으로 설치하고, 가시는 물[罍水]은 세위의 동편, 비篚는 세위의 서남편에 두되, 사비에는 수건과 술잔을 담아 둔다.

어가御駕가 궁문을 나섬[鑾駕出宮]. 치재하는 날 낮의 물시계 물을 올리고 5각[82]이 되어 출발한다. 출발 전 7각에 일엄一嚴[83]을 알리고, 5각에 이엄을 알리면, 해당 관청에서는 대가大駕[84]의 노부鹵簿[85]를 진열하고, 제위諸衛에서는 각기 소속 군사들을 독려하여, 대인隊引[86]과 내장內仗[87]이 차례로 들어가 궁전 뜨락에 벌려서고, 추밀樞密[88] 이하 좌우의 시신侍臣들은 모두 대관전大觀殿[89] 마당으로 나아가 반열에 서서 기다린다.

----

80 손과 잔을 씻는 곳.
81 작爵과 수건 등을 펼쳐서 담아 놓는 대나무 채반.
82 물시계에 물을 넣고 다섯 눈금이 드러나는 시각. 한 눈금의 1각이 15분 정도이며, 하루는 100각임.
83 국왕의 행차 등 때 경계의 의미로 북을 한 번 울려 첫 신호를 알리는 초엄初嚴. 군사가 행군할 때는 초엄에 대오를 정리하고, 이엄二嚴에 무기를 갖추고, 삼엄에 행진을 하였음.
84 봉가鳳駕·승여乘輿·어가·용가龍駕라고도 하며, 국왕이 타는 큰 수레로 장거리 행차 때 사용하던 가마의 일종.
85 국왕의 행차 등에 따르는 왕실의 의장이나 의장제도. 조회·연회 등의 궁궐행사와 제향·능행陵幸 등의 외부행사 때 위엄을 과시하던 의장임.
86 경위대에서 앞장 서는 사람.
87 궁궐 내의 의장儀仗을 담당하는 경호원.
88 고려시대 중추원中樞院의 상위 관료조직에 임명된 재상급 관료로 군사기무를 담당함.
89 고려시대 개경의 궁궐 안에 창건한 제2의 정전으로, 처음에 천덕전天德殿이라 하다가 성종 때 건덕전乾德殿이라 하였으며, 인종 16년(1136) 6월에 이 이름으로 바꾸었음. 국왕의 연회, 국왕의 보살계菩薩戒 수계, 복시, 선마宣麻(고위관료를 임명하는 조서 반포), 출정군의 전송의식, 불교·도교의례의 개최장소와 함께 여진·거란 사신의 접견 공간 등으로 활용됨.

출발 2각 전에 삼엄三嚴을 알리면, 국왕은 자황포赭黃袍[90]를 입고 대전에 좌정한다. 명편鳴鞭[91]하면 금위禁衛[92]가 "재배"라고 크게 소리친다. 마친 다음 사인舍人[93]의 구령으로 추밀과 시신이 평소대로 문안을 한다. 마친 다음 각문閣門[94]이 각기 태자와 공·후·백과 재신宰臣들을 인도하여 자리로 가서 선다. 사인의 구령으로 태자 이하 사람들이 재배하고 서편으로 나간다.

시중侍中이 "외판外辦[95]"이라고 판주版奏[96]하면, 왕은 대전에서 내려와 초요련軺軺輦[97]을 타고 흥례문興禮門[98] 밖으로 나간다. 궁을 지키는 재신들은 하직한다.

국왕이 의봉문儀鳳門[99] 안에 이르면, 연에서 내려 장악[幄次][100]에 들어간다. 승황령乘黃令[101]은 국왕의 수레[輅]를 의봉문 계단 앞에 남향으로 들고, 천우千牛[102] 장군 한 사람은 긴 칼을 잡고 수레 앞에서 북향으로 서고, 황문시랑黃門侍郎은 시신의 앞에 선다. 태복경太僕卿[103]이 옷자락을 잡고 수레에 올라 바로 서서 고삐를 잡으면, 천우위 장군은 수레 앞에서 다가서서 고삐를 잡는다. 시

----

90 제왕帝王이나 신분이 높은 사람이 입는 도포를 일컬으며, 천자와 국왕을 상징.
91 정편靜鞭이라고도 하며, 공식 의장행사에 사용하는 의례도구로, 회초리 따위를 휘둘러 소리를 내어 군중을 정숙하게 지휘함.
92 금군禁軍이라고도 하며, 고려시대 호종·숙위 등의 임무를 맡은 국왕 측근의 군사조직.
93 고려시대의 중서문하성과 합문閣門·동궁관東宮官·제비주부諸妃主府에 설치된 관직.
94 조회와 의례 등 국가의 의전업무를 관장하던 관부.
95 국왕이 행차할 때 의장과 호종 등을 그 위치에 정렬시키고 바깥에서의 준비가 끝났다는 사실을 알리는 말.
96 예식의 순서를 적은 패쪽을 보고 읽어서 아뢰는 절차.
97 임금이 타던 가마의 일종.
98 태조 2년 개경에 궁궐을 지을 때 만든 궁궐 문으로, 처음에 창덕문昌德門이라 하다가 인종 때 이 이름으로 바꾸었음.
99 개경에 있던 궁성의 정남문인 승평문昇平文 안과 본궐의 중심 전각인 회경전會慶殿 사이에 있던 문으로, 처음에 신봉문神鳳門이라 하였음.
100 국왕이나 세자가 행차할 때 임시 거처로 마련한 장막. 악幄은 비단을 두른 널빤지로 만든 집을 말함.
101 수레 한 대를 끄는 네 마리 말을 지휘하는 우두머리.
102 고려시대 이군二軍·육위六衛의 중앙군 가운데 육위에 포함된 천우위千牛衛로, 국왕을 측근에서 경호·시종하는 친위군 부대.
103 고려시대 궁궐의 승여乘輿(국왕의 수레)·말·목장 등의 업무를 주관하던 태복시太僕寺의 종3품 관리.

중이 "외판"이라고 판주하면, 왕은 장막에서 나와 수레에 오른다. 경필警蹕[104]
은 보통 때와 같다.

문무文武 두 반열의 관리들이 문안을 드리고, 마치면 황문시랑이 "시신들이
말에 오르도록 청합니다"하고 아뢴다. 시중이 앞으로 나가 허가를 받고 물러
나서 "좋다고 하신다"고 하면, 황문시랑은 물러서서 "시신은 말에 오르시오"
라 한다. 사인이 "문무 시신 재배"라고 소리친다. 이를 마치면 태복경이 서서
수레에 달린 끈을 왕에게 건네준다. 머무르는 온갖 관원들과 머물러 지키는
사람들은 국왕을 하직하는 말을 올린다.

황문시랑이 난가鑾駕[105] 앞으로 가서 꿇어앉아, "황문시랑 신 모는 아뢰오.
난가가 출발하실 것을 청합니다"라 하고는 허리를 굽히고 엎드렸다가 일어나
제자리로 물러나면, 난가는 움직이기 시작하고 경필을 울린다. 시중과 황문시
랑은 왕의 좌우에서 모시고, 천우 장군은 길을 끼고 달려간다.

난가가 승평문昇平門[106]을 나가 잠깐 멈추면, 시신들은 말에 오른다. 그런 다
음 황문시랑이 왕에게 "거우車右[107]를 오르게 하고 추밀과 상장군 각 2명이 함
께 모시고 타게 하소서!"하고 청하고, 시중이 왕의 앞으로 가서 승낙을 받고
물러서서 "좋다고 하신다"라 하면, 황문시랑은 제자리로 물러서고, 거우가 재
배하고 수레에 오른다. 그런 다음 난가가 출발한다. 이때 경필은 울리지만 북
치고 피리 부는 음악은 연주하지 않으며, 떠들썩하게 소리치지 않는다. 종사
관從祀官들은 평상시 의식과 마찬가지로 현무대玄武隊[108] 뒤에 선다.

----

104 국왕이 행차할 때 길에 사람이 다니는 것을 정지시켜 조용하게 하는 것을 말함. 필蹕은 왕
래하는 사람을 정지시킨다는 뜻.
105 난여鑾輿라고도 하며, 천자나 국왕이 타던 마차나 수레 일종.
106 고려시대 개경에 있던 본궐의 정남문으로, 3문형식으로 되어 있었음. 가운데 문은 국왕과
외국사신이 이용하였음.
107 참승驂乘이라고도 하며, 국왕이 타는 수레에 함께 탑승하여 호위하는 군사들이나 그 수레
에 타는 것을 말함. 또는 그 수레를 말하기도 함. 예전에는 말을 모는 자가 수레 가운데에 타
고, 국왕이 왼쪽에, 호위 군사가 오른 쪽에 타서 수레의 균형을 잡았음. 그 오른 쪽에 타는 것
을 참승이라 하며, 대개 국왕의 측근을 태웠음.
108 현무군玄武軍이라고도 하며, 고려시대 국왕이 타던 법가法駕를 수행하던 의장대이자 호위
대. 장교 6명과 군사 200명이 배속되어 있었으며, 영도장領都將 2명이 총지휘관이었음.

난가가 재궁齋宮에 도착할 무렵, 먼저 온 여러 사관·집례·어사·교사령·집사관 등은 모두 조복朝服[109]을 입고 재궁 문 밖에서 서쪽을 상석으로 북향하고 줄을 지어 행차를 맞이하여 재배한다.

난가가 재궁 남문밖에 이르면 수레를 남향으로 돌려세운다. 거우는 내려서 수레 앞에 선다. 시중이 난가 앞에 나아가 꿇어앉아서, "시중 신모는 아뢰오. 전하께서는 수레에서 내리소서!"라고 아뢴 후 엎드렸다가 일어나 제자리로 돌아간다. 왕은 수레에서 내려 재궁으로 들어간다. 이때 산繖[110]·선扇[111]과, 화개華盖[112]의 차비와 시위侍衛의 범절은 평상시와 같고, 숙위宿衛[113]도 규정대로 한다. 통사사인通事舍人은 각기 종사從祀의 문무 관원들을 인도하여 재궁 문 앞에 모으는데, 문관은 동편, 무관은 서편에 선다. 사인이 왕의 명을 받아 여러 관원들에게 각기 막차로 돌아가도록 알린다.

희생과 제기를 살핌[省牲器].[114] 희생을 살펴보는 날 오후 8각[115]에 제위諸位의 소속 군사들은 행인의 통행을 금지한다. 미후未後 2각[116]에 교사령郊社令이 그 소속 관원을 거느리고 술병[尊]·받침[坫]·채반[籩]·덮개[羃] 등을 가지고 들어가 제자리에 차린다. 제기는 모두 자리를 깔아 그 위에 놓고, 변과 두에는 뚜껑과 덮개를 덮는다.

미후 3각[117]에 집례관執禮官[118]이 먼저 들어가고, 이어 봉례奉禮는 찬자贊者를

---

109 종실과 문무백관들의 예복 가운데 하나로, 국가의 대사·경축일·원단元旦·동지·성절聖節·조칙詔勅 반포 등의 의식 때 입던 의례용 의복.
110 산산傘·산개繖盖라고도 하며, 국왕이 행차할 때 의장으로 사용하던 일산日傘[陽繖] 모양으로 행렬의 앞에 세움. 비단으로 우산같이 펼칠 수 있게 만들었음.
111 국왕의 행차 때 사용하던 의장으로 부채 모양에 여러 가지 문양을 그려 넣고 행렬의 좌우에 벌여 세웠음.
112 그림과 수를 놓아 꾸민 베를 여섯 모로 만들어 장식한 양산 모양의 의장.
113 궁궐에서 숙직하며 국왕을 호위하고 지키는 제도나 그 사람들을 가리킴.
114 성생성기省牲省器라고도 하며, 제사에 쓰이는 희생과 희생을 담는 제기를 살피는 일.
115 오후 12시 45분경~1시경.
116 오후 1시 15분경~30분경.
117 오후 1시 30분경~45분경.
118 제례 등의 의식절차를 맡기 위해 선임한 임시 관료로, 홀기笏記(의식의 진행순서와 내용을

인솔하고 함께 들어가 제자리로 간다. 알자謁者[119]와 찬인賛引[120]은 각각 사관 및 어사를 인도하여 함께 자리로 가서 절차를 익힌다. 그런 다음 장생령掌牲令이 희생을 끌고 우리[牓位^{방위}]로 나간다. 알자는 태상경을 인도하고, 찬인은 어사를 인도하여 들어가 단의 동편 층계로 올라가서 제기 씻은 것을 살핀다. 술병을 잡은 자는 모두 덮개를 벗긴다. "깨끗하다[潔^결]"고 고한 다음, 인도하여 내려가 희생물을 살피는 자리로 가서 남향으로 선다. 장생령이 조금 앞으로 나서서 "희생을 보아주시오"라 하고 제자리로 돌아가면, 태상경이 희생을 살펴본다. 장생령이 다시 나서서 손을 들고 "살쪘다[腯^돌]"라 하고는 제자리로 돌아간다. 여러 태축太祝들이 각기 희생을 한바퀴 돌아 본 후 서향으로 손을 들고 "충분하다[充^충]"고 말하고 모두 제자리로 돌아간다. 여러 태축들은 장생령과 함께 차례로 희생을 끌고 주방으로 가서 태관太官[121]에게 준다. 알자는 광록경光祿卿을 인도하여 주방으로 가서 솥과 가마를 살피고, 깨끗이 씻었는가 거듭 보고, 명수明水와 명화明火[122]를 취하는 것을 감독한다. 찬인은 어사를 인도하여 주방으로 가서 음식 도구를 검사한다. 협률랑協律郎은 악기들을 펼쳐놓아 보고는 각각 재소齋所[123]로 돌아간다.

제삿날 날이 밝기 전 5각에 태관령太官令이 재인宰人[124]을 거느리고 난도鸞刀[125]로 희생을 잡아, 희생의 머리 일곱을 취하여 각기 쟁반에 담아, 단 위의 준尊과 뇌罍[126]를 놓아두는 곳에 차렸다가, 태관령이 들어가 변과 두에 제물을

기록해 둔 문서)를 읽어 절차를 집행하였음.
119 고려시대 왕명의 전달과 국왕이 사용하는 붓과 벼루의 공급, 궁궐문의 자물쇠와 열쇠의 관리, 궁궐 안뜰의 포설鋪設 등을 맡아보던 내알사內謁司의 종5품과 국왕을 시중한 내시부內侍府의 종7품 관료. 종5품은 궁궐에서 빈객의 인도와 함께 국가의 제례 및 제관을 인도함.
120 국가의 제향이나 불교의례 때 예의 절차대로 보좌하여 인도하는 일이나 그 직임을 맡은 관리.
121 고려시대 국가제례와 연회 때 음식을 조달하던 사무를 맡은 대관서大官署 내지 그 관리.
122 제례에 쓰는 불로, 동경銅鏡에다 햇빛을 모아 점화함.
123 치재하는 장소.
124 기우제·기양제祈禳祭나 제례 때 사용하는 희생을 도살하는 임무를 맡은 사람.
125 종묘 제례 때 사용하던 희생을 죽이는데 쓰던 칼로, 칼날의 끝과 등에 작은 방울을 달았음.
126 구름 무늬를 그린 술독·술그릇, 또는 관세와 작세에 사용되는 물을 담아두는 물독.

담을 때, 일곱 신좌의 두의 오른편 남쪽에 생수반牲首盤을 받들어 놓는다. 축사들은 두에다 모혈을 취하여 담고 각기 찬소에 두고, 그대로 희생을 삶는다.

옥과 폐백을 올림[奠玉帛].[127] 제삿날 날이 밝기 전 3각에 여러 사관들과 종사관들은 각기 제 옷차림을 한다. 집례관이 먼저 단 아래로 들어가고, 교사령과 양온령良醞令[128]이 각기 소속관원들을 데리고 들어가 준尊·뇌罍·옥玉·폐백을 가져다 담는다. 태축은 옥과 폐백을 비篚에 둔다. 태관령은 제물을 드리는 자들을 인솔하고 변籩·두豆·보簠·궤簋 등 여러 그릇에 제물을 담는다. 감찰어사는 단의 위아래를 살펴보고서 격식대로 하지 않는가를 규찰하고 돌아 나온다.

날이 밝기 전 2각에 봉례奉禮가 찬자贊者를 인솔하고 먼저 들어가 재배하고 제자리로 간다. 찬인贊引은 어사·교사령 여러 태축太祝 및 축사祝史와 영사令史[129]와 술병 및 뇌罍의 비篚나 덮개를 담당하는 자들을 인도하여 동쪽문으로 들어가서 단 남쪽, 악현樂懸의 북편에서 북향으로 서쪽을 상석으로 하여 겹으로 선다. 봉례가 "재배"라 하고 찬자가 받아서 전달하면 어사 이하 모두 재배한다. 마치고서 준과 뇌의 비나 덮개를 담당하는 자들은 각각 제자리로 간다. 찬인은 어사와 여러 태축을 인도하여 단 동편 층계로 가서 올라간다. 어사는 다니며 단 위를 청소하고, 영사는 단 아래를 소제한다. 마친 다음 제자리로 돌아간다.

알자와 찬인은 각각 사관과 종사관을 인도하여 모두 문 밖의 자리로 간다. 태악령은 악공들과 문무文武 두 무공舞工[130]을 인솔하고 자리로 가서, 문무文舞는 악현樂懸의 북편에, 무무武舞는 악현의 남편, 길 서편에 선다. 단에 올라가는 자는 모두 평소처럼 아래에서 신을 벗고 내려와서 신을 신는다.

----

127 국왕이 종묘나 능 등의 제례하거나 관리가 대신할 때 옥과 폐백을 바치는 의식.
128 고려시대 술과 감주를 담당하던 중앙관서 양온서良醞署의 관리.
129 고려시대 서리직胥吏職 가운데 하나로, 대개 중앙의 주요관청에 소속되어 문서 작성·부목符目을 담당한 행정 실무직으로 품관品官에 속하지 못하는 하급관료.
130 춤추는 무인.

알자가 사공司空[131]을 인도하여 자리에 가서 서면, 봉례는 "재배"라 하고, 사공은 재배한다. 마치면 알자는 사공을 인도하여 단의 동편 층계로 올라가 다니며 단 위에서 소제하고, 내려와서 아래에서 악기를 닦는다. 마치면 인도하여 제자리로 돌아간다. 알자와 찬인은 각각 사관들을 인도하고, 통사사인은 종사從祀하는 여러 관원들을 나누어 인도하여 제자리로 간다. 시중은 행궁行宮[132] 문 앞으로 가서 "외판外辦"이라고 판주한다.

날이 밝기 전 1각에 왕은 곤룡포와 면류관을 차려입고 나온다. 이때 산繖·선扇과 화개華蓋와 시위侍衛는 평소 절차와 같다. 태상박사太常博士가 태상경을 인도한다. 대개 태상경을 앞에서 인도할 적에는 모두 태상박사가 앞장서 인도한다. 태상경이 왕을 인도하여 대차大次에 들어가면 발을 내리고, 태상경과 박사, 합문관이 대차 바깥에서 좌우로 나누어 선다. 교사령이 축판祝版을 올리면 왕이 이에 서명한다. 마치면 근신近臣이 받들고 나온다. 교사령은 이를 받아 각기 받침에 올려놓는다. 시중이 "외판"이라고 판주하면 발을 걷고 왕은 대차에서 나온다. 화개와 시위는 보통 때의 의식대로 한다.

태상경이 왕을 인도하여 안쪽 유壝의 문 밖에 이르면, 근시로서 재계한 자들이 모시고 따른다. 상의봉어尙衣奉御[133]가 환규桓圭[134]를 전중감殿中監[135]에게 주면, 전중감은 받아서 국왕에게 올린다. 국왕은 규를 잡는다. 화개와 의장과 시위는 문밖에서 멈춘다.

왕이 정문으로 들어오면 협률랑이 무릎을 꿇고 엎드렸다가 휘麾[136]를 들고

----

131 고려시대 태위太尉·사도司徒와 함께 삼공三公이라 하였으며, 삼사三師와 더불어 정1품의 최고 명예직으로 국왕의 국정운영에 고문구실을 함.
132 이궁離宮이라고도 하며, 국왕이 궁궐 밖으로 행차할 때 임시로 머물던 별궁別宮.
133 고려시대 어의御衣 등의 공급을 맡은 상의국尙衣局의 정6품 관료.
134 국왕이 의례 때 지니던 홀笏로, 옥으로 만듦.
135 고려시대 국왕의 공상供上과 친족의 보첩譜牒을 담당한 관청으로, 국왕의 음식·의약·어의御衣 및 장막·휘장·수레·좌석 등을 맡은 여러 관청들을 총괄하던, 전중성殿中省의 종3품 관료.
136 훈간暈干이라고도 하며, 아악을 연주할 때 협률랑이 음악의 시작과 끝을 지휘하던 누런 바탕의 의장기儀仗旗. 길이 7자 정도의 장대에 용머리를 새겨 담고, 승룡升龍을 그린 넓고 긴 천을 담. 음악의 시작 때에는 들고, 음악이 끝날 때에는 누임.

일어선다. 무릇 물품을 취하는 자는 모두 무릎을 꿇고 엎드렸다가 취하여 일어서며, 물품을 올리는 자는 올린 다음 엎드렸다가 일어선다.

악공이 축枛[137]을 치면, 헌가軒架는 황종궁黃鐘宮의 「정안지곡正安之曲」[138]을 연주한다. 국왕이 층계를 오르내릴 때나 오가고 멈춰 설 때마다 모두 「정안지곡」을 연주한다. 국왕은 판위版位에 이르러 서향으로 선다. 매번 국왕이 서면 태상경과 박사는 국왕의 왼편에서 물러나 선다. 휘를 눕히고 어敔[139]를 울리면 주악을 멈춘다. 무릇 음악은 협률랑이 무릎을 꿇고 엎드렸다가 휘를 들고 일어나면 악공이 축을 울린 다음 연주하며, 휘를 눕히고 어를 울린 다음에 중지한다.

태상경이 앞으로 나아가 "재배하기를 청하나이다"라 아뢰고 물러나 제자리로 돌아간다. 왕이 재배한다. 봉례가 "재배"라고 하면 그 자리에 있는 모든 관원이 재배하되, 먼저 절한 자는 절하지 않는다.

태상경이 앞으로 나아가 "해당 관청에서 삼가 준비하였으니 행사하소서!"라하고 아뢴 뒤 물러나 제자리로 돌아간다. 협률랑이 휘를 들면 헌가는 협종궁夾鐘宮의 「경안지곡景安之曲」[140]을 세 번 연주하고, 황종각黃鐘角·대주치大簇徵·고선우姑洗羽의 곡조로 각기 한 번 연주한다. 문무文舞를 시작하여 여섯 번 행하고, 휘를 내리면 주악을 멈춘다.

태축太祝은 연기를 올리고 희생물의 머리를 그을리면 주악은 여섯 번 연주한다. 마친 다음 태축들은 희생의 머리를 담은 쟁반을 받쳐 들고 각기 제 층계를 거쳐서 축사祝史에게 전한다. 축사들은 이것을 받아 가지고 요단 위로 가서 따

----

137 팔음八音 가운데 목부木部에 속하는 타악기의 하나. 되 모양으로 생겼으며, 네모진 나무상자의 윗부분에 원형의 구멍을 뚫고 그 속으로 나무 방망이를 내리쳐서 사용함. 태묘·문묘 등에 사용되었으며, 음악의 시작을 알렸음.
138 고려시대 원구 등의 제례의식 때 헌가에서 연주된 아악의 한 곡명.
139 팔음八音 가운데 목부木部에 속하는 무률無律 타악기. 1m가량의 엎드린 호랑이 모양을 조각하여 방대方臺 위에 얹어 놓은 악기로 등줄기에 톱날 모양으로 생긴 27개의 홈이 패어 있다. 아홉 가닥으로 쪼개진 대나무 어채[진籈]로 머리를 치거나 잔등을 긁어서 연주하며, 연주를 그칠 때 사용하고 서쪽 방향에 놓아둔다. 채의 끝으로 호랑이 머리를 세 번 친 다음, 등줄기의 톱니를 세 차례 내려 긁기를 반복하고 박拍을 세 번 치면 연주를 마치게 됨.
140 고려시대 국왕이 원구의 제례의식에서 영신迎神절차 때 헌가에서 연주되던 곡명. 협종궁이란 십이률의 넷째 음인 협종夾鐘을 중심 음인 궁宮으로 삼은 악곡.

로 섶나무를 더하여 굽는다.

태상경이 앞으로 나아가 "재배하기를 청합니다"라고 아뢰면 왕은 재배한다. 봉례가 "재배"라고 하면 그 자리에 있는 여러 관리들은 일제히 재배한다. 여러 태축들은 비篚에서 옥과 폐백을 가지고 각기 준소尊所[141]에 선다. 태상경은 왕을 인도하여 단으로 향하면, 헌가는 황종궁의 「정안지곡」을 연주한다. 왕이 남쪽 층계로 오르면, 시중과 중서령中書令 이하 좌우 시위 중 지정된 인원이 따라 오른다. 국왕이 단에 올라 북향하여 서면 음악을 중지한다.

태축이 옥과 폐백을 시중에게 주면, 시중은 옥과 폐백을 받들고 동향으로 꿇어앉아 국왕에게 올린다. 국왕은 규圭를 꽂고 옥과 폐백을 받는다. 등가登歌는 대려궁大呂宮의 「가안지곡嘉安之曲」[142]을 연주한다. 태상경은 국왕을 인도하여 상제의 신위 앞으로 가서 북향으로 꿇어앉아 올린다. 마친 다음 규를 잡고 엎드렸다가 일어서서 조금 뒤로 물러나 북향으로 재배한다. 마치면 등가를 중지한다. 태상경은 국왕을 인도하여 조금 동쪽으로 가서 동향하여 배위의 신위 앞에 선다. 태축이 폐백을 시중에게 주면, 시중은 폐백을 받들고 북향하여 올린다. 국왕은 규를 꽂고 폐백을 받는다. 등가는 대려궁의 「인안지곡仁安之曲」[143]을 연주한다. 태상경이 국왕을 인도하여 배위의 신좌 앞으로 가서 동향하여 꿇어앉아 폐백을 올린다. 마친 다음 규를 잡고 엎드렸다가 일어나 조금 뒤로 물러나 동향하여 재배한다. 마치면 등가를 중지한다. 태상경이 국왕을 인도하면 헌가는 황종궁의 「정안지곡」을 연주한다. 국왕이 남쪽 계단으로 내려와서 판위로 돌아가 서향하여 서면 주악을 멈춘다. 처음 국왕이 배위 앞에 폐백을 올리려 할 때, 오제五帝[五方帝]의 태축들은 각기 옥과 폐백을 받들고 꿇어앉아 신좌 앞에 드린다. 축사들은 희생의 머리를 불에 굽고, 마친 다음 찬소饌所로

----
141 준소樽所라고도 하며, 제례를 지낼 때 술잔을 놓는 곳.
142 고려시대 국왕이 원구 등에 제향을 지내면서 신주神主에게 폐백을 바치는 전폐奠幣절차 때 연주된 아악雅樂의 한 곡명. 대려궁은 십이율의 둘째 음인 대려大呂를 중심 음인 궁宮으로 삼은 악곡임.
143 고려시대 국왕이 원구단의 제향 때 연주된 아악의 한 곡명으로, 대려大呂를 중심 음인 궁宮으로 삼은 악곡임.

나아가 각각 모毛와 혈血을 담은 두표를 받들고 문밖에 섰다가, 등가가 멈추면 축사는 모와 혈을 담은 두를 받들고 단 아래로 간다. 여러 태축들은 각기 해당 방위의 층계에서 단위로 이를 받아다가 모두 신좌 앞에 드린다.

제물을 드림[進熟]. 국왕이 단 위에 올라 옥과 폐백을 드리면, 태관령太官令은 나가 제물을 나르는 자들을 거느리고 제물을 받쳐 들고, 각기 유의 문 밖에 진열한다. 알자는 사도司徒[144]를 인도하여 찬소로 간다. 사도는 상제의 조俎를 받쳐 들고, 태관령은 제물을 받쳐 든 자를 인솔하여 들여놓는다. 조가 처음 문으로 들어올 때 헌가는 황종궁黃鐘宮의 「풍안지곡豐安之曲」[145]을 연주하고, 제물이 계단에 이르면 음악을 중지한다.

태축들은 모두 나아가 모혈을 담은 두표를 걷어 동쪽 계단을 통하여 축사에게 주어 내보낸다. 사도는 남쪽 층계로 단에 올라 상제의 신좌 앞으로 가서 꿇어앉아 조를 드린다. 여러 태축들도 일시에 각기 조를 올린다. 상제에게 드리는 제물은 남쪽 층계로, 배위配位에 드릴 제물은 동쪽 층계로, 오제에게 드릴 제물은 각기 그 방향의 층계로 올린다. 여러 태축들은 신좌 앞에서 제물을 맞이하여 올리는데, 변과 두는 뚜껑과 덮개를 먼저 벗겨서 올리고, 보와 궤는 올리고 나서 뚜껑을 아래에 밀쳐둔다. 설찬設饌을 마치면 알자는 사도를 인도하여 동편 층계로 내려와 제자리로 돌아가고, 태관령도 물러나 제자리로 돌아가며, 여러 태축들은 각기 준소尊所로 돌아간다.

태상경이 국왕을 인도하여 뇌세위罍洗位로 향하면, 헌가는 황종궁의 「정안지곡」을 연주한다. 국왕이 세위에 이르면 음악을 중지한다. 전중감殿中監이 나아가 규를 받고, 시중은 꿇어앉아 대야를 들고 일어나 물을 담는다. 내시관內侍官[146]은 꿇어앉아 소반을 받쳐 물을 받는다. 왕이 손을 씻으면, 황문시랑은

---

144 고려시대 태위太尉·사공司空과 함께 삼공三公이라 하였으며, 삼사三師와 더불어 정1품의 최고 명예직으로 국왕의 국정운영에 고문 구실을 함.
145 고려시대 문선왕묘文宣王廟·사직·선농先農·선잠先蠶·원구·적전籍田·태묘의 제례의식 가운데 제물을 바치는 진조進俎 절차 때 헌가에서 연주하던 아악의 한 곡명.
146 내환內宦·시인寺人·엄시閹寺·엄수閹豎·엄인閹人·중관中官·중사中使·중환中宦·총환寵宦·폐환

꿇어앉아 비에서 수건을 꺼내 일어나서 드린다. 왕이 손을 닦으면, 황문시랑은 수건을 받아 꿇어앉아 비에 넣는다.

축사가 비에 작爵을 담아 세워 서편에 꿇어앉으면, 황문시랑은 비에서 작을 꺼내어 왕에게 올린다. 왕이 작을 받으면, 시중은 뇌罍[147]의 물을 떠내고, 내시관은 소반을 받쳐 물을 받는다. 왕이 작을 씻으면 황문시랑은 꿇어앉아 비에서 수건을 꺼내어 일어나 올린다. 왕은 작을 닦고, 마치면 황문시랑이 수건을 받아 비에 놓고, 시중은 비로 작을 받아 축사에게 주고, 축사는 태축에게 전해주며, 태축은 비를 받아 작을 꺼내어 준소의 받침 위에 둔다. 전중감이 규를 드리면, 왕은 규를 잡는다. 태상경이 왕을 인도하면 헌가는 황종궁의 「정안지곡」을 연주한다. 국왕은 남쪽 층계로 단에 오른다. 마치면 음악을 중지한다.

알자는 사도를 인도하여 동쪽 계단으로 단에 올라 준소에 선다. 국왕이 상제의 준소로 나가면, 시중은 받침에서 작을 집어 국왕에게 드린다. 국왕이 작을 받으면 태축은 덮개를 벗기고, 시중이 도와서 태준太尊의 범제泛齊를 따른다. 등가는 대려궁大呂宮의 「가안지곡嘉安之曲」을 연주한다. 왕은 상제의 신좌 앞으로 나가 꿇어앉아 작을 드리고, 엎드렸다가 일어선다. 태상경은 왕을 인도하여 조금 물러나 북향으로 선다. 음악을 중지한다. 태축은 축판을 가지고 신좌의 오른편으로 나아가 동향으로 꿇어앉아 축문을 읽는다. 마친 다음 엎드렸다가 일어선다. 음악을 연주하면 왕이 재배한다. 태축이 축판을 축 받침 위에 놓으면 음악을 중지한다.

태상경이 국왕을 인도하여 배위의 준소로 나아가면, 시중은 받침에서 작을 집어 국왕에게 올린다. 국왕이 작을 받으면, 태축은 덮개를 벗기고 시중은 도와서 착준著尊의 범제를 따른다. 등가가 대려궁의 「인안지곡仁安之曲」을 연주하면, 왕은 배위 앞으로 가서 작을 드리고 엎드렸다가 일어선다. 오제 신위의 태축들은 받침에서 작을 집어 태준의 범제를 따라 각각 신좌 앞에 드린다. 마친

嬖宦·화자火者·혼관閽官·혼시閽寺·환수宦豎·환시宦寺·환자宦者·환관宦官·황문黃門이라고도 하며, 고려·조선시대 궁궐 내에서 잡무를 담당한 내관.
147 물독.

다음 태상경이 왕을 인도하여 조금 물러나 동향하여 서면 주악을 멈춘다. 배위의 태축은 축판을 가지고 신좌의 왼편으로 가서 북향하여 꿇어앉아 축문을 읽는다. 마친 다음 엎드렸다가 일어선다. 음악을 시작하면 왕이 재배하고, 일어서면 음악을 중지한다.

태상경은 왕을 인도하여 음복위飮福位에 나아가 북향으로 선다. 등가는 황종궁의 「희안지곡禧安之曲」[148]을 연주한다. 대축들은 각기 작에다 상준上尊[149]의 복주福酒[150]를 따라 한 작에 부어 합한다. 대축 한 사람이 이 작을 가지고 시중에게 주면, 시중은 서향하여 작을 받들고 선다. 왕이 재배를 마치면, 시중은 꿇어앉아 작을 올린다. 왕은 꿇어앉아 규를 꽂고 작을 받아 좨주祭酒[151]한다. 세 번 땅에 지우고, 술을 맛보고 작을 올려놓는다.

태축들은 각기 조俎를 가지고 나아가 신위 앞에 차려 둔 조육胙肉[152]을 덜어 담는데, 모두 희생의 앞다리 두 번째 관절을 떼어, 하나의 조 위에 합하여 둔다. 또 태축들은 각기 변籩을 가지고 나아가 기장밥과 피밥을 덜어 하나의 변에 합하여 놓고, 이것을 사도에게 주면, 사도는 서향하여 꿇어앉아 국왕에게 올린다. 국왕은 이를 받아서 내시에게 준다. 내시 두 사람이 남쪽 계단 아래서 있다가, 국왕이 조육과 밥을 담은 변을 받으면, 단 위로 올라가 국왕의 자리 왼편으로 가서 이를 받고 물러난다. 알자는 사도를 인도하여 단에서 내려가 제자리로 돌아간다.

국왕이 꿇어앉아 작을 들어 다 마시면, 시중은 빈 작을 받아 태축에게 주며, 태축은 작을 받아 받침에 두고 준소로 돌아간다. 국왕이 엎드렸다가 일어나 재배하면, 음악을 중지한다. 태상경이 국왕을 인도하여 남쪽 계단으로 내려가

----

148 고려시대 원구나 태묘 등의 제례의식 가운데 음복례의 절차 때 등가 연주하던 아악의 한 곡명.
149 상준上樽이라고도 하며, 태묘·문묘와 산천의 제례 때 상에 올려진 술잔 가운데 가장 높은 위치에 있는 술잔.
150 제례를 끝내고 제관들이 나누어 마시는 제사 술.
151 제사를 마친 다음이나 향연 때 나이가 많고 덕망이 높은 사람이 복주를 받아 땅에 부어 지신에게 감사하는 의식.
152 제사에 사용하고 나서 제관들이 나누어주는 고기.

면, 헌가는 황종궁의 「정안지곡」을 연주한다. 판위에 이르러 서향하여 서면 음악을 중지한다. 문무文舞가 물러가면 헌가는 황종궁의 「숭안지곡崇安之曲」[153]을 연주하고, 다 나가면 음악을 중지한다. 무무武舞가 들어오면 헌가는 황종궁의 「숭안지곡」을 연주하고, 자리를 정하여 서면 음악을 중지한다.

이에 앞서 국왕이 제자리로 돌아가려 할 때, 알자는 태위를 인도하여 뇌세위로 가서 북향하여 서고, 재랑齋郎[154] 두 사람이 도와서 씻는다. 태위가 손을 씻고 닦으면, 축사祝史가 비篚로 작을 받아 세위의 서편에 선다. 태위가 비에서 작을 집어 씻고 닦으면, 축사는 비로 작을 받아 태축에게 전해 주고, 태축은 비를 받아서 작을 집어내어 준소의 받침 위에 놓는다.

알자는 태위를 인도하여 동쪽 계단으로 단에 올라가 상제의 준소로 간다. 태위가 받침에서 작을 집어 들면, 태축은 덮개를 벗기고, 태위는 착준의 예제를 뜬다. 헌가는 황종궁의 「무안지곡武安之曲」[155]을 연주하고, 무무武舞를 시작하며, 향악鄕樂[156]을 번갈아 연주한다. 태위는 상제의 신좌 앞에 나아가 북향하여 꿇어앉아 작을 드리고 엎드렸다가 일어나 조금 물러나서 북향하여 재배한다. 마친 다음 또 배위 앞으로 나아가 사준犧尊에서 예제醴齊를 뜨는 것은 위에서 한 절차와 같다. 마친 다음 조금 물러나 동향하여 재배한다.

앞서 태위가 배위의 사준에서 예제를 뜰 때, 오제 신위의 태축들은 각기 착준의 예제를 떠서 신좌 앞에 드린다. 마치면 음악을 중지한다. 알자가 태위를 인도하여 음복위로 가면, 태축들은 각기 작으로 뇌의 복주를 떠서 한 잔에 합쳐 놓고, 태축 한 사람이 이 잔을 들고 태위의 오른쪽으로 가서 서향으로 선다. 태위는 재배하고 작을 받은 후 꿇어앉아 좨주하고, 그대로 마셔서 작을 비

----

153 고려시대 원구·사직·태묘·선농·문선왕묘의 제향 때 문무가 물러나갈 때와 무무가 들어올 때 헌가에서 연주하던 아악의 한 곡명.
154 고려시대 제사를 주관하고 국왕의 묘호·시호의 제정을 맡아보던 태상부太常府·전의시典儀寺의 하급 관료로, 제향을 돕는 보조역할을 담당함.
155 고려시대 국왕이 동짓날 하늘에 제사하는 원구단과 태묘·문선왕묘의 제례의식 가운데 아헌·종헌절차 때 헌가에서 연주되던 아악의 한 곡명.
156 속악俗樂이라고도 하며, 삼국시대~조선시대 당악唐樂·아악雅樂 등 중국 전래 음악에 대칭되는 의미로 우리의 토착 궁중음악.

운다. 태축이 태위 앞으로 가서 빈 작을 받아 받침 위에 올려놓으면, 태위는 일어섰다가 재배한다. 마치면 알자는 태위를 인도하여 단에서 내려 제자리로 돌아간다.

앞서 태위의 헌작이 끝날 무렵 알자는 광록경을 인도하여 뇌세위로 가서 손을 씻고 작을 씻은 후 단 위에 올라가서 앙제盎齊를 떠 놓는다. 종헌은 아헌의 절차와 같다.

알자가 광록경을 인도하여 단에서 내려 제자리로 돌아가면, 태축들은 각기 신위 앞으로 가서 꿇어앉아 변과 두를 거두어 일어나, 준소로 돌아가 변과 두 각기 한 그릇을 제자리에서 조금씩 옮겨 놓는다. 이때 등가는 대려궁의 「숙안지곡肅安之曲」[157]을 연주한다. 거두기를 마치면 음악을 중지한다. 봉례가 "사조賜胙[158] 재배"라고 하면, 자리에 있는 관원들은 모두 재배하되, 음복한 자는 절하지 않는다.

송신送神. 헌가가 협종궁의 「영안지곡永安之曲」을 연주한다. 향악도 번갈아 연주한다. 태상경이 나아가 "재배하기를 청하나이다"하고 아뢰면 국왕이 재배한다. 마치고서 봉례가 "재배"라고 하면 여러 관원들이 재배한다. 주악은 일성─成[159]으로 중지한다. 태상경이 나아가 "망료위로 가기를 청하나이다"라 아뢰고, 태상경이 국왕을 인도한다. 헌가는 황종궁의 「정안지곡」을 연주하다가, 국왕이 망료위에 나아가 남향하여 서면 음악을 중지한다.

앞서 사조賜胙 재배가 끝나면, 여러 태축들은 각기 비를 들고 신좌 앞으로 나아가 옥과 폐백과 축판을 걷고, 조俎에다 희생의 고기와 기장밥과 피밥 및 작의 술을 얹어 각기 제 층계로 내려와서, 단의 남쪽으로 가서 시단柴壇에 나아가 남쪽 계단으로 올라가 옥과 폐백, 축판과 제물을 불사를 섶나무 위에 둔다.

---

157 고려시대 원구·선농단·적전籍田의 제례의식 절차 가운데 제사상에 올린 변·두의 제물을 거둘 때 등가에서 연주하던 아악의 한 곡명.
158 제사에 사용한 고기를 나누어 내려 준데 대한 감사의 표시라는 말.
159 음악의 단위로 한 장章을 마치는 것이다. 십이율十二律의 기본 음인 황종黃鐘에서 시작하여 다시 황종으로 오는 것을 말하며, 넉자를 한 박으로 삼아 여섯 박(24자)가 일성이 되었음.

봉례가 "가료可燎"라고 하면 동서 편에서 각각 여섯 사람이 권화權火를 올린다. 불이 섶나무를 반쯤 태울 때, 태상경은 나아가 "예식이 끝났습니다[禮畢]"라 아뢰고, 국왕을 인도하여 대차로 돌아가면, 헌가는 황종궁의 「정안지곡」을 연주한다. 왕이 중간 유의 문밖을 나서면, 태상경은 "규를 풀어놓기를 청하나이다"라고 아뢰고, 전중감은 꿇어앉아 규를 받아 상의봉어尚衣奉御에게 준다. 국왕이 대차에 이르면 음악을 중지한다.

알자와 찬인은 각기 사관을 인도하고, 통사사인通事舍人은 종사관從祀官들을 나누어 인도하여 차례로 나온다. 찬인은 어사와 태축 이하의 사람들을 인도하여 모두 집사위執事位로 돌아간다. 봉례가 "재배"라고 하면 어사 이하의 사람들이 모두 재배하고 찬인이 인도하여 나간다. 태악령은 악공을 인솔하여 차례로 나간다. 장병들은 함부로 대오를 떠나지 못한다.

어가가 궁으로 돌아옴[鑾駕還宮]. 당일 제사 예식을 마치면 국왕은 재전齋殿[160]으로 돌아와 1각 정도 머무른다. 초엄을 아뢰면 담당 관청에서는 의장儀仗과 시위侍衛의 노부鹵簿를 돌아가는 길로 되돌리는데, 올 때의 의식과 같이 한다. 이엄을 아뢰면 추밀 이하 좌우 시신과 문무 백관들은 각자 자리에 가서 서고, 태악령은 악부樂部[161]를 재궁의 남문 밖에 진열한다.

국왕이 출발하려 하면 삼엄을 아뢴다. 국왕이 강사포絳紗袍[162]를 입고 재전에서 나와 앉으면 금위禁衛가 "재배"라고 크게 외친다. 추밀과 좌우 시신들은 평소대로 문안한다. 마치면 각문閤門이 태자와 공·후·백과 재신을 인도하여 들어가 자리로 가서 평소대로 문안을 올린다. 마치면 각문이 차례로 인도하여 나온다.

시중이 "외판"이라고 판주하면, 왕은 재궁 문 밖으로 나와 남향으로 서고,

----

160 원구·태묘와 능의 제례를 위해 지은 건물.
161 관현악의 악기로 구성한 악대.
162 강사포絳絲袍라고도 하며, 국왕이 나라의 대사大祀·경축일·원단·동지와 조칙詔勅의 반포 및 진표進表 때 입던 붉은 색의 관복.

승황령은 국왕의 수레[輅]를 재궁문 밖에 남향으로 들인다. 국왕이 수레를 타고 천우 장군이 어가를 모는 것은 올 때의 의식과 같다. 백관들이 평소대로 문안을 하고, 마치면 황문시랑이 "난가가 출발하도록 청하나이다"하고 물러나 제자리로 돌아간다. 난가가 움직이면 시위하는 의식은 평소와 같다.

황문시랑과 천우위 장군이 양편에서 노를 끼고 달리다가, 시신들이 말에 오를 장소에 이르면, 황문시랑이 "난가를 잠시 멈추고, 시신들이 말에 오르도록 신칙하소서!"라고 아뢴다. 시중은 제지制旨를 받들고 물러나와 "제가制可"라고 말한다. 황문시랑은 물러나 "시신은 말에 오르라"라 말하고, 사인은 "시신은 재배하고 말에 오르라"고 외친다. 황문시랑은 "거우車右가 오르도록 신칙하소서"라고 아뢴다. 시중이 제지를 받들고 물러나 "제가"라고 말하면, 황문시랑은 물러나 제자리로 돌아가고, 거우는 재배하고 오른다. 마치면 황문시랑은 "난가는 출발하소서"라고 아뢰고 물러나 제자리로 돌아간다. 난가가 움직이면 고취鼓吹 악부가 주악을 떨쳐 연주하며 돌아온다. 승평문昇平門 밖에 이르면 잠깐 행차를 멈춘다. 시신들이 말에서 내리고 거우도 내린다. 마치면 난가는 승평문으로 들어간다. 남아서 지키던 백관들은 맞이하여 재배한다.

부록 1-1. 고려시대 친사親祀 의식(원문)

齋戒. 前祀七日質明, 有司, 設行事執事官位於尙書省, 俱北向西上. 設太尉位於群官北, 稍西西向. 監察御史位二, 在西稍南東向. 群官就位立定, 太尉就位西向, 讀誓文曰:"正月某日上辛, 親祀祈穀于圜丘, 各揚其職. 不供其事, 國有常刑".

讀訖, 竝再拜退. 王, 散齋四日於別殿, 致齋三日, 二日於正殿, 一日於齋宮. 凡預祀之官, 散齋四日, 致齋三日. 散齋, 皆於正寢, 致齋二日於本司, 一日於祀所. 無本司者, 宿尙書省. 散齋, 理事如故, 唯不弔喪問疾, 不作樂, 不判署刑殺文書, 不行刑罰, 不經穢惡. 致齋之日, 唯祀事得行, 其餘悉斷.

近侍之官, 應從祀者, 及從祀群官, 各於本司, 淸齋一宿. 無本司者, 宿尙書省. 工人二舞, 皆淸齋, 一宿於太常司. 前祀二日, 太尉奏告太祖陵祠, 如常告之儀, 告以配神作主之意. 前祀一日, 諸衛令其屬, 未後一刻, 各以其方器服, 守壝, 每門二人, 每隅一人.

陳設. 前祀三日, 尙舍局, 設大次於外壝東門之內道北, 南向, 設小次於卯陛之東, 西向. 守宮署, 設侍臣次於大次之前, 文左武右, 俱相向, 設行事陪祠官及有司次於內壝東門之外道南, 竝隨地之宜. 設饌幔於內壝東門之外道北, 南向.

前祀二日, 郊社令, 帥其屬, 掃除壇之上下, 積柴於燎壇, 設權火於燎壇東北, 南向. 掌牲令, 具牲牢, 太樂令, 陳登歌之樂於壇上, 稍南北向, 設軒架於壇南.

前祀一日, 奉禮, 設王位於壇下東南, 西向, 飮福位於壇上午陛之西, 北向, 亞終獻飮福位, 在王位之後. 設亞終獻祀官位於王位之後, 稍南西向, 執事者位於其後, 每等異位, 俱重行, 西向北上.

監察御史位二於壇下, 一於東南西向, 一於西南東向. 設奉禮位於樂懸東北, 贊者二人, 在南差退, 俱西向. 協律郎位二, 一於壇上樂虡之西北, 一於軒架之西北, 俱東向. 太樂令位於軒架之北, 北向. 奉禮, 又設王望燎位於柴壇之北, 南向. 奉禮贊者位於燎壇東北, 西向北上.

設陪祀文武官位於壝門內東西道南, 每等異位, 重行, 文東西向北上, 武西東向北上. 又設祀官及從祀群官等門外位於東壝門外, 如設次式.

設牲牓於東壝門外, 當門西向. 蒼牲一, 居前, 又青牲一, 在北少退南上, 次赤牲一, 黃牲一, 白牲一, 玄牲一. 又蒼牲一, 在南少退北上.

又設掌牲令位於牲西南, 吏陪其後, 俱北向. 設諸太祝位於牲東, 各當牲後, 祝史各陪其後, 俱西向. 設太常卿省牲位於牲前近北. 又設御史位於太常卿之西, 俱南向.

太史令, 設神位版, 郊社令, 設上帝神座於壇上北方, 南向, 席以藁秸. 配位太祖神座於東方西向, 席以莞. 青帝於東陛北, 赤帝於南陛東, 黃帝於南陛西, 白帝於西陛南, 黑帝於北陛西, 席並以藁秸. 告潔畢, 權徹.

上帝, 簠簋各二居前. 簠實稻粱在左, 粱在稻前, 簋實黍稷在右, 稷在黍前. 籩十二在左, 爲三行, 右上. 第一行, 實形塩, 在前, 魚鱐糗餌粉餈, 次之. 第二行, 榛子在前, 乾棗白餅黑餅, 次之. 第三行, 菱仁在前, 芡仁栗黃鹿脯, 次之. 豆十二在右, 爲三行, 左上. 第一行, 實芹菹, 在前, 筍菹·脾析·菁菹, 次之. 第二行, 韭菹在前, 醓食·魚醢·兔醢, 次之. 第三行, 豚拍在前, 鹿醢·鴈醢·糝食, 次之. 甄一, 實大羹, 在籩豆閒. 俎二, 一載牲首盤, 在豆右之南, 一載牲肉在前. 豆一, 實毛血. 匏爵三, 每爵有坫. 太尊二, 一實明水, 一實泛齊. 著尊二, 一實明水, 一實醴齊. 犧尊二, 一實明水, 一實盎齊. 山罍二, 一實玄酒, 一實清酒. 在壇上東南隅, 北向西上. 象尊二, 一實明水, 一實醍齊. 壺尊二 一實明水 一實沉齊. 山罍四, 二實玄酒, 一實事酒 一實昔酒. 在壇下南陛東 北向西上. 尊, 皆加勺羃, 有坫以置爵.

設玉幣篚於尊坫之所, 設祝坫於神位之右. 配位前. 著尊二, 一實明水, 一實泛齊. 犧尊二, 一實明水, 一實醴齊. 象尊二, 一實明水, 一實盎齊. 山罍二, 一實玄酒, 一實清酒. 在壇上於上帝酒尊之東, 北向西上. 簠·簋·甄·俎·爵坫·祝坫·幣篚之設, 竝如上帝儀, 無玉. 五方帝前. 各太尊二, 一實明水, 一實泛齊. 著尊二, 一實明水, 一實醴齊. 犧尊二, 一實明水, 一實盎齊. 山罍一, 實清酒. 各設於神座之左而右向. 籩豆各八. 籩, 減白餅·黑餅·糗餌·粉餈, 豆, 減脾析·豚拍·醓食·糝食. 簠簋各一. 簠實稻粱, 簋實黍稷. 其甄實牲, 俎·爵·坫·幣玉之設, 竝如上儀.

設王洗二於午陛東南, 北向, 盥洗在東, 爵洗在西. 盥洗以匜, 罍水在洗東. 加爵

籃, 在洗西南. 肆籃, 實以巾爵. 又設亞·終獻洗二於王洗東南, 俱北向, 罍水在洗東,
籃在洗西南, 肆籃, 實以巾爵.

鑾駕出宮. 致齋日, 晝漏上水五刻, 鑾駕發引. 發引前七刻, 奏一嚴, 前五刻, 奏二
嚴, 所司陳大駕鹵簿, 諸衛各督其屬隊, 引內仗, 以次入陳於殿庭, 樞密以下左右侍
臣, 俱詣大觀殿庭, 立班以俟.

前二刻, 奏三嚴, 王服赭黃袍坐殿. 鳴鞭, 禁衛大喝“再拜”. 訖, 舍人喝, 樞密侍臣
常起居. 訖, 閣門各引太子·公·侯·伯·宰臣就位, 立定. 舍人喝, 太子以下再拜, 西出.
侍中版奏“外辦”, 王降殿, 升輅輦輿, 出興禮門外. 守宮宰臣奉辭.

王至儀鳳門內, 降輦入幄. 乘黃令進輅於儀鳳門階前南向, 千牛將軍一員, 執長刀,
立於輅前北向, 黃門侍郎在侍臣前. 太僕卿攝衣而升, 正立執轡, 千牛將軍前執轡.
侍中版奏“外辦”, 王出幄乘輅. 稱警蹕如常.

文武兩班常起居, 訖, 黃門侍郎奏“請侍臣上馬”. 侍中前承制, 退稱曰: “制可”,
黃門侍郎退稱“侍臣上馬”. 舍人喝“文武侍臣再拜”. 訖, 太僕卿立授綏次, 百司留
守奉辭. 黃門侍郎進當鑾駕前跪奏, 稱“黃門侍郎臣某言, ‘請鑾駕進發’”. 俛伏興,
退復位, 鑾駕動, 稱警蹕. 侍中·黃門侍郎夾侍, 千牛將軍, 夾路而趨.

鑾駕出昇平門, 權駐. 侍臣上馬. 訖, 黃門侍郎奏“請車右升, 陪乘樞密上將軍各二
員”. 侍中前承制, 退稱曰: “制可”. 黃門侍郎退復位, 車右再拜升. 訖, 鑾駕動. 稱警
蹕, 不得鼓吹, 不得諠譁. 其從祀官在玄武隊後, 如常儀.

鑾駕將至齋宮, 其先到諸祀官若執禮·御史·郊社令·執事官, 俱朝服於齋宮門外北
向西上, 立班奉迎, 再拜.

鑾駕至齋宮南門外, 廻輅南向. 車右降, 立輅前. 侍中進當鑾駕前, 跪奏稱, “侍中
臣某言, ‘請降輅’”. 俛伏興, 退復位. 王降輅, 入齋宮. 繳·扇·華蓋 侍衛, 如常儀, 宿
衛如式. 通事舍人, 各引從祀文武群官, 集齋宮門前, 文東武西. 舍人承旨勑群官, 各
還次.

省牲. 省牲之日, 午後八刻, 諸衛之屬, 禁斷行人. 未後二刻, 郊社令, 率其屬, 以
尊·坫·籃·羃, 入設於位. 凡祭器, 皆藉以席, 籩豆, 又加盖羃. 未後三刻, 執禮官先

入, 奉禮帥贊者, 俱入就位. 謁者·贊引, 各引祀官及御史, 俱就位, 肆儀. 訖, 掌牲令牽牲, 就牓位. 謁者引太常卿, 贊引引御史, 入詣壇東陛, 升視滌濯. 執尊者, 皆去羃. 告"潔"訖, 引降就省牲位, 南向立. 掌牲令少前曰: "請省牲". 退復位, 太常卿省牲. 掌牲令又前擧手曰: "腯" 還本位. 諸太祝各巡牲一匝, 西向擧手曰: "充"俱還本位. 諸太祝與掌牲令, 以次牽牲詣廚, 授太官. 謁者引光祿卿, 詣廚省鼎鑊, 申視滌濯, 監取明水火. 贊引引御史詣廚, 省饌具. 協律郎展視樂器, 各還齋所. 祀日未明五刻, 太官令帥宰人, 以鸞刀割牲, 取牲首七, 各盛於盤, 入設於壇上尊罍所, 太官令入實籩豆時, 奉設七坐豆右之南. 祝史以豆取毛血, 各置於饌所, 遂烹牲.

奠玉帛. 祀日未明三刻, 諸祀官, 及從祀官, 各服其服. 執禮官, 先入壇下. 郊社·良醞令, 各帥其屬, 入實尊·罍·玉·幣. 太祝, 以玉幣, 置於篚. 太官令, 帥進饌者, 實諸籩·豆·簠·簋. 監察御史, 按視壇之上下, 糾察不如儀者, 還出.

未明二刻, 奉禮, 帥贊者先入, 再拜就位. 贊引, 引御史·郊社令·諸太祝及祝史·令史, 與執尊·罍·篚·羃者, 入自東門, 當壇南樂懸北, 重行, 北向西上. 立定, 奉禮曰: "再拜" 贊者承傳. 御史以下, 皆再拜. 訖, 執尊·罍·篚·羃者, 各就位

贊引引御史·諸太祝, 詣壇東陛升. 御史行掃除於上, 令史掃除於下. 訖復位. 謁者·贊引, 各引祀官, 及從祀群官, 俱就門外位. 太樂令, 帥工人·二舞, 入就位. 文舞入陳於懸北, 武舞立於懸南道西. 其升壇者, 皆脫履於下, 降納如常.

謁者, 引司空入就位, 立定, 奉禮曰: "再拜" 司空再拜. 訖, 謁者引司空, 詣壇東陛升, 行掃除於上, 降行樂懸於下. 訖, 引復位. 謁者·贊引, 各引祀官, 通事舍人, 分引從祀群官, 入就位. 侍中詣行宮門前, 版奏"外辦."

未明一刻, 王服袞冕以出. 繖·扇·華盖, 侍衛如常儀. 太常博士引太常卿. 凡太常卿前導, 皆博士先引. 太常卿引王入大次, 簾降, 太常卿·博士·閤門官, 分立於大次外左右. 郊社令, 以祝版進, 王署. 訖, 近臣奉出. 郊社令, 受各奠於坫. 侍中版奏"外辦" 簾卷, 王出次. 華盖侍衛, 如常儀. 太常卿 引王, 至內壝門外, 近侍齋戒者陪從. 尙衣奉御, 以桓圭, 授殿中監, 殿中監, 受進. 王執圭. 華盖仗衛, 停於門外.

王入自正門, 協律郎跪俛伏, 擧麾興. 凡取物者, 皆跪俛伏而取興, 奠物, 則奠訖

俛伏, 而後興. 工鼓柷, 軒架奏黃鐘宮正安之曲. 王升降行止, 皆作正安之曲. 王至版位, 西向立. 每立定, 太常卿, 與博士, 退立於左. 僂塵憂敬, 樂止. 凡樂, 皆協律郞, 跪俛伏, 擧麾興. 工鼓柷而後作, 偃麾, 憂敬而後止. 太常卿, 前奏請"再拜"退復位. 王再拜. 奉禮曰:"再拜"衆官在位者, 皆再拜, 先拜者不拜.

太常卿, 前奏稱"有司謹具, 請行事". 退復位. 協律郞擧麾, 軒架奏夾鐘宮景安之曲三成, 黃鐘角·大簇徵·姑洗羽各一成. 文舞作六成, 偃麾樂止.

太祝升, 煙燔牲首. 樂六成. 訖, 太祝擧牲首盤, 各由其陛, 授祝史. 祝史詣燎壇上, 別加柴燔之. 太常卿, 前奏"請再拜", 王再拜. 奉禮曰:"再拜"衆官在位者, 皆再拜. 諸太祝, 取玉幣於篚, 各立於尊所. 太常卿, 引王詣壇, 軒架, 奏黃鐘宮正安之曲. 升自南陛, 侍中·中書令以下, 左右侍衛, 量人從升. 王升壇, 北向立, 樂止.

太祝以玉幣, 授侍中, 侍中奉玉幣, 東向跪進, 王搢圭受玉幣. 登歌作大呂宮嘉安之曲. 太常卿, 引王, 詣上帝神位前, 北向跪奠. 訖, 執圭俛伏興, 少退, 北向再拜. 訖, 登歌止. 太常卿, 引王少東, 東向立, 配座太祝 以幣授侍中, 侍中奉幣, 北向進. 王搢圭受幣. 登歌作大呂宮仁安之曲. 太常卿, 引王詣配座前, 東向跪奠. 訖, 執圭俛伏興, 少退, 東向再拜. 訖, 登歌止. 太常卿, 引王, 軒架奏黃鐘宮正安之曲. 王降自南陛, 還版位, 西向立, 樂止. 初, 王將奠配位之幣, 五帝太祝, 各奉玉幣, 跪奠神座前. 祝史, 燔牲首, 訖, 出詣饌所, 各奉毛血豆, 立於門外, 於登歌止, 祝史, 奉毛血豆, 入就壇下, 諸太祝, 各由其陛, 迎取於壇上, 俱進奠神座前.

進熟. 王升, 奠玉幣. 太官令出, 帥進饌者奉饌, 各陳於壝門外. 謁者引司徒, 出詣饌所. 司徒奉上帝之俎, 太官令引饌入. 俎初入門, 軒架奏黃鐘宮豐安之曲, 饌至陛, 樂止.

太祝俱進徹毛血之豆, 自東陛授祝史以出. 司徒升自午陛, 詣上帝神座前, 跪奠俎. 諸太祝, 一時各奠俎. 上帝饌, 升自午陛, 配位饌, 升自卯陛, 五帝饌, 各由其陛. 諸太祝, 迎奠於神座前. 籩豆, 蓋羃先徹乃升, 簠簋, 旣奠却其蓋於下. 設訖, 謁者引司徒, 降自東陛復位, 太官令, 退復位, 諸太祝, 各還尊所.

太常卿, 引王詣罍洗位. 軒架奏黃鐘宮正安之曲. 王至洗位, 樂止. 殿中監進受圭,侍中跪取匜, 興沃水. 內侍官跪取盤, 承水. 王盥手, 黃門侍郎跪取巾於篚, 興以進.
王帨手, 黃門侍郎受巾, 跪奠於篚. 祝史以篚取爵, 進跪於洗西, 黃門侍郎取爵於篚
以進. 王受爵, 侍中酌罍水, 內侍官奉盤承水. 王洗爵, 黃門侍郎跪取巾於篚, 興以
進.

王拭爵, 訖, 黃門侍郎受巾, 奠於篚, 侍中以篚受爵, 授祝史, 祝史傳授太祝, 太祝
受篚取爵, 置尊所坫上. 殿中監進圭, 王執圭. 太常卿引王, 軒架奏黃鍾宮正安之曲.
王自南陛升壇, 訖, 樂止.

謁者引司徒, 升自東陛, 立於尊所. 王詣上帝尊所, 侍中取爵於坫進. 王受爵, 太祝
去羃, 侍中贊酌太尊之泛齊. 登歌作大呂宮嘉安之曲. 王詣上帝前, 跪奠爵, 俛伏興.
太常卿引王少退, 北向立, 樂止. 太祝持祝版, 進神座右東向, 跪讀祝文. 訖, 俛伏興,
樂作. 王再拜. 太祝奠版於坫, 樂止.

太常卿引王詣配位尊所, 侍中取爵於坫進. 王受爵, 太祝去羃, 侍中贊酌著尊之
泛齊. 登歌作大呂宮仁安之曲. 王詣配位前, 奠爵, 俛伏興. 五帝太祝, 取爵於坫, 酌
太尊之泛齊, 各進奠神座前. 訖, 太常卿引王少退, 東向立, 樂止. 配位太祝, 持祝版,
進神座左, 北向跪, 讀祝文. 訖, 俛伏興. 樂作, 王再拜, 訖, 樂止.

太常卿引王詣飮福位, 北向立. 登歌作黃鍾宮禧安之曲. 太祝各以爵, 酌上尊福酒,
合置一爵. 一太祝持爵授侍中, 侍中西向奉以立. 王再拜, 訖, 侍中跪以爵酒進. 王跪
搢圭受爵, 祭酒. 三祭于地, 啐酒, 奠爵.

太祝各持俎進, 減神前胙肉, 皆取前脚第二骨, 合置一俎上. 又太祝各以籩進, 減
黍稷飯, 合置一籩, 以授司徒, 司徒西向跪以進. 王受, 以授內侍. 內侍二人, 立於午陛
下, 王受胙肉·籩飯, 內侍升詣王位之左, 受退. 謁者引司徒, 降復位

王跪取爵, 遂飮卒爵, 侍中受虛爵, 以授太祝, 太祝受爵, 復於坫, 還尊所. 王俛伏
興再拜, 樂止. 太常卿引王降自午陛, 軒架奏黃鍾宮正安之曲. 至版位, 西向立, 樂
止. 文舞退, 軒架奏黃鍾宮崇安之曲, 退訖, 樂止. 武舞進, 軒架奏黃鍾宮崇安之曲,
舞者立定, 樂止.

初, 王將復位, 謁者引太尉, 詣罍洗位, 北向立, 齋郎二人贊洗, 太尉盥手帨手. 祝

史以篚取爵, 立於洗西. 太尉取爵於篚, 洗爵拭爵. 祝史以篚受爵, 傳授太祝, 太祝
受篚取爵, 置尊所坫上.

謁者引太尉, 自東陛升壇, 詣上帝尊所. 太尉取爵於坫, 太祝去羃, 太尉酌著尊之
醴齊. 軒架奏黃鍾宮武安之曲, 武舞作, 鄕樂交奏. 詣上帝神座前, 北向跪奠爵, 俛
伏興少退, 北向再拜. 訖, 又就配位前, 酌犧尊之醴齊, 如上儀. 少退東向再拜.

初, 太尉酌配位尊時, 五帝太祝, 各酌著尊之醴齊, 進奠神座前. 訖, 樂止. 謁者引
太尉, 詣飮福位, 諸太祝各以爵酌罍福酒, 合置一爵, 一太祝持爵進太尉之右, 西向
立. 太尉再拜受爵, 跪祭酒, 遂飮卒爵. 太祝進受虛爵, 復於坫, 太尉興再拜. 訖, 謁
者引太尉, 降復位.

初, 太尉獻將畢, 謁者引光祿卿, 詣罍洗, 盥手洗爵, 升酌盎齊. 終獻如亞獻儀. 謁
者引光祿卿, 降復位, 諸太祝各進跪, 徹籩豆, 興還尊所, 籩豆各一, 少移故處. 登歌
作大呂宮肅安之曲. 卒徹, 樂止. 奉禮曰: "賜胙再拜". 在位官皆再拜, 飮福者不拜.

送神. 軒架奏夾鍾宮永安之曲. 鄕樂交奏. 太常卿前奏, "請再拜", 王再拜. 訖, 奉
禮曰: "再拜", 衆官再拜. 樂一成止. 太常卿前奏, "請就望燎位", 太常卿引王, 軒架
奏黃鍾宮正安之曲, 王就望燎位, 南向立, 樂止.

初, 賜胙再拜, 訖, 諸太祝各執篚, 進詣神座前, 取玉帛祝版, 以俎載牲體, 黍稷飯,
及爵酒, 各由其陛降壇, 南行詣柴壇, 自南陛升, 以玉帛·祝版·饌物, 置於燎柴. 奉禮
曰: "可燎", 東西各六人, 擧爟火. 火燎半柴, 太常卿前奏, "禮畢", 引王還大次, 軒架
奏黃鍾宮正安之曲, 出中壝門外, 太常卿奏, "請釋圭", 殿中監跪受圭, 以授尙衣奉
御. 王至大次, 樂止.

謁者·贊引, 各引祀官, 通事舍人, 分引從祀群官, 以次出. 贊引引御史·太祝以下,
俱復執事位. 奉禮曰: "再拜", 御史以下皆再拜. 贊引引出, 太樂令引工人, 以次出.
將士不得輒離部伍.

鑾駕還宮. 其日, 祀事禮畢, 王還齋殿, 停一刻頃. 奏初嚴, 所司, 轉仗衛鹵簿於還
途, 如來儀. 奏二嚴, 樞密以下, 左右侍臣, 及文武百官, 各就位立定, 太樂令, 陳樂
部於齋宮南門外.

王將出, 奏三嚴. 王服絳紗袍, 出坐殿, 禁衛大喝"再拜". 樞密左右侍臣, 常起居. 訖, 閣門引太子·公·侯·伯·宰臣, 入就位, 常起居. 訖, 閣門以次引出.

侍中版奏"外辦" 王出齋宮門外, 南向立, 乘黃令, 進輅於齋宮門外南向. 王乘輅, 千牛將軍馭駕, 如來儀. 百官常起居, 訖, 黃門侍郎"請鑾駕進發", 退復位. 鑾駕動, 侍衛如常儀.

黃門侍郎·千牛將軍, 夾輅而趨, 至侍臣上馬所, 黃門侍郎奏, "請鑾駕少駐, 勑侍臣上馬". 侍中前承制, 退稱曰: "制可". 黃門侍郎, 退稱曰: "侍臣上馬". 舍人喝"侍臣再拜上馬". 黃門侍郎奏, "請勑車右升". 侍中承制, 退稱曰: "制可". 黃門侍郎, 退復位, 車右再拜升. 訖, 黃門侍郎奏, "請鑾駕進發", 退復位. 鑾駕動, 鼓吹樂部振作, 而還至昇平門外, 少駐. 侍臣下馬, 車右降. 訖, 鑾駕入昇平門. 留守百官, 叅再拜.

부록 2. 세조 3년(1457) 1월 15일 원구 친사[1]

재계는 제사지내기 전 8일에 예조에서 계문啓聞하여 재계하기를 청하면, 전하께서 별전에서 산재散齋하고, 3일 동안을 치재致齋한다. 【2일은 정전正殿에서 하고 1일은 제소祭所에서 한다.】 무릇 산재할 때는 조상弔喪하거나 문병問疾하지 아니하고, 음악을 듣지 아니하며, 유사有司가 형살 문서刑殺文書를 아뢰지 아니하고, 치재할 때는 오직 제사에 관한 일만을 아뢴다.

제사 전 7일에 사관祀官·집사관執事官 및 배사陪祀하는 종친과 문무 백관들은 의정부에서 서계誓戒를 받는다. 그날 날이 밝기 전 7각에 통례문通禮門이 자리를 설치하는데, 분헌관分獻官의 자리는 북쪽에 설치하되 남향하게 하고, 진폐진주관進幣進酒官·전폐 전주관奠幣奠酒官·진조관進俎官·전조관奠俎官의 자리는 위차位次를 달리하여 겹줄로 남쪽에 설치하되, 북향하게 하고 서쪽이 위가 되게 한다. 감찰監察 2인의 자리는 서쪽에 설치하되, 동향하게 하고 북쪽이 위가 되게 한다. 예의사禮儀使·대축大祝·전사관典祀官·축사祝史·재랑齋郎·협률랑協律郎·장생령掌牲令·아악령雅樂令·봉조관捧俎官·집준자執尊者·집뢰자執罍者·집비자執篚者·집멱자執冪者·알자謁者·찬자贊者·찬인贊引의 자리는 동쪽에 설치하되, 서쪽이 위가 되게 하고, 매등每等마다 자리를 달리하여 겹줄로 하되, 북쪽이 위가 되게 한다. 【미리 차정差定한 것도 또한 참여한다.】 배사陪祀하는 종친 및 문무 백관들의 자리는 행사관行事官의 남쪽에 설치하는데, 문관文官은 동쪽, 무관武官은 서쪽으로 하여 매등每等마다 자리를 달리하여 겹줄로 하되, 북향하여 서로 마주보고 수위首位가 되게 한다. 【종친은 무관의 매품每品 반두班頭에 별도로 자리를 설치하고, 대군大君은 정1품의 앞에 별도로 자리를 설치한다. 뒤의 것도 이와 같다.】

----

1 아래 내용은 『세조실록』 세조 3년(1457) 1월 15일 기록이다. 번역과 원문은 국사편찬위원회, 조선왕조실록(http://sillok.history.go.kr/main/main.jsp)에 의존하였음을 밝힌다. 천제 때 사용한 각종 제기류의 그림은 246~251쪽을 참조하라.

날이 밝기 전 5각에 봉례랑奉禮郞이 배사하는 여러 관원들을 나누어 인도하여 자리에 나아가게 하는데, 여러 사관祀官 및 집사관執事官을 인도하여 자리에 나아가게 하고, 분헌관分獻官을 인도하여 자리에 나아간다. 통찬通贊이 분헌관의 왼쪽에 나아가서 서향하여 서서 이런 서문誓文을 대독代讀하기를, "지금 모년 모월 모일에 전하께서 호천상제를 원구에서 제사지내니, 무릇 사관·집사관 및 배사한 여러 관원들은 술을 함부로 마시지 말고, 파[葱]·부추[韮]·마늘[蒜]·염교[薤]를 먹지 말며, 조상弔喪하거나 문병[問疾]하지 말고, 음악을 듣지 말며, 형벌을 행하지 말고, 형살 문서刑殺文書에 판결 서명署名하지 말며, 더럽고 악한 일에 참여하지 말고 각기 그 직무를 행하라. 혹시 어김이 있으면 국가에서 일정한 형벌이 있을 것이다"라고 한다.

읽기를 마치고 나서 통찬이 "재배하라"고 창하면, 자리에 있는 사람이 모두 두 번 절하고 물러난다. 무릇 사관·집사관 및 근시近侍의 관원으로서 마땅히 따라 전상殿上에 오를 사람은 모두 산재하기를 4일 동안 하되, 정침正寢에서 자고, 치재하기를 3일 동안 한다. 【2일은 본사本司에서 하고, 1일은 제소祭所에서 한다.】 무릇 산재할 적에는 사무를 다스리기를 전과 같이 하나, 치재할 적에는 오직 향사享祀에 관한 일만을 행하며, 이미 재계하고서 궐闕하는 사람이 있으면 모두 대리하여 행사하게 한다.

배사하는 종친·문무관 및 여러 위衛의 속원屬員과 유문壝門[2]을 수위守衛하는 자는 【문마다 각각 호군護軍이 2인이고, 대隊마다 각각 대장隊長이 1인이다.】 각기 본사에서 청재하면서 하룻밤을 자고, 공인工도 청재하면서 하룻밤을 자는데 봉상시奉常寺에서 잔다. 제사지내기 2일 전에 의정議政이 태조 대왕의 묘에 고告하기를 평상시의 고하는 의식과 같이 한다. 【신神에 배향配享하여 군주君主가 된다는 뜻으로써 고한다.】

치재하기 2일 전에 모두 의정부에 모여서 의식을 연습하고, 제사지내기 하루 전에 모두 제소祭所에 모인다. 【사관 이하 무릇 제사에 참여할 자는 모두 제

---

2 제단 가에 낮은 담으로 둘린 곳의 문.

사지내기 2일 전에 목욕하고 옷을 갈아입으며, 한성부로 하여금 가는 길을 청소하게 하여서 여러 가지 흉하고 더러운 것과 최질衰絰을 보지 못하도록 하고, 그 곡읍哭泣하는 소리가 제소에 들리는 것은 임시로 중단시킨다. 병조로 하여금 사산四山 내에서는 일체 한잡인閑雜人과 여인을 금지시키고, 더러운 물건을 소제하도록 살피게 한다.】

진설은 제사 3일 전에 충호위忠扈衛에서 대차大次[3]를 외유外壝 동문의 바깥 길 북쪽에 설치하되 남향하게 하고, 왕세자의 장막[次]을 대차의 동남쪽에 설치하되 서향하게 하고, 여러 사관·집사관 및 배사하는 여러 관원의 장막[次]을 외유 동문의 바깥 길 남쪽에 설치하되 모두 땅의 적당한 데 따르게 한다.

제사 이틀 전에는 전사관典祀官과 단사壇司가 그 소속을 거느리고 단의 위아래를 소제하고, 섶[柴]을 요단燎壇에 쌓아두고,【그 단壇은 신단神壇의 남쪽 병방丙方 땅 내유內壝의 밖에 있는데, 사방이 1장丈이고, 높이가 1장丈 2척尺이다.】위를 열어 남쪽으로 문을 내는데, 문은 사방이 6척이 되게 한다. 또 예감瘞坎[4]을 단壇 임지壬地의 내유內壝의 밖에 파는데, 넓이와 깊이는 물건을 채우기에 넉넉할 정도로 하고, 남쪽으로 섬돌[陛]이 나오게 한다.

찬만饌幔을 내유 동문·서문의 바깥 길 북쪽에 설치하여 남향하게 하되【상제·지기地祇·태조의 찬饌과 대명大明·성신星辰·동남서북해의 찬은 동문 밖에 진설하고, 야명夜明 및 풍운뢰우·악독산천岳瀆山川의 찬은 서문 밖에 진설한다.】모두 땅의 적당한 데 따르게 한다. 아악령이 그 소속을 거느리고 헌현軒懸을 설치하는데, 단壇의 남쪽 가까이에 당하여 북향하게 한다.

제사지내기 하루 전에 전사관典祀官과 단사壇司가 그 소속을 거느리고 신좌神座를 설치하는데, 호천상제와 황지기의 신좌를 단 위의 북방에 설치하여 남향하게 하고, 자리는 짚 자리로써 깐다.【상제는 동쪽에 있고, 지기는 서쪽에 있다.】태조 대왕 배위의 신좌는 동방에 설치하여 서향하게 하고, 자리는 왕골

----
3 임금의 장막.
4 묻을 구덩이.

자리로써 깐다. 대명의 위位는 태조의 위에서 조금 뒤에 설치하고, 자리는 짚자리로써 깐다. 성신의 위와 동남서북해의 위는 모두 동쪽에 있어 서향하게 하고, 자리는 왕골 자리로써 깐다. 야명의 위는 대명의 위에 당하여 서쪽에 있어 동향하게 하고, 자리는 짚 자리로써 깐다. 풍운뢰우의 위는 야명의 위보다 조금 뒤에 설치하고, 다음에 악독 산천의 위는 모두 서쪽에 있어 동향하게 하고, 자리는 왕골 자리로써 깐다. 정결淨潔하게 마쳤다고 고告하면 임시로 걷어 치운다

　집례執禮가 전하의 판위를 단 아래 동남쪽에 설치하되 서향하게 하고, 음복위飮福位는 단 위의 오방午方[5] 섬돌의 서쪽에 설치하되 북향하게 한다. 찬자贊者가 분헌관의 자리 둘을 판위의 뒤쪽 조금 남쪽에 설치하되 서향하게 한다.【영의정의 자리는 또 왕세자의 자리보다 조금 뒤에 있다.】진폐 진주관·전폐 전주관·진조관·전조관의 자리는 내유 동문의 바깥 길 남쪽에 설치하고, 집사자의 자리는 그 뒤에 설치하되 모두 매등每等마다 자리를 달리하여 겹줄로 서향하게 하고, 북쪽을 위로 한다. 감찰의 자리는 둘을 설치하는데, 하나는 동남쪽에서 서향하고, 하나는 서남쪽에서 동향하며, 서리書吏가 그 뒤에 배석하게 한다. 집례의 자리 둘을 설치하는데, 하나는 내유 남문 안에 설치하고, 하나는 내유 남문 밖에 설치하되, 모두 동쪽으로 가까이 서향하게 한다. 알자·찬자·찬인의 자리는 조금 남쪽에 있어 서향하게 하고, 북쪽을 위로 한다. 협률랑의 자리는 헌현軒懸의 서북쪽에 설치하되 동향하게 하고, 아악령의 자리는 헌현의 북쪽에 설치하되 북향하게 한다. 배사하는 여러 관원은, 1품 이하의 자리는 외유 동문 밖에 설치하고, 종친 및 무관 1품 이하의 자리는 외유 서문 안에 설치하되 모두 길 남쪽에 위차位次를 달리하여 겹줄로 서향하게 하며, 감찰 자리 둘은 문반·무반의 뒤에 있는데, 서리가 각각 그 뒤에 배석하게 한다. 또 문외위門外位를 설치하는데, 사관祀官 및 여러 집사관의 자리는 외유 동문 밖의 길 남쪽에 설치하되, 모두 매등每等마다 자리를 달리하여 겹줄로 북향하게 하고, 서쪽을

----
5 정남.

위로 한다. 배사하는 문관의 자리는 외유 동문 밖에 설치하고, 종친 및 무관의 자리는 외유 서문 밖에 설치하되 모두 북향하게 하고, 자리를 달리하여 겹줄로 한다. 생방牲榜⁶의 자리는 외유의 동문 밖에 설치하되 문에 당하여 서향하게 하고, 북쪽을 위로 한다. 장생령의 자리는 희생의 서남쪽에 설치하되 북향하게 하고, 여러 대축의 자리는 희생의 동쪽에 설치하되 각기 희생의 뒤에 두며, 축사도 각각 그 뒤에 있게 하되 모두 서향하게 한다. 영의정이 희생을 살피는 자리는 희생의 앞에 설치하되 북쪽으로 가까이 하고, 감찰의 자리는 영의정 자리의 서쪽에 설치하되 조금 뒤로 물러서게 하여 모두 남향하게 한다. 망료위는 시단柴壇의 북쪽에 설치하되 남향하게 하고, 집례·대축·찬자는 동쪽에 있어 서향하게 한다. 망예위는 단의 서쪽에 설치하되 예감瘞坎에 당하여 북향하게 하고, 집례·대축·찬자는 동쪽에 있어 서향하게 한다.

제삿날 행사하기 전에 전사관이 그 소속을 거느리고 들어와서 제기와 제찬祭饌을 담은 찬구饌具와 제주祭酒를 담은 준尊·뇌罍를 설치하고, 작세爵洗를 오방午方 섬돌 동남쪽에 설치하되 북향하게 한다. 뇌는 세洗의 동쪽에 있게 하고 작勺을 얹어 두며, 비篚는 세의 서쪽에 있게 하되 수건[巾]을 담아 둔다. 【비篚가 3개이고, 점坫이 있다.】 분헌관의 작세爵洗는 2개인데, 1개는 사방巳方 섬돌의 동남쪽에 있고, 1개는 미방未方 섬돌의 서남쪽에 있되 모두 북향하게 한다. 【비는 각기 3개이다.】

출궁出宮하기 하루 전에 충호위忠扈衛에서 왕세자의 막차[次]를 광화문 밖에 설치하며, 봉례랑奉禮郎은 왕세자 및 종친과 문무 백관들의 시립侍立하는 자리를 설치하되 모두 평상시와 같이 한다.

고고가 초엄初嚴을 알리면, 병조에서 여러 위衛를 거느리고 대가 노부大駕鹵簿와 군사를 진열陳列시키고, 판사복判司僕은 여연輿輦과 어마御馬를 진열시키는데, 홍례문 밖에서 나누어 서기를 의식대로 하며, 전후의 기병·보병의 대隊는 각기 갑주甲冑를 갖추고는 차례대로 둔열屯列하고 부오部伍를 정숙하게 하여 훤

----
6 희생이라고 쓴 방목.

화훤화喧譁하지 못하게 한다.

종친과 백관들이 모두 조방朝房에 모이고 고고鼓가 이엄二嚴을 알리면, 종친과 백관들이 조복朝服을 갖추고 시립하는 자리로 나아간다. 좌중호左中護가 왕세자를 인도하는데, 왕세자는 면복을 갖추고 광화문 밖의 막차[次]에 나아간다. 여러 위위衛에서는 각기 그 소속을 독려하여 근정전의 뜰에 들어와서 진열하고, 시신侍臣은 섬돌 아래에 나아가서 좌우로 나누어 선다. 여러 호위하는 관원과 사금司禁은 각기 무기와 제복을 갖추고, 상서관尙瑞官은 어보御寶를 받들어 모두 사정전思政殿 합문閤門 밖으로 나아가서 기다린다. 판통례가 합문 밖으로 나아가서 중엄中嚴을 계청啓請하면, 판사복이 사정전思政殿 합문閤門 밖에 연輦을 올린다.

고고鼓가 삼엄三嚴을 알리고 종소리가 그치면 내문·외문을 연다. 판통례가 외판外辦을 아뢰면 전하가 원유관遠遊冠과 강사포絳紗袍를 갖추고 나온다. 판통례가 꿇어앉아 연輦을 타기를 계청하면 전하가 연을 타고, 판통례가 어가御駕가 진발進發하기를 계청하면 어가가 움직인다. 판통례가 곁에서 인도하여 나가고 산선繖扇이 시위侍衛하기를 평상시의 의식과 같이 한다. 상서관尙瑞官이 어보御寶를 받들고 앞에서 인도하고,【근정전 문 밖에 이르러서는 어보를 말에 싣는다.】 좌우의 시신侍臣들이 연 앞의 양쪽에서 모시기를 평상시와 같이 한다.

어가가 광화문 밖 시신侍臣의 상마소上馬所에 이르면, 판통례는 어가가 조금 멈추기를 계청한다. 시신侍臣에게 말을 타라고 명령하면 물러가서 시신이 말을 타라고 일컫고 통찬通贊이 전창傳唱한다. 시신들이 모두 말을 타기를 마치면 판통례는 어가가 진발하기를 계청한다. 어가가 움직이는 데는 고취鼓吹를 울리지 않는다. 왕세자 및 종친·백관들은 국궁鞠躬하였다가 어가가 지나가면 몸을 바로 하고 차례대로 시위侍衛한다.

어가가 단壇에 이르려고 할 때 시신들은 백보를 떨어져서 말에서 내려 나누어 서서 국궁하였다가 어가가 지나가면 몸을 바로 한다. 어가가 이르면 여러 사관들이 조복을 갖추고 나와서 대차 앞에 남쪽 가까이 서서 북향하여 국궁하였다가 어가가 지나가면 몸을 바로 한다. 판통례가 앞으로 나와 연 앞에 와서 연에서 내리기를 계청하면 전하가 연에서 내린다. 판통례가 전하를 인도하여 대차에 들어가는데, 산선繖扇이 시위하기를 평상시의 의식과 같이 한다. 대가 노부는 대차 밖에 정지시킨다.【만약 장소가 협착하면 동구洞口 밖에 정지시킨 다.】왕세자가 막차에 나아간다. 교서관校書館의 관원이 축판을 받들어 올리면, 근시가 전해 받들어서 올린다. 전하가 서명署名하기를 마치면 근시가 받들고 나가서 전사관에게 맡긴다.

희생을 담은 그릇을 살피는 것은, 제사를 지내기 하루 전 미시未時 뒤 2각에 전사관과 단사가 그 소속을 거느리고 단의 위아래를 소제하며, 집사자는 제기 를 가지고 들어와서 자리[位]에 진설陳設하고, 수건[巾]과 덮개[蓋]를 얹어 놓기 를 진설하는 의식과 같이 한다. 미시 뒤 3각에 의정議政 이하 마땅히 희생 담는 그릇을 살펴야 할 사람은 모두 평상복 차림으로써 동쪽 유문 밖으로 나아간 다. 집례가 알자·찬자·찬인을 거느리고 먼저 단 아래에 들어오고, 장생령이 희 생을 끌고 자리에 나아간다. 찬인이 감찰을 인도하여 묘방卯方의 섬돌로부터 올라가서 위에서 소제를 행하고, 내려와서 악현樂懸을 아래에서 행하고는 이를 마치면 제자리로 돌아간다. 알자가 의정을 인도하고, 찬인이 감찰을 인도하여 묘방卯方의 섬돌로부터 올라가서 깨끗이 씻었는가를 살펴보는데, 집사자가 모 두 상보[冪]를 들어서 깨끗함을 고한다. 이를 마치면 인도하여 내려와서 희생 을 살피는 자리에 나아가서 남향하여 선다. 장생령이 조금 앞으로 나와서 "희 생을 살피기를 청합니다" 하고 물러나 제자리로 돌아가면, 의정이 희생을 살 핀다. 장생령이 또 앞으로 나와서 손을 들고, "희생이 살쪘습니다" 하고 제자 리로 돌아가면, 여러 대축이 각기 희생을 한 바퀴 돌고 나서 동향하여 손을 들 고서, "충실합니다" 하고는 모두 제자리로 돌아간다.

여러 대축과 장생령이 차례로 희생을 끌고 주방廚房으로 나아가서 전사관에 게 준다. 알자謁者가 의정議政을 인도하여 주방으로 나아가서 가마솥[鼎鑊]을 살피고 씻는 것을 거듭 살펴보며, 명수明水와 명화明火를 취取하는 것을 감시한다.【물은 음감陰鑑[7]에서 취하고, 불은 양수陽燧에서 취하는데, 음감을 졸지에 출판出辦할 수가 없으면 우물물[井水]로써 대신한다. 불은 때는 데에 제공하고 물은 준尊에 담는다.】찬인이 감찰을 인도하여 주방으로 나아가서 찬구를 살피고 나서 각기 재소齋所로 돌아간다.

포시晡時[8] 뒤 1각에 전사관이 재인宰人을 거느리고 난도鑾刀[9]로써 희생을 베면, 축사祝史가 두豆를 가지고 모혈毛血을 취하여 각기 찬소饌所에 두고, 드디어 희생을 삶는다.【가죽째 삶아 익히고, 나머지 모혈毛血은 정결한 그릇에 담아 두었다가 제사를 마치면 이를 묻는다.】

폐백을 드리는 것은, 제삿날 행사하기 전 5각에 전사관이 그 소속을 거느리고 그 복색服色을 갖추고 들어와 찬구에 제찬祭饌을 담는다. 이를 마치면 제위諸位의 대축大祝이 신위판神位版을 신좌에 설치하고, 찬인贊引이 감찰을 인도하여 묘방卯方 섬돌로부터 올라가서 단의 위아래를 살펴보고 의식과 같지 아니한 것을 규찰하고 도로 나온다. 전 3각에 여러 사관과 배사하는 여러 관원이 각기 그 복색服色을 갖춘다.【사관은 제복祭服이고, 배사관陪祀官은 조복朝服이다.】

집례가 알자·찬자·찬인을 거느리고 동쪽 유문으로부터 들어와서 먼저 단 남쪽, 악현 북쪽의 배위에 나아가서 겹줄로 서서 북향하여 서쪽을 위로 하여 네 번 절하고, 이를 마치면 각기 자리에 나아간다. 아악령이 공인工人을 거느리고 들어와서 자리에 나아가고, 봉례랑奉禮郎이 배사하는 여러 관원을 나누어 인도하여 각기 외유의 동문·서문으로부터 들어와서 각기 자리에 나아간다. 부지통례副知通禮가 좌분헌관左分獻官을 인도하고,【왕세자가 아니면 알자가 인도한다.】알자는 우분헌관右分獻官을 인도하며, 또 알자와 찬인이 각기 여러 사관을 인도하여 모두 동쪽 유문 밖의 자리로 나아간다. 찬인이 감찰·대축·전사관·축사·재랑·협률랑·봉조관·집준자·집뢰자·집비자執篚者·집멱자執羃者를 인

----
7 제사에 쓸 물을 받는 그릇. 네모난 거울로써 명수明水를 받았음.
8 신시申時.
9 자루 끝에 방울이 달린 칼. 희생을 베는 데 쓰는 칼.

도하여 들어와서 자리에 나아가 북향하여 서쪽을 위로 한다. 집례가 "사배하라" 하고, 찬자가 전찬傳贊하면, 감찰 이하가 모두 네 번 절한다. 이를 마치면, 찬인이 감찰을 인도하여 자리로 나아가고, 전사관을 인도하여 주소廚所에 나아가며, 찬인이 여러 집사를 인도하여 각기 자리에 나아간다.

전 1각에 알자와 찬인이 각기 진폐 진주관·전폐 전주관·진조관·전조관을 인도하여 들어와서 자리에 나아간다. 부지통례는 좌분헌관을 인도하고, 알자는 우분헌관을 인도하여 들어와서 자리에 나아가며, 찬인은 재랑齋郞을 인도하여 각기 작세위에 나아가서 술잔[爵]을 씻고 술잔을 닦는다. 이를 마치면 비篚에 넣어서 받들어 준소尊所에 나아가서 점坫 위에 놓는다.

여러 사관들이 들어와서 자리에 나아가려 하면, 판통례가 대차 앞에 나아가서 중엄中嚴을 계청하고, 조금 있다가 또 외판外辦을 아뢴다. 전하가 면복을 갖추고 나오는데, 산선繖扇이 시위하기를 평상시의 의식과 같이 한다. 예의사가 전하를 인도하여 중유中壝의 남문 밖에 이르면 근시가 꿇어앉아 홀[圭]을 올리고, 예의사가 꿇어앉아 홀을 잡기를 계청하면 전하가 홀을 잡는다. 산선 및 어보御寶는 문 밖에서 정지한다. 【시위侍衛로서 들어오지 못할 사람은 또한 문 밖에서 그친다.】 예의사가 전하를 인도하여 정문으로부터 들어와 자리에 나아가서 서향하여 선다.

집례가, "음악을 시작하고, 섶[柴]을 태우고, 모혈毛血을 묻으라" 하면 여러 대축이 희생의 머리가 담긴 반盤과 모혈毛血이 담긴 두豆를 들고 각기 그 섬돌로부터 축사에게 주고, 축사는 각기 희생이 담긴 반을 받들어 요단 위에 나아가서 섶을 얹어 이를 태운다. 또 대축은 각기 모혈이 담긴 두를 받들어 구덩이에 묻는다. 집례가, "음악을 그치고 사배하라" 하고, 예의사가 사배하기를 계청啓請하면, 전하가 네 번 절한다. 【분헌관과 백관들도 같이 한다.】

알자가 진폐 진주관과 전폐 전주관을 인도하여 호천상제의 준소尊所에 나아가서 북향하여 서게 한다. 【알자는 단 아래에 그친다.】 집례가, "예의사는 전하를 인도하여 폐백을 드리라" 하면, 예의사가 전하를 인도하여 호천상제의 신위 앞에 나아가서 북향하여 서게 한다. 집례가, "음악을 시작하라" 하고, 꿇어앉아 홀을 대대大帶에 꽂기를 계청하면, 전하가 꿇어앉아 홀을 대대에 꽂는다. 【백관도 꿇어앉는다.】 근시 1인이 향로를 받들어 꿇어앉아서 올리고, 예의사가 세 번 상향上香하기를 계청하고, 근시가 향로를 드리고, 진폐 진주관이 옥폐를 받들어 꿇어앉아서 올리고, 예의사가 꿇어앉아서 옥폐를 드리기를 청하면 전하가 옥폐를 받아서 전폐 전주관에게 주어서 신위 앞에 드리게 한다. 【향을 올리고 폐백을 올릴 적에도 동쪽에 서서 서향하고, 향로를 드리고 폐백을 드릴 적에는 서쪽에 서서 동향하게 한다. 술잔을 올리고 술잔을 드릴 적에도 이와 같이 한다.】 예의사가 홀을 잡고 부복俯伏하였다가 일어나 몸을 바로 하기를 계청하면, 전하가 홀을 잡고 부복하였다가 일어나서 몸을 바로 한다. 【백관들도 이와 같이 한다.】 예의사가 전하를 인도하여 황지기의 신위 앞에 나아가서 향을 올리고, 옥폐를 드리기를 위의 의식과 같이 한다.

이를 마치고 집례가, "음악을 그치라"고 하면, 진폐 진주관 이하가 묘방卯方의 섬돌로부터 내려와서 제자리로 돌아간다. 예의사가 전하를 인도하여 오방午方의 섬돌로부터 내려와서 제자리로 돌아간다. 처음에 전하가 배위에 폐백을 드릴 적에 부지통례가 좌분헌관【왕세자.】을 인도하여 사방巳方의 섬돌로부터 올라가서 신위 앞에 나아가서 【알자가 우분헌관을 인도하여 미방未方의 섬돌로부터 한꺼번에 올라가서 야명의 위에 나아가고, 다음에 풍운뢰우의 위에 나아가고, 다음에 해독 산천의 위에 나아가서 제찬祭饌을 올리고 술잔을 드리기를 위와 같이 한다.】 꿇어 앉게 한다. 축사가 향합香合을 받들고 재랑齋郎이 향로를 받들어 꿇어앉아서 올리면, 좌분헌관이 세 번 향을 올린다. 재랑이 향로를 드리고 대축大祝이 폐백을 꿇어앉아 올리면, 좌분헌관이 이를 받아서 대축에게 주어서 신위 앞에 드리게 하고, 좌분헌관은 부복하였다가 일어나서 몸을 바로 한다. 다음은 성신의 위에 나아가고, 그 다음은 동남서북해의 위에 나아가서 향을 올리고 폐백을 드리기를 위의 의식과 같이 하고, 이를 마치면 내려와서 제자리로 돌아간다.

진찬進饌은 처음에 전하가 이미 올라가서 폐백을 드릴 적에 알자가 진조관과 전조관을 인도하고, 봉조관을 거느리고 나와서 찬소에 나아가서 전하의 폐백 드리는 것을 기다린다. 이를 마치면 축사가 가마솥에 담은 것을 희생을 담는 갑인 생갑牲匣[10]에 채우고, 진조관과 전조관이 봉조관을 거느리고 각기 생갑을 받들고는 정문 밖에 나아가서 서게 한다. 집례가, "찬饌을 올리고, 음악을 시작하라"고 하면, 찬이 각기 그 섬돌에 이르게 하고【전하가 장차 올라가려고 할 적에 진조관進俎官과 봉조관奉俎官 등은 먼저 올라가고 전조관奠俎官은 뒤에 올라온다.】전사관은 본자리에 나아간다.【정위正位의 삼찬三饌은 오방午方 섬돌 아래에 서고, 동쪽 삼위 찬은 사방巳方 섬돌 아래에 서고, 서쪽 삼위 찬은 미방未方 섬돌 아래에 선다.】

　집례가, "예의사는 전하를 인도하여 찬을 올리라" 하면, 예의사가 전하를 인도하여 상제의 신위 앞에 나아가서 북향하여 서게 하고, 꿇어앉아 홀을 대대에 꽂기를 계청하면, 전하가 꿇어앉아 홀을 대대에 꽂는다.【분헌관과 백관들도 꿇어앉는다.】진조관 등이 생갑을 받들고 동쪽에 있어 꿇어앉아 올리고, 예의사가 찬을 올리기를 계청하면, 전하가 생갑을 받아 전조관에게 준다. 전조관이 서쪽에 있어 신위 앞에 드리고 모두 내려와서 제자리로 돌아간다. 예의사가 홀을 잡고 부복하였다가 일어나 몸을 바로 하기를 계청하면, 전하가 홀을 잡고 부복하였다가 일어나서 몸을 바로 한다.【분헌관과 백관들도 이와 같이 한다.】다음은 황지기에 나아가고, 그 다음은 배위 앞에 나아가서 위의 의식과 같이 한다. 이를 마치면 진조관 이하가 내려와서 제자리로 돌아가고 음악이 그친다. 예의사가 전하를 인도하여 내려와서 제자리로 돌아간다.

　집례가, "초헌례初獻禮를 행하라" 하면, 알자가 진폐 진주관과 전폐 전주관을 인도하여 상제의 준소尊所에 나아가서 북향하여 서게 하고, 예의사는 전하를 인도하여 상제의 준소에 나아가서 북향하게 서게 한다. 집례가, "음악을 시작하라"고 한다.【백관들도 꿇어앉는다.】집준자가 상보를 들고 근시가 범제泛齊

---

10 희생을 담는 갑.

를 따르면, 진폐 진주관이 술잔을 가지고 술을 받는다. 예의사가 전하를 인도하여 상제의 신위 앞에 나아가서 꿇어앉아 홀을 대대에 꽂기를 계청하면, 전하가 꿇어앉아 홀을 대대에 꽂는다. 진폐 진주관이 술잔을 받들고 꿇어앉고, 예의사가 술잔을 드리기를 계청하면 전하가 술잔을 잡아 술잔을 드리는데, 술잔은 전폐 전주관에게 주어 신위 앞에 드리게 한다. 예의사가 홀을 잡고 부복하였다가 일어나서 몸을 바로 하기를 계청한다.

다음은 황지기의 신위 앞에 나아가서 술잔을 드리기를 위의 의식과 같이 한다. 이를 마치면 예의사가 전하를 인도하여 상제의 신위 앞에 나아가서 북향하여 꿇어앉게 하고, 집례가, "음악을 그치라"고 한다. 대축이 동향하여 꿇어앉아서 축문을 읽고, 이를 마치면 집례가, "음악을 시작하라"고 한다. 예의사가 부복하였다가 일어나서 몸을 바로 하기를 계청하면, 전하가 부복하였다가 일어나서 몸을 바로 한다. 【백관도 같이 한다.】 예의사가 전하를 인도하여 배위에 나아가서 술잔을 드리기를 의식과 같이 하게 한다.

집례가, "음악을 그치라"고 하면, 예의사가 전하를 인도하여 내려와서 제자리로 돌아가게 한다.

아헌례亞獻禮를 행하고 【의식을 초헌과 같이 하는데, 다만 예제醴齊만 따른다.】 종헌례終獻禮를 행하고 【또한 위의 의식과 같이 하는데 다만 앙제盎齊만 따른다.】 음복飮福을 한다. 종헌을 마치면 대축이 정배위 삼위三位의 준소에 나아가서 각기 제 1준尊의 복주福酒를 따라서 한 술잔에 합해 두고, 또 대축이 조俎를 가지고 앞으로 나와서 상제위의 조육 전각俎肉前脚을 덜어내면, 집례가, "복조福胙를 내린다"고 한다.

예의사가 전하를 인도하여 음복위에 나아가서 북향하게 하고, 진폐 진주관과 진조관이 묘방卯方의 섬돌로부터 따라 올라오면, 대축이 술잔을 가지고 진폐 진주관에게 주어서 술잔을 받들고 서향하여 꿇어 앉아 올리게 한다. 예의사가 꿇어앉아서 홀을 대대에 꽂기를 계청하면, 전하가 꿇어앉아서 홀을 대대에 꽂고, 【분헌관과 백관들도 모두 꿇어앉는다.】 술잔을 받들어 술잔을 다 비운다. 진폐 진주관이 빈 술잔을 받아서 대축에게 준다. 또 대축이 조俎를 가지고 진조관에게 주면, 진조관이 조를 받들고 오방午方의 섬돌로부터 내려와서 문을 나가 사옹司饔에게 준다. 진폐 진주관과 진조관은 묘방卯方의 섬돌로부터 내려와서 제자리로 돌아간다. 예의사가 홀을 잡고 부복하였다가 일어나서 몸을 바로 하기를 계청하면, 전하가 홀을 잡고 부복하였다가 일어나서 몸을 바로 한다. 【백관들도 같이 한다.】 예의사가 전하를 인도하여 내려와서 제자리로 돌아가게 한다. 집례가, "사배하라" 하고, 예의사가 전하에게 사배하기를 계청하면, 전하가 네 번 절한다. 【백관들도 같이 한다.】

집례가, "변·두籩豆를 거두고 음악을 시작하라"고 하면 여러 대축이 각기 변·두를 거두고, 집례가, "음악을 그치라"고 한다. 집례가, "음악을 시작하고 사배하라"고 하고, 예의사가 사배하기를 계청하면, 전하가 네 번 절한다. 【백관들도 같이 한다.】 집례가, "음악을 그치라"고 하면, 예의사가 예를 마쳤음을 아뢰고 전하를 인도하여 대차로 돌아가는데, 중유문中壝門 밖에 이르러 예의사가 홀에 대대에서 뽑아 놓기를 계청하면, 근시가 꿇어앉아 홀을 받고 시위侍衛하기를 평상시의 의식과 같이 한다.

부지통례가 좌분헌관을 인도하여 나오면, 집례가, "망예望瘞하라"고 한다. 알자가 우분헌관을 인도하여 망료위에 나아가고, 집례가 찬자를 거느리고 망료위에 나아간다. 여러 대축은 각기 상제의 배위와 대명, 야명, 성신, 동남서북해의 신좌神座 앞에 나아가서 비篚를 가지고 폐백과 축판을 담고, 축사는 조俎를 가지고 생체牲體[11]·서직반黍稷飯[12]과 술잔의 술을 담고 각기 그 섬돌로부터 내려와서 요단에 나아가서 폐백·축판·찬물饌物을 가지고 요시燎柴[13]에 두고, 집례가, '태우라' 하면 동면東面과 서면西面에서 각기 6인이 횟불로써 반섭을 태우는데, 전사관과 단사壇司가 이를 감시한다.

다음은 망예위望瘞位에 나아가는데, 여러 대축이 황지기·해·악·독·산천의

----
11 희생의 몸둥이 앞의 한 다리.
12 덜어낸 밥.
13 불태우는 섶나무.

신좌 앞에 나아가서 비(籩)를 가지고 폐백을 담고, 조(俎)를 가지고 생체(牲體)[14]와 서직반과 술잔의 술을 담아서 각기 그 섬돌로부터 내려와서 구덩이에 두고, 집례가, "묻으라" 하면 흙을 반 구덩이에 덮는데, 전사관과 단사가 이를 감시한다. 알자·찬인이 각기 여러 사관을 인도하여 나가고, 집례는 알자·찬자·찬인을 거느리고 본 자리로 돌아온다. 봉례랑이 배사한 종친 및 문무 백관들을 나누어 인도하여 차례대로 나가고, 찬인은 감찰 및 여러 집사들을 인도하여 모두 배위로 돌아간다. 집례가, "사배하라"고 말하면 감찰 및 여러 집사들이 모두 네 번 절하고, 이를 마치면 찬인이 차례로 인도하여 나간다. 아악령이 공인(工人)을 거느리고 나가고, 집례가 알자·찬자·찬인을 거느리고 배위로 나아가서 네 번 절하고 나간다.

　전사관이 신위판을 간수하고 예찬(禮饌)을 거두고 내려와서, 궁에 돌아오기를 올 때의 의식과 같이 한다. 대가(大駕)가 노인 가요소(老人歌謠所)에 이르면, 판통례가 꿇어앉아서 조금 멈추었다가 진발(進發)하기를 계청하고, 이를 마치면 대가가 진발하기를 계청한다. 【유생(儒生)·여기(女妓)가 가요소(歌謠所)에 이르러서도 모두 위의 의식과 같이 하는데, 다만 여기의 가요소에 이르면 정재(呈才)할 때마다 모두 조금 멈추었다가 진발(進發)하기를 아뢴다.】

----
14 희생의 몸둥이 앞의 한 다리.

부록 2-1. 세조 3년(1457) 1월 15일 원구 친사(원문)

齋戒前祀八日, 禮曹啓聞請齋戒, 殿下散齋於別殿, 致齋三日. 二日於正殿, 一日於祀所. 凡散齋不弔喪問疾, 不聽樂, 有司不啓刑殺文書, 致齋唯啓祀事.

前祀七日, 祀官·執事官及陪祀宗親·文武百官, 受誓戒於議政府. 其日未明七刻, 通禮門設位, 分獻官在北南向, 進幣進酒官·奠幣奠酒官·進俎官·奠俎官異位重行, 在南北向西上. 監察二在西東向北上. 禮儀使·大祝·典祀官·祝史·齋郎·協律郎·掌牲令·雅樂令·捧俎官·執尊·罍·篚·冪者·謁者·贊者·贊引在東西上, 俱每等異位重行北上. 【預差亦與焉.】陪祀宗親及文武百官, 於行事官之南, 文東武西, 俱每等異位重行北向, 相對爲首. 【宗親於武官每品班頭別設位, 大君別設位於正一品之前, 後同.】

未明五刻, 奉禮郎分引陪祀群官就位, 引諸祀官及執事官就位, 引分獻官就位. 通贊就分獻官之左西向立, 代讀誓文曰: “今某年某月某日, 殿下祀昊天上帝于圜丘, 凡祀官·執事官及陪祀群官不縱酒, 不食葱·薤·蒜·薤, 不弔喪問疾, 不聽樂, 不行刑, 不判署刑殺文書, 不預穢惡事, 各揚其職. 其或有違, 國有常刑”.

讀訖通贊唱再拜, 在位者皆再拜乃退. 凡祀官蒜·執事官及近侍之官, 應從升者, 竝散齋四日, 宿於正寢, 致齋三日. 【二日於本司, 一日於祀所.】凡散齋治事如故, 致齋唯行祀事, 已齋而闕者, 通攝行事.

陪祀宗親蒜·文武官及諸衛之屬守衛壇門者【每門各護軍二人, 每門各隊長一人】, 各於本司淸齋一宿, 工人淸齋一宿, 宿於奉常(守)[寺].

前祀二日, 議政告太祖大王廟, 如常告之儀. 【告以配神作主之意.】前致齋二日, 竝集議政府肄儀, 前祀一日竝集祀所. 【祀官以下凡預祀者, 皆前祀二日, 沐浴更衣, 令漢城府淸所行之路, 不得見諸凶穢衰絰, 其哭泣之聲, 聞於祀所者權斷. 令兵曹四山內, 禁一應閑雜及女人, 察掃除汚穢之物.】

陳設前祀三日, 忠扈衛設大次於外壝東門之外道北南向, 設王世子次於大次東南西向, 設諸祀官·執事官及陪祀群官次於外壝東門之外道南, 竝隨地之宜. 前二日, 典祀官·壇司帥其屬, 掃除壇之上下, 積柴於燎壇.【其壇在神壇之南丙地內壝之外, 方一丈, 高丈二尺.】開上南出戶方六尺. 又開瘞坎於壇之壬地內壝之外, 方深取足物, 南出陛.

設饌幔於內壝東門·西門之外道北南向,【上帝·地祇·太祖之饌及大明·星辰·東南西北海之饌, 陳於東門外, 夜明及風雲雷雨·岳瀆山川之饌, 陳於西門外.】竝隨地之宜. 雅樂令帥其屬展軒懸, 當壇近南北向.

前一日, 典祀官壇司率其屬設神座, 昊天上帝·皇地祇座于壇上北方南向, 席以藁秸.【上帝在東, 地祇在西.】太祖大王配位神座於東方西向, 席以莞. 大明位于太祖位差後, 席以藁秸. 星辰位及東南西北海位, 俱在東西向, 席以莞. 夜明位于當大明位在西東向, 席以藁秸. 風雲雷雨位于夜明位差後, 次岳瀆山川位俱在西東向, 席以莞. 告潔畢權撤.

執禮設殿下版位於壇下東南西向, 飮福位於壇上午陛之西北向. 贊者設分獻官位二於版位之後, 稍南西向.【領議政又於王世子位差後.】進幣進酒官·奠幣奠酒官·進俎官·奠俎官位於內壝東門之外道南, 執事者位於其後, 俱每等異位重行西向北上. 監察二, 一於東南西向, 一於西南東向, 書吏陪其後. 執禮位二, 一於內壝南門內, 一於內壝南門外, 俱近東西向. 謁者·贊者·贊引, 稍南西向北上. 協律郎位於軒懸之西北東向, 雅樂令位於軒懸之北北向. 陪祀群官, 一品以下於外壝東門外, 宗親及武官一品以下於外壝西門內, 俱道南異位重行北向, 監察二在文武班後, 書吏各陪其後. 又設門外位, 祀官及諸執事官於外壝東門外道南, 俱每等異位重行北向西上. 陪祀文官位於外壝東門外, 宗親及武官位於外壝西門外俱北向, 異位重行. 設牲榜於外壝東門外, 當門西向以北爲上. 設掌牲令位於牲西南北向, 設諸大祝位於牲東, 各當牲後, 祝史各在其後俱西向. 設領議政省牲位於牲前近北, 設監察位於領議政之西稍却俱南向. 設望燎位於柴壇之北南向, 執禮·大祝·贊者在東西向. 設望瘞位於壇西, 當瘞坎北向, 執禮·大祝·贊者在東西向.

祀日未行事前, 典祀官帥其屬入, 設祭器, 實饌具, 實尊罍, 設爵洗於午陛東南北向. 罍在洗東加勺, 篚在洗西實以巾.[篚三有坫.] 分獻爵洗二, 一於巳陛東(門)[南], 一於未陛西南俱北向.【篚各三.】

出宮前祀一日, 忠扈衛設王世子次於光化門外, 奉禮郎設王世子及宗親·文武百官侍立位并如常. 皷初嚴, 兵曹勒諸衛陳大駕鹵簿及軍士, 判司僕陳輿輦御馬, 竝於弘禮門外, 分立如式, 前後騎步隊, 各具甲冑, 以次屯列整肅部伍, 不得喧譁.

宗親及百官俱集朝房, 皷二嚴, 宗親及百官具朝服就侍立位. 左中護引王世子具冕服就光化門外次. 諸衛各督其屬, 入陳於勤政殿庭, 侍臣就階下分左右立. 諸護衛之官及司禁, 各具器服, 尙瑞官捧寶俱詣思政殿閤外伺候. 判通禮詣閤外啓請中嚴, 判司僕進輦於思政殿閤外.

皷三嚴, 鍾聲止, 闢內外門. 判通禮啓外辦, 殿下具遠遊冠·絳紗袍以出. 判通禮跪啓請乘輦, 殿下乘輦, 判通禮啓請駕進發駕動. 判通禮挾引以出, 繖扇侍衛如常儀. 尙瑞官捧寶前導,【至勤政門外, 以寶載馬.】

左右侍臣挾侍輦前如常. 駕至光化門外侍臣上馬所, 判通禮啓請駕小駐. 教侍臣上馬, 退稱侍臣上馬, 通贊傳唱. 侍臣皆上馬畢, 判通禮啓請駕進發. 駕動不鳴皷吹. 王世子及宗親·百官鞠躬, 過則平身, 以次侍衛. 駕將至壇, 距百步, 侍臣下馬, 分立鞠躬, 過則平身. 駕至, 諸祀官具朝服出立於大次前近南北向鞠躬, 過則平身. 判通禮進當輦前, 啓請降輦, 殿下降輦. 判通禮導殿下入大次, 繖扇侍衛如常儀. 其大駕鹵簿停於次外.【若地窄停於洞口外.】王世子就次. 校書館官以祝版奉進, 近侍傳捧以進. 殿下署訖, 近侍捧出付典祀官.

省牲器, 前祀一日未後二刻, 典祀官·壇司帥其屬, 掃除壇之上下, 執事者以祭器入設於位, 加以巾蓋如陳設儀. 未後三刻, 議政以下應省牲器者, 俱以常服就東壇門外. 執禮帥謁者·贊者·贊引, 先入壇下, 掌牲令牽牲就位. 贊引引監察由卯陛升, 行掃除於上, 降行樂懸於下, 訖復位. 謁者引議政, 贊引引監察, 升自卯陛視滌濯, 執事者皆擧冪告潔. 訖引降就省牲位南向立. 掌牲令小前曰:"請省牲", 退復位, 議政省牲. 掌牲令又前擧手曰:"腯", 復位, 諸大祝各巡牲一匝東向擧手曰:"充", 俱復位.

諸大祝與掌牲令以次牽牲詣廚, 授典祀官. 謁者引議政詣廚, 省鼎鑊, 申視滌漑,監取明水火.【取水於陰鑑, 取火於陽燧, 陰鑑未能卒辦, 以井水代之. 火以供爨, 水以實尊.】贊引引監察詣廚省饌具訖, 各還齋所.

晡後一刻, 典祀官率宰人, 以鸞刀割牲, 祝史以豆取毛血, 各置於饌所, 遂烹牲.【連皮煮熟, 其餘毛血以淨器盛貯, 祭畢埋之.】

奠幣, 祀日行事前五刻典祀官帥其屬, 服其服入, 實饌具畢, 諸位大祝設神位版於座, 贊引引監察升自卯陛, 按視壇之上下, 糾察不如儀者還出. 前三刻諸祀官及陪祀群官, 各服其服,【祀官祭服, 陪祀官朝服.】

執禮率謁者·贊者·贊引, 入自東壝門先就壇南懸北拜位, 重行北向西上, 四拜訖各就位. 雅樂令率工人入就位, 奉禮郎分引陪祀群官, 各由外壝東西門入就位. 副知通禮引左分獻官,【非王世子, 則謁者引.】謁者引右分獻官, 又謁者·贊引各引諸祀官, 俱就東壝門外位. 贊引引監察·大祝·典祀官·祝史·齋郎·協律郎·捧俎官·執尊·罍·篚·冪者入就位北向西上. 執禮曰, "四拜", 贊者傳贊,【凡執禮有辭, 贊者皆傳贊, 下同.】監察以下皆四拜訖, 贊引引監察就位, 引典祀官就廚所, 贊引引諸執事各就位.

前一刻謁者·贊引, 各引進幣進酒官·奠幣奠酒官·進俎官·奠俎官入就位. 副知通禮引左分獻官, 謁者引右分獻官入就位, 贊引引齋郎各詣爵洗位, 洗爵拭爵訖, 置於篚, 捧詣尊所, 置於坫上. 諸祀官將入就位, 判通禮詣大次前啓請中嚴, 少頃又啓外辦. 殿下具冕服以出, 繖扇侍衛如常儀. 禮儀使導殿下, 至中壝南門外, 近侍跪進圭, 禮儀使跪啓請執圭, 殿下執圭. 繖扇及寶停於門外.【侍衛不應入者, 亦止於門外.】禮儀使導殿下入自正門, 詣位西向立.【每立定, 禮儀使退於左.】

執禮曰: "樂作, 燔柴, 瘞毛血", 諸大祝擧牲首盤, 毛血豆, 各由其陛授祝史, 祝史各捧牲盤, 詣燎壇上加柴燔之. 又大祝各捧毛血豆瘞於坎. 執禮曰: "樂止, 四拜", 禮儀使啓請四拜, 殿下四拜.【分獻官百官同.】

謁者引進幣進酒官·奠幣奠酒官, 詣昊天上帝尊所北向立.【謁者止於壇下.】執禮曰: "禮儀使導殿下奠幣", 禮儀使導殿下詣昊天上帝神位前北向立. 執禮曰: "樂作", 啓請跪搢圭, 殿下跪搢圭.【百官跪.】近侍一人捧香爐跪, 進禮儀使啓請三上香, 近侍奠爐, 進幣進酒官奉玉幣跪進, 禮儀使跪請獻玉幣, 殿下受玉幣以授奠幣奠酒官,奠于神位前.【進香進幣在東西向, 奠爐奠幣在西東向. 進爵奠爵同.】禮儀使啓請執圭·俯伏·興·平身, 殿下執圭·俯伏·興·平身.【百官同.】禮儀使導殿下詣皇地祇神位前上香, 奠玉幣如上儀, 次詣配位前東向立, 上香奠玉幣如上儀.

訖執禮曰: "樂止", 進幣進酒官以下降自卯陛復位. 禮儀使導殿下降自午陛復位. 初殿下將奠配位幣, 副知通禮引左分獻官【王世子.】由巳陛升詣神位前【謁者引右分獻官, 由未陛一時陞詣夜明位, 次詣風雲雷雨位, 次詣海瀆山川位, 進饌獻爵同.】跪. 祝史捧香合, 齋郎捧香爐跪進, 左分獻官三上香. 齋郎奠爐, 大祝以幣跪進, 左分獻官受以授大祝, 奠于神位前, 左分獻官俯伏·興·平身. 次詣星辰位, 次詣東南西北海位, 上香·奠幣如上儀訖, 降復位.

進饌, 初殿下旣升奠幣, 謁者引進俎官·奠俎官, 帥捧俎官出詣饌所, 俟殿下奠幣訖. 祝史盛鼎實牲匣, 進俎官·俎官帥捧俎官, 各捧牲匣詣正門外立. 執禮曰: "進饌, 樂作". 饌各至其陛, [殿下將陛, 進俎官·捧俎官等先升, 奠俎官後升.] 典祀官就本位.【正位三饌, 午陛下立, 東三位饌巳陛, 西三位饌未陛下立.】

執禮曰: "禮儀使導殿下進饌", 禮儀使導殿下詣上帝位前北向立, 啓請跪搢圭, 殿下跪搢圭.【分獻官·百官跪.】進俎官等捧牲匣在東跪進, 禮儀使啓請進饌, 殿下受牲匣, 以授奠俎官. 奠俎官在西, 奠于神位前, 皆降復位. 禮儀使啓請執圭·俯伏·興·平身, 殿下執圭·俯伏·興·平身.【分獻官·百官同.】次詣皇地祇, 次詣配位前如上儀訖, 進俎官以下降復位樂止. 禮儀使導殿下降復位.

執禮曰: "行初獻禮", 謁者引進幣進酒官·奠幣奠酒官, 詣上帝尊所北向立, 禮儀使導殿下詣上帝尊所北向立. 執禮曰: "樂作", 執尊者擧冪, 近侍酌泛齊, 進幣進酒官以爵受酒. 禮儀使導殿下詣上帝神位前啓請跪搢圭, 殿下跪搢圭.【百官跪.】進幣進酒官捧爵跪, 禮儀使啓請獻爵, 殿下執爵獻爵, 以爵授奠幣奠酒官, 奠于神位前. 禮儀使啓請執圭·俯伏·興·平身.

次詣皇地祇位前, 獻爵如上儀. 訖禮儀使導殿下詣上帝前北向跪, 執禮曰: "樂止". 大祝東向跪, 讀祝文訖, 執禮曰: "樂作". 禮儀使啓請俯伏·興·平身, 殿下俯伏·興·平身.【百官同.】禮儀使導殿下詣配位獻爵如上儀. 執禮曰: "樂止", 禮儀使導殿下降復位.

　行亞獻禮,【儀如初獻, 但酌醴齊.】行終獻禮,【亦如上儀, 但酌盎齊.】飲福. 終獻畢, 大祝詣正配三位尊所, 各酌第一尊福酒, 合置一酌, 又大祝持俎進, 減上帝位俎肉前脚, 執禮曰: “賜福胙”.

　禮儀使導殿下詣飲福位北向, 進酒官·進俎官由卯陛隨陛, 大祝以爵授進幣進酒官, 捧爵西向跪進. 禮儀使啓請跪搢圭, 殿下跪搢圭,【分獻官·百官皆跪.】受爵卒爵. 進幣進酒官受虛爵授大祝. 又大祝以俎授進俎官, 進俎官捧俎西向跪進. 禮儀使啓請受俎, 殿下受俎以授近侍, 近侍捧俎, 降自午陛出門授司饔. 進幣進酒官·進俎官由卯陛降復位. 禮儀使啓請執圭·俯伏·興·平身, 殿下執圭·俯伏·興·平身,【百官同.】禮儀使導殿下降復位. 執禮曰: “四拜”, 禮儀使啓請四拜, 殿下四拜.【百官同.】

　執禮曰: “徹籩豆, 樂作”. 諸大祝各徹籩豆,【籩豆各一, 少移故處.】執禮曰: “樂止”. 執禮曰: “樂作, 四拜”. 禮儀使啓請四拜, 殿下四拜.【百官同.】執禮曰: “樂止”. 禮儀使啓禮畢, 導殿下還大次, 至中壝門外, 禮儀使啓請釋圭, 近侍跪受圭, 侍衛如常儀.

　副知通禮引左分獻官出, 執禮曰: “望瘞”. 謁者引右分獻官詣望燎位, 執禮帥贊者詣望燎位. 諸大祝各詣上帝配位·大明·夜明·星辰·東南西北海神座前, 以籃取幣祝版, 祝史以俎載牲體·黍稷飯·及爵酒各由其陛降, 詣燎壇以幣·祝版·饌物置於燎柴, 執禮曰: “可燎”. 東西面各六人, 以炬火燎半柴, 典祀官·壇司監視.

　次詣望瘞位, 諸大祝詣皇地祇·海岳瀆山川神座前, 以籃取幣, 祝史以俎取牲體·黍稷飯及爵酒, 各由其陛降置於坎. 執禮曰: “可瘞”. 置土半坎, 典祀官·壇司監視. 謁者·贊引各引諸祀官出, 執禮帥謁者·贊者·贊引還本位. 奉禮郎分引陪祀宗親及文武百官以次出, 贊引引監察及諸執事俱復拜位. 執禮曰: “四拜”. 監察及諸執事皆四拜訖, 贊引以次引出. 雅樂令帥工人出, 執禮率謁者·贊者·贊引就拜位四拜而出.

　典祀官藏神位版, 徹禮饌以降, 乃出還宮如來儀. 大駕至老人歌謠所, 判通禮跪啓請小駐進訖, 啓請駕進發.【至儒生·女妓歌謠所, 竝如上儀, 但至女妓歌謠所, 每呈才, 皆啓小駐進發.】

참고문헌

경전류 및 1차 자료

· 국사편찬위원회, 『조선왕조실록』(http://sillok.history.go.kr).

· 국사편찬위원회 외, 『국역 중국정사 조선전』, 국사편찬위원회, 1986.

· 김대문 저, 이종욱 역주해, 『화랑세기』, 소나무, 1999.

· 김부식 저, 이강래 옮김, 『삼국사기』, 한길사, 1998.

· 김석진, 『대산주역강의』 1 - 2, 한길사, 2002.

· 동아대학교 석당학술원 저, 『국역 고려사』 지志, 경인문화사, 2011.

· 동아대학교 석당학술원 저, 『국역 고려사』 세가世家, 경인문화사, 2008.

· 마테오 리치[利瑪竇] 지음, 송영배 외 옮김, 『천주실의』, 서울대학교출판부, 1999.

· 박제상 저, 김은수 역해, 『부도지』, 기린원, 1989.

· 북애 지음, 고동영 옮김, 『규원사화』, 흔뿌리, 2005.

· 사마천 저, 정범진 외 옮김, 『사기본기』, 까치, 1997.

· 서울대학교 규장각, 『대례의궤』, 2001.

· 성백효 역주, 『맹자집주』, 전통문화연구회, 2002.

· 성백효 역주, 『서경집전』 상·하, 전통문화연구회, 1998.

· 성백효 역주, 『시경집전』 상·하, 전통문화연구회, 2002.

· 안경전 역주, 계연수 편저, 『환단고기』, 상생출판, 2012.(개정판 2쇄)

· 왕기王圻 · 왕사의王思義 편집, 『삼재도회三才圖會』, 상해고적출판사, 1985.

· 윤석산 주해, 『동경대전』, 동학사. 2004.

· 윤석산 역주, 『초기동학의 역사-도원기서-』, 신서원, 2000.

· 이상옥 역저, 『예기』 상·중·하, 명문당, 2003.

· 이세권, 『동학경전』, 글나무, 2002.

· 일연 지음, 김원중 옮김, 『삼국유사』, 을유문고, 2002.

· 전통예술원 음악사료 강독회, 『국역 고종대례의궤』 상, 민속원, 2012.
· 전주대 호남학연구소 역, 『국역 여유당전서』 Ⅰ-Ⅴ, 여강출판사, 1986
-1995.
· 정지교鄭之僑, 『육경도六經圖』, 중화당, 1743.
· 증산도 도전편찬위원회, 『증산도 도전』, 대원출판사, 2003.
· 한국고대사회연구소 편, 『역주 한국고대금석문』 제1권, 가락국사적개발연
구원, 1992.

[단행본류]

· 김문식 외, 『왕실의 천지제사』, 돌베개, 2011.
· 금장태, 『다산실학 탐구』, 소학사, 2001.
· 나희라, 『신라의 국가제사』, 지식산업사 2003.
· 문계석, 『삼신』, 상생출판, 2011.
· 민족문화추진회, 『국역 동국이상국집』, 민문고, 1967.
· 박시형, 『광개토왕릉비』, 푸른나무, 2007.
· 서긍 저, 조동원 역, 『고려도경』, 황소자리, 2005.
· 성인근, 『고종황제 비밀 국새』, 소와당, 2010.
· 신형식, 『고구려사』, 이화여자대학교출판부, 2003.
· 안경전, 『개벽 실제상황』, 대원출판, 2005.
· 안전행정부, 『제5대 국새 백서』, 2013.
· 유근호, 『조선조 대외사상의 흐름』, 성신여대출판부, 2004.
· 유동식, 『풍류도와 한국의 종교사상』, 연세대학교출판부, 1997.
· 윤이흠 외, 『강화도 참성단과 개천대제』, 경인문화사, 2009.
· 이덕일 외, 『고구려는 천자의 제국이었다』, 역사의 아침, 2007.
· 이범직, 『한국중세 예사상 연구』, 일조각, 1991.

·이욱,『조선시대 재난과 국가의례』, 창비, 2009.

·증산도 교육부,『증산도 의례집』, 2010.

·최남선 지음,『조선상식문답』, 기파랑, 2011.

·최종성,『동학의 테오프락시-초기동학 및 후기 동학의 사상과 의례-』, 민속원, 2009.

·풍우란 저, 박성규 옮김,『중국철학사』 상, 까치, 2000.

·한국역사연구회,『고려의 황도 개경』, 창작과 비평사, 2002.

·한영우,『다시 찾는 우리역사』제1권, 경세원, 2005.

·한형주 외,『조선의 국가제사』, 한국학중앙연구원, 2009.

·홍순민 외,『서울 풍광』, 청년사, 2009.

·황경선,『신교』, 상생출판, 2010.

논문류

·강영한,「너는 상제를 모르느냐汝不知上帝耶」, 증산도상생문화연구소,『잃어버린 상제문화를 찾아서-동학-』, 상생출판, 2010.

·김기덕,「고려의 제왕제와 황제국 체제」,『국사관논총』제78호, 1997.

·김상태,「조선 세조대의 원구단 복설과 그 성격」,『한국학연구』 6·7합집, 1996.

·금장태,「제천의례의 역사적 고찰」,『유교사상연구』제4·5집, 1992.

·김영주,「다산 정약용의 상제천관에 관한 연구」, 동국대학교 대학원 박사학위논문, 2006.

·김일권,「고려시대 국가 제천의례의 다원성 연구」, 윤이흠 외,『고려시대의 종교문화』, 서울대학교출판부, 2002.

·김철웅,「양성지의 사전개혁론」,『문화사학』 21, 2004.

·김철웅,「조선초기 사전의 체계화 과정」,『문화사학』 20호, 2003.

· 김철웅, 「고려 국가제사의 체제와 그 특징」, 『한국사연구』 118, 2002.

· 김해영, 「상정고금례와 고려조의 사전」, 『국사관논총』 55, 1994.

· 노명호, 「고려시대의 다원적 천하관과 해동천자」, 한국사연구회, 『한국사연구』 105, 1995.

· 노태돈, 「5세기 고구려인의 천하관」, 이기백, 『한국사 시민강좌』 제3집, 일조각, 1988.

· 민형희, 「한민족의 천제의식」, 『한국정신과학회 학술대회논문집』 7, 1997.

· 박례경, 「환구제 형성 과정의 예학적 함의」, 『한국실학연구』 16, 2008.

· 박미라, 「삼국·고려시대의 제천의례와 문제」, 『선도문화』 제8권, 2010.

· 서영대, 「고구려의 국가제사」, 『한국사연구』 120호, 2003.

· 서울시립대학교 산학협력단 서울학연구소·㈜ 한인건축사사무소, 「환구단 정비 기본 계획 연구보고서」, 서울특별시 중구청, 2007.

· 신익철, 「대사 중사 소사의 실증적 연구-천제와 산천제를 중심으로-」, 『인문과학』 제31집, 2001.

· 신태영, 「춘정 변계량의 상소문으로 본 조선초기의 제천 의식」, 『인문과학』 제36집, 2005.

· 안현주, 「조선시대 즉위의례 연구」, 단국대학교 대학원 석사학위논문, 2003.

· 윤이흠, 「고려 종교사상의 특성과 흐름」, 윤이흠 외, 『고려시대의 종교문화』, 서울대학교출판부, 2002.

· 이욱, 「조선 및 한국 근대의 제천 문화」, 『선도문화』 제8권, 2010.

· 이욱, 「근대 제천의례를 통해 본 민족정체성 연구」, 『국학연구』 11집, 2006.

· 이욱, 「대한제국기 환구제에 관한 연구」, 『종교연구』 30, 2003.

· 이욱, 「조선전기 유교국가의 성립과 국가제사의 변화」, 『한국사연구』 118, 2002.

· 정경희, 「한국의 천제 전통에서 바라본 정조대 천제 기능의 회복」, 『조선시대사학보』 34, 2005.

· 정경희, 「한국선도의 수행법과 제천의례」, 『도교문화연구』 제21집, 2004.

· 정수인, 「대한제국시기 원구단의 원형복원과 변화에 관한 연구」, 『서울학연구』 제27호, 2007.

· 조준하, 「우리나라의 제천의례에 관한 연구」, 『동대논총』 제24집, 1994.

· 최기복, 「유교의 제천의례」, 『이성과 신앙』 6, 1993.

· 한영우, 「대한제국 성립 과정과 대례의궤」, 『한국사론』 제45집, 2001.

· 한우근, 「조선왕조 초기 유교이념의 실천과 신앙·종교」, 『한국사론』 3, 1978.

· 한형주, 「15세기 사전체제의 성립과 그 추이」, 『역사교육』 89, 2004.

· 한형주, 「조선 세조대의 제천례에 대한 연구」, 『진단학보』 81, 1996.

기타

· 〈독립신문〉, 1987, 10, 12; 10, 14.

· 동아출판사 편집국 편, 『한한漢韓대사전』, 동아출판사, 1989.

· 민중서림 편집국 편, 『한한漢韓대자전大字典』, 민중서림 2012.

· 「수운행록」, 김상기, 『동학과 동학란』, 한국일보사, 1975.

· 〈연합뉴스〉, 2005. 6. 10.

· http://blog.daum.net/osowny/15968896

· http://heritage.daum.net/heritage/22115.daum#photo?id=6271

찾아보기